KB123002

경제사상가

이건희

경제사상가 이건희

허문명

동아일보사

한국의 산업사는
이건희 전(前)과 후(後)로 나뉜다

2020년 10월 28일 자 동아일보 3면 하단에는 이례적인 광고 하나가 실린다. 내용은 이렇다.

"이건희 회장님의 부음을 듣고 안타까운 마음으로 이 글을 올립니다. 냉혹한 국제 기업 전쟁에서 일본으로부터 배워 일본을 뛰어넘고 세계 일류로 우뚝 서신 분, 그리하여 세계인들이 대한민국을 부러워하게 만드신 분, 수백만 명에게 일자리를 제공하고 수백조 원의 세금을 국가에 납부하여 세금을 제일 많이 내신 분, 우리나라 문화 창달과 체육 진흥의 공헌자.

이건희 회장님은 평생을 노심초사하시며 온갖 어려움을 떨쳐내고 일본과의 무한 경쟁에서 이겨내어 우리나라 경제인들의 마음속에 내재된 열등감을 말끔히 씻어내게 하셨습니다. 삼성에서 인사 채용 시 연줄이 아닌 공개채용을 시작하니 모든 회사가 따라 하였고, 회사 시스템도 삼성이 먼저 하면 많은 회사가 따라 하였습니다. 이건희 회장님께서 돌아오지 못할 먼 곳으로 가시니, 한 치 앞을 못 보는 살벌한 경제 전쟁에서 누가 있어 10년 앞을 내다보고 우리나라 경제를 이끌어갈까 걱정입니다. 회장님의 명복을 빌며 부디 좋은 곳으로 가시기를 엎드려 기도드립니다."

광고를 낸 사람은 '한 기업인'이라고만 적혀 있었다.

이제 와 고백하자면 나는 이 기업인을 알고 있다. 이건희 회장이 별세한 다음 날, 그는 진정 애통한 심정으로 추도사를 쓰고 싶다고 했고, 나는 내가 일하고 있는 동아일보 광고국에 연락해 지면을 잡을 수 있었다. 국내에서 탄탄한 중견기업을 운영하는 그분은 이름을 절대 알리지 말아달라는 당부를 몇 번이나 했다. 지금 이렇게 그를 소개하는 것도 그의 뜻에 반하는 일이기에 주저가 된다. 그럼에도 불구하고 저자의 말 서두를 그의 추도사로 시작하는 것은 그와의 만남이 이건희 회장의 삶에 대해 쓰고 싶다는 마음을 내게 한 결정적 계기가 되었기 때문이었다.

신문에 실린 추도문은 짧았지만 강력하게 내 맘에 다가왔다. 고인의 생애와 업적을 압축적으로, 업의 종류는 다르지만 같은 길을 걷고 있는 기업인의 입장에서 절절하게 표현한 문구가 큰 울림이 되어 전달돼왔다.

월급쟁이 심정은 월급쟁이가 제일 잘 알 듯 기업인들의 심정도 기업인들이 제일 잘 알 것이다. 30년이 넘는 직장 생활을 하고 있지만 함께 일했던 직장 동료들이 다른 회사로 떠난다거나 존경하던 선배들이 서둘러 세상을 떠났다는 부고를 접할 때 내 안에 깊은 상실감이 밀려왔듯 이건희 회장의 별세 역시 많은 기업인들에게 깊은 상실감을 가져다주었다는 것을 새삼 느낄 수 있었다.

크고 작은 규모의 차이는 있을지언정 리더는 홀로 고독하게 많은 것을 선택하고 결정해야 하는 외로운 자리이다. 특히 직원들, 더 나아가 직원들 가족까지 책임져야 한다는 막중한 책임감을 갖고 있는 기업인들의 가슴속에는 늘 불안과 초조, 앞날에 대한 혼돈과 두려움이 자리하고 있을 것이다. 그러니 이 회장의 별세가 그들의 내면에 불러온 상실감은 보통 사람들이 느끼는 것과는 또 다른 차원이라 여겨졌다.

평소에도 우리 안의 영웅을 제대로 알아보지 못하는 세태가 안타까웠지만 이건희 회장에 대해서도 마찬가지였다. 나는 한국의 산업사産業史는 이건희 전前과 후後, 즉 '비포Before 이건희'와 '애프터After

이건희' 시대로 나눌 수 있다고 할 정도로 고인의 삶이 우리에게 미친 영향이 크다고 생각해왔다.

전통 제조업에서 첨단 디지털 산업으로의 전환을 이끌며 지구촌에서 싸구려 취급을 받던 '메이드 인 코리아'를 초일류 반열에 올려놓은 위대한 경영자 이건희 회장의 삶과 생각을 우리는 과연 얼마나 알고 있는가. 〈신동아〉에 경제사상가라는 타이틀을 정하고 그의 삶을 추적해보면서 매번 이런 질문에 맞닥뜨리며 생전의 그를 나 역시 제대로 알지 못했다는 생각이 들었다.

그의 삶을 추적하며 만난 삼성맨들의 이야기를 들으면서 고인이 얼마나 '미래'를 고민했는지를 절실하게 느꼈다. 고인은 늘 현재에 안주하지 않고 5년 뒤, 10년 뒤 삼성의 앞날을 넘어 대한민국의 앞날을 고민했으며, 말이 아닌 행동과 실천으로 미래를 만들어나갔다. 한 치 앞도 보이지 않는 이런 혼돈의 시대에 이제는 세상에서 들을 수 없는 고인의 육성을 되새겼다. 고인이 살아 있다면 지금 무슨 말을 해줄까를 생각하며 감히 메신저가 되게 해달라고 기도하기도 했다.

이 책은 필자가 30여 년 기자 생활을 하며 이어온 평전 작업의 세 번째이기도 하다. 30대 시절 정신적 방황으로 힘들 때 한국 불교를 세계화한 숭산 큰스님의 삶을 정리하면서 큰 배움을 얻었고, 40대 때는 김지하 시인의 삶을 엮으며 대한민국의 오늘을 있게 한 산업화와 민주화 세력의 화해를 시도해보았다. 내 맘속에 정신분열처럼 조각

조각 깨진 역사 인식이 나름대로 퍼즐이 맞춰지면서 스스로 큰 위안이 되었던 작업이었다.

50대로 접어들면서 결국 '삶이란 밥'이라는 자각하에 밥벌이의 무거움과 숭고함에 천착하게 되면서 기업인들의 삶을 들여다보고 싶었다. 그렇게 만난 이건희 회장이 걸어온 삶이야말로 가장 치열하게 '밥벌이'를 고민하고 그 방도를 만들어온 과정이었다는 것을 새삼 깨달으면서 무엇보다 젊은 세대들에게 이를 알려주고 싶다는 생각이 들었다. 칭찬보다는 깎아내리는 데 익숙한 역사관의 최대 피해자는 미래 세대라고 생각하기 때문이다.

노벨 평화상을 수상한 미국의 철학자 니컬러스 버틀러는 "기업은 인류 역사상 가장 위대한 발명품"이라고 했다. 역사적으로 중요한 의의가 있는 혁신은 거의 대부분 국가가 아닌 기업에 의해 이루어졌다. 기업은 인류에게 '밥'과 '일자리'와 '미래'를 제공해온 가장 중요한 사회제도다. 오늘날 국력의 기준도 군함이나 병력 숫자보다 세계적으로 내세울 만한 기업이 과연 몇 개나 있는지가 아닐까. 해외에 가보면 한국 대통령 이름은 몰라도 한국의 대기업들 이름을 아는 이들은 많다.

그러나 기업은 그냥 만들어지지 않는다. 위대한 기업인이 있어야한다. 사람의 인생도 그렇고 권력의 세계도 그렇지만 기업 세계야말로 영원한 강자도 절대적 패자도 없다. 지난 수십 년간 세계 100대기업으로 자리매김하고 있는 기업은 손으로 꼽을 정도다. 그만큼 바깥 환경이 시시각각으로 바뀌고 있지만 각종 조사에서 삼성은 미국, 중국 기업이 대부분을 차지하는 상위 20위권에 한국 기업으로는 유일하게 이름을 올리고 있다. 브랜드 가치에서는 당당히 글로벌 5위에 랭크되기도 했다.

바이러스의 창궐과 기후변화라는 지구적 위기 속에서 국제 질서가 크게 출렁거리고 있다. 대한민국이 피 말리는 국제 경쟁에서 탈락하지 않기 위해서는 뼈아픈 자기부정과 환골탈태가 시급한 상황이다. 이 시점에서 1993년 "마누라와 자식만 빼고 다 바꾸자"던 이건희 회장의 절규를 되살려 다시 대한민국을 꿈틀대게 해야 하는 것 아닐까.

지난 1년간 〈신동아〉에 연재한 글을 묶은 것이지만 일부 새로운 증언들을 추가했다. 반도체 편을 쓰려다가 이건희 컬렉션이 화제가 되면서 '이건희와 미술' 편을 집어넣었다. 후속 작업으로 반도체와 스포츠 분야 등에서 보여준 고인의 업적을 더 정리하고자 한다. 또 이번에는 우선 고인과 함께 일했던 분들의 증언과 고인의 책에 기초한 작업이지만 향후에는 역사적, 인문학적 깊이를 더해 고인의 삶을 다각적으로 조망하는 평전 작업을 하고 싶은 꿈을 갖고 있다.

전·현직 삼성맨들을 만나면서 다른 기업들과 마찬가지로 삼성이 이룬 성취는 뛰어난 지도자와 임원들, 근로자들의 열정과 노력의 결과라는 걸 절절하게 느꼈다. 하지만 이보다 더 중요한 것이 있다. 고객으로서 소비자로서 삼성이 만든 물건을 써주고 아껴주었던 국민들이 없었다면 삼성의 오늘은 없었을 것이다.

이건희 회장과 삼성이 이뤄온 역사를 정리하며 그 시절을 살았던 30여 년 기자 생활이 오버랩된 적이 많았다. 나는 과연 그들만큼 열심히 치열하게 살았던가. 숭숭 비어 있고 꺾여 있고 부러져 있는 틈들이 떠오를 때에는 부끄러운 마음이 들었지만 수많은 위기와 난관에 봉착해서도 좌절하지 않고 도전하고 또 도전했던 고인의 삶을 생각하며 개인적으로도 큰 힘을 얻었다. 앞날을 재설계하는 데 없어서는 안 될 인생의 나침반이 될 것 같다.

벌써 돌아가신 지 1년이 지났다. 세월이 참으로 빠르다. 다시 한번 정중히 머리 숙여 고인의 명복을 빈다.

2021년 10월
허문명

차 례

일러두기

- 앞부분 신경영 선언에 인용한 고인의 육성은 삼성그룹이 발간한 《신경영 어록집》과 박원배 저 《마누라 자식 빼고 다 바꿔라》(1993년)를 참고하여 정리한 것이다.

- 취임 초기 이 회장의 내면을 가장 심도 깊게 정리한 인터뷰를 쓴 오효진 씨의 허락으로 인터뷰 내용을 길게 인용할 수 있었다. 감사드린다.

- 관련 사진들은 삼성전자가 언론에 공개한 것들과 동아일보 데이터베이스에서 가져온 것들이라 일일이 출처를 달지 않았음을 밝힌다.

- 전직 삼성맨들의 직위는 삼성에서 일할 때의 마지막 직위를 썼다.

변해야
살아남는다

PART 1

비효율이
비도덕이다

2020년 10월 25일 향년 78세로 타계한 이건희 전 삼성그룹 회장은 삼성이라는 세계 초일류 기업을 일궈내 변방의 대한민국을 글로벌 무대에서 당당하게 주류로 서게 한 영웅이다.

그가 회장으로 취임한 1987년, 삼성전자는 국내에서도 제3의 기업이었고 일류 기업들이 치열하게 경쟁하는 해외에서는 더더군다나 존재감이 없었다. 그러나 20세기 말 전자업계 세계 최고 기업 소니를 앞질렀고 21세기 초 애플과 맞짱 뜨는 초일류 기업이 됐다. 이 회장이 없었다면 불가능했을 일이다.

이 회장이 취임한 1987년 매출 2조3813억 원이던 삼성전자는

1987년 12월 1일 호암아트홀에서 열린 삼성그룹 제2대 회장 취임식에서 취임사를 하고 있는 이건희 회장. 바로 일주일 전 아버지 호암 이병철 회장을 떠나보낸 영결식 장소에서 마흔다섯 살 젊은 이건희 회장은 떨리는 목소리로 취임사를 읽어내려 갔다. 그의 눈동자와 표정에서 아직 슬픔이 가시지 않아 보인다.

2020년 매출 246조8100억 원으로 커졌으며 스마트폰, TV, 모니터, D램, 낸드플래시 등 수많은 세계 1등 품목을 만들어냈다. D램 부문에서는 29년 연속, 플래시 부문에서는 19년 연속 세계시장의 독보적 1위를 지키고 있다.

이 회장은 아날로그 제조업이 지배하던 20세기와 디지털과 모바일로 상징되는 첨단 산업이 지배하는 21세기를 이으며 삼성전자를 세계 최고 IT기업으로 일구었다. 도시바, NEC, 히타치, 소니, 파나소닉, 필립스, 샤프, 노키아, 에릭슨, 모토로라 같은 수많은 강자가 흥하고 성하고 쇠하고 망해간 약육강식의 정글에서 이 회장처럼 극적 성공을 이룬 기업인은 드물다.

영국 파이낸셜타임스FT는 그의 부고를 전하면서 '선지자Visionary'라는 표현을 썼다. 남보다 먼저 깨달은 사람이라는 뜻이지만, 기독교 전통이 강한 서양 사회에서 '선지자'는 하나님의 말씀을 예언으로 전해주는 사람이란 뜻이다. 이 회장을 남들이 미리 보지 못하는 것을 보고 앞날을 예언한 초인적 존재로 평가한 것이다. 그는 단순한 선지자가 아니라 "삼성을 세계 초일류 기업으로 성장시키겠다"던 취임 때 약속을 흔들림 없이 밀고 나가 20여 년 만에 지킨 행동가이자 실천가이다.

우리는 그를 얼마나 알고 있나

취임 후 5년 동안 공식 석상에 모습을 잘 드러내지 않아 '은둔의 경영자' 소리를 듣던 이 회장은 1993년 신新경영을 선언하면서 세상 밖으로 나왔다. 그리고 수없이 많은 말을 쏟아냈고, 그것은 모두 현실이 됐다. 당시 그가 삼성과 대한민국에 던진 말이 헛된 공언이 아니라 천금만금의 무게로 다가오는 것은 그 때문이다.

기업이나 사람의 운명이 한순간인, 유난히 변화무쌍한 한국 현대사에서 이 회장은 생전 자신의 말대로 '목숨을 걸고 싸웠다'. 그리고 마침내 이뤘다. 변화의 키워드로 대표되는 "마누라와 자식 빼고 다 바꾸자"는 신경영 정신은 한국을 넘어 지구촌 곳곳에 뿌려졌다.

세계 최고 갑부 반열에 오른 이 회장이 6년 넘게 투병한 것과 요즘 같은 고령화 시대에 여든도 안 돼 타계한 것을 보며 인생무상, 허무감을 느끼는 사람이 많다. 결국 삶이란 빈손으로 왔다가 빈손으로 가는 공수래공수거이건만 뭘 그리 안달복달하며 살 일이냐고도 한다. 공수래공수거는 '소유'를 기준으로 인생을 비유할 때 흔히 쓰는 말이다. 이 회장의 육신은 모든 인간이 그러하듯 생로병사의 굴레를 벗어나지 못했지만 그의 영혼, 정신까지 사라진 것은 아니다.

이류, 삼류, 싸구려로 통하던 '메이드 인 코리아'를 글로벌 브랜드 반열에 올리는 과정에서 보여준 이 회장의 통찰력과 기업가 정신은 대한민국 국민과 기업인에게 세계 일류 DNA를 심어주었다. 우리는

1987년 12월 1일 선대 회장에 이어 제2대 회장에 취임한 이건희 회장이 사기를 흔들고 있다. 새로운 삼성 시대를 예고하는 장면이다.

그를 다시 볼 수 없지만 그가 남긴 정신적 에너지는 후대에 오래오래 남을 것이다.

한국 사회를 강타했던 이건희 신드롬

생전에 그가 가장 많은 말을 쏟아낸 1993년으로 돌아가 그의 말을 다시 들으면 모골이 송연해진다. 이제는 기억에도 아득한 먼 과거로부터 들려오는 박제된 목소리가 아니라 바로 이 순간, 우리는 과연 어디로 가고 있는지 묻게 한다. 안개가 자욱한 것처럼 혼돈으로 앞이 보이지 않는 지금, 이렇듯 절박하게 위기를 말하는 지도자가 과연 있는가 하는 묵직한 질문 앞에 서게 된다.

이 회장은 기업인이었지만 시대를 앞서 읽은 예언자였으며, 이 힘든 세상을 어떻게 헤쳐가야 할지 지혜를 말해준 사상가였다. 이 회장의 일대기를 시작하면서 첫 번째 이야기를 1993년 신경영 선언에서 시작하는 것은 그 때문이다.

1993년 7월 31일. 토요일이던 이날 밤 11시 25분 MBC는 이례적으로 임시 편성 프로그램을 방영한다. 제목은 '李健熙(이건희) 신드롬의 충격파 – 출근부를 찍지 마라'.

그 전달인 6월 7일, 이 회장이 독일 프랑크푸르트 캠핀스키호텔에 삼성의 주요 임원과 유럽 주재원들을 불러 모아놓고 한 강연을 삼성

1993년 6월 독일 프랑크푸르트에서 직원들을 상대로 강의하고 있다.

사내방송팀으로부터 입수해 90분 분량으로 재편집한 것이었다. 이 회장의 신경영 선언을 상징하는 구호였던 "마누라, 자식 빼고 다 바꾸라"는 말이 나온 현장이었다.

심야에 갑자기 편성된 이 프로그램은 초반에 앵커의 간단한 설명 외에는 내내 이 회장의 얼굴만을 클로즈업한다. 당시 신문 기사들은 이 프로그램이 10%가 넘는 시청률을 기록했다고 전한다. 특정 회사의 최고경영자 발언을 여과 없이 내보내는 것에 대한 부담감 탓이었는지 앵커는 "삼성이라는 한 기업의 생존 그 자체를 넘어 낡은 것을 깨고 창조하기 위한 대한민국에 던지는 메시지가 있다고 판단돼 프로그램을 편성했다"며 방송 배경을 설명하고 "격을 파破한 그의 거친

어법을 양해해달라"는 주문까지 한다.

기업인이 아닌 사상가의 언어

필자는 이 프로그램이 담긴 DVD를 보고 적잖은 충격을 받았다. 만 쉰한 살의 이 회장 얼굴에는 패기와 열정이 가득했고, 목소리에는 에 너지가 넘쳤다. 경상도 사투리에 시종일관 양손을 들고 제스처를 크 게 써가며 열변을 토하는 모습은 사람을 빨아들이는 흡인력이 있었 다. 러닝타임 1시간 반 동안 화면에서 눈을 떼지 못했다.

이날 강연은 그 흔한 칠판이나 PPT 하나 없이 오로지 이 회장의 말이 전부였다. 표정 변화나 입술의 움직임은 별로 크지 않았지만 목 소리 톤은 높았다. 얼마나 말하는 데 열중했던지 왼손가락에 끼인 담 배가 타는 줄도 모르고 이야기에 빠져들다 황급히 끄는 모습도 보였 다. 군더더기 없는 그의 메시지에는 시종일관 '변화'를 호소하는 절 절함이 가득했다.

강연 서두부터 달랐다. 이른바 '금수저'로 태어나 대기업을 물려 받은, 운 좋은 재벌 2세가 아닌 현대사의 변화를 온몸으로 체험한 대 한민국 국민 한 사람으로서의 소회가 담겨 있었다.

"나는 완벽한 사람이 절대 아니고, 실수도 많이 했고, 지금도 하고 있다. 하지만 (살아오면서) 51년간 보고 들은 게 많다. 식민지도 겪고, 전쟁도 겪고, 국내에서도 국제적으로도 여기저기 살아봤다. 우리나라 개인소득이 50불에서 7000불이 된 시간을 살았다. 회사도 할아버지가 500마지기, 아버지가 200마지기로 시작해서 오늘날 내 개인 자산이 몇천억인지, 1조 원인지 모르지만 묘한 시기에 묘한 자리에 앉아 있다. 삼성도 크고 한국도 커졌으니 이제는 이 시점에서 이런 식(변화)으로 가야 일류가 되지 않겠는가 하는 생각이다."

그의 통찰과 지식의 깊이는 실로 컸다. 물리학, 수학, 사회학 심지어 아동심리학까지 넘나들었고 한국과 일본의 문화, 역사에 통달했다. 개성화, 소프트웨어, 디자인의 시대가 될 것이며 로봇이 지배할 것이라는 말을 들을 땐 그의 예지력에 탄성이 저절로 새어나왔다. 그는 "미래를 생각하면 식은땀이 난다"고 했다.

"5000년 전부터 1980년까지 이뤄진 변화보다 1980년부터 올해 1993년까지의 변화가 더 컸다. 향후 10~20년 변화는 더 클 것이다. 인간이 바뀐다는 게 아니라 경제 제도, 시스템, 판단 속도, 정보 습득 방법이 바뀐다는 거다. 당장 10년 전과 비교해봐라. 등허리에 진땀 날 정도의 변화가 있지 않았나. 나는 미래를 생각하면 등에서 식은땀이 난다."

직원들을 질책할 때는 언성이 높아지고 작금의 현실을 개탄할 때는 한숨을 쉬기도 했지만, 대부분은 마치 아버지가 자식들을 앞에 두고 가르치듯 설득하는 모습이었다. 간혹 물을 마시거나 입술에 고인 침을 식탁 위 냅킨을 접어 닦는 정도가 유일한 멈춤이었다.

그의 말은 명령이나 훈시가 아니었다. 때로는 읍소나 애원에 가까웠다.

"나처럼 3남으로 (태어나) 삼성 같은 대기업의 후계자가 되는 건 몇백만 내지 몇천만분의 1의 확률이다. 그런 나도 여덟 시간 일한다지만 실제는 두세 시간, 나머지 스물한두 시간은 개인 고민이다. '나는 따스할 테니 너부터 추워라'는 게 인간 심리다. 그래서 변화는 어렵고 힘들다. 몇 명은 바꿀 수 있다. 하지만 과장급 1만 명을 바꾸는 건 힘들다. 더더구나 15만(당시 삼성 전 직원 수)은 불가능하다. 나 혼자 힘 갖고는 어렵다. 한 사람이 개조시킬 최대 인원은 18명이다. 그래서 (군대) 소대가 18명 아닌가. 내가 18~20명 맡고, 부사장과 전무가 또 각자 18명씩 맡고 이렇게 해보자."

가장 놀라운 사실은 원고가 없었다는 것이다. 뇌 속에서 그대로 발산돼 나오는 폭포수 같은 말 속에는 '무슨 책을 읽었더니 이렇게 써 있더라', '누구한테 들었는데 어떻더라'라는 다른 사람의 생각이 전혀 없었다. 오로지 자신의 경험과 외부의 정보를 긴 시간, 혼자만

1993년 7월 일본 오사카 회의에서 임직원들을 대상으로 특강을 하고 있는 이건희 회장. 삼성 신경영은 1993년 2월부터 8월까지 이어진 일련의 회의와 교육을 통해 구현됐다.

의 사색과 성찰을 통해 깊이 체화한 사람만이 뱉을 수 있는, 쉬우면서도 깊이 있는 언어의 향연이었다.

사적 이윤이 궁극의 목적인 대기업 오너가 직원을 대상으로 한 강의라고 한다면 '한 푼이라도 더 벌려면 분초를 아껴서 바삐 뛰어야 한다'는 식의, 거칠게 말하면 '돈 잘 버는 기계'가 되라고 주문하는 것이 일반적일 것이다. 하지만 이 회장 입에서 그런 이야기는 단 한 마디도 나오지 않았다. 오히려 휴가 써라, 골프 쳐라, 출근하지 말라, 회의하지 말라고 했다.

나의 관심은 돈이 아니다

"일하는 것 자체는 두세 시간만 하고 나머지는 집에 가서 드러누워 있어도 좋고 맘대로 생각하라. '생각'을 해보라 이거지. 마누라와 자식만 빼놓고 다 한번 바꿔보자, 다 한번 뒤엎어보자, '내가 회장 자리 한번 앉아보자'는 생각을 얼마든지 하라. 이런 것이 내 인생관이랄까 뭐 철학이다 이거예요."

'이기주의와 개인주의를 버리자', '도덕성을 회복하자', '먼저 인간이 되자', '재산 독점, 권력 독점은 안 된다'는 말은 대기업 오너가 아닌 종교 지도자나 철학자에게 어울리는 말들 아닌가.

그가 생각하는 도덕성은 일반의 관념과는 좀 달랐다. 그는 기업 내부에 비효율이 발생하고 있는데도 바로잡으려 하지 않는 것이야말로 비도덕적인 일이라고 했다. 기업 내 이기주의와 개인주의는 그래서 나쁜 것이라고 했다. 그의 시선은 '돈'이 아닌 다른 곳을 향해 있는 듯했다.

이 회장은 "나는 삼성에 빚이 없다. 도덕적, 인간적으로 약점도 없다. 앞으로 5년간 안 바뀌면 (회장직을) 그만두겠다"고까지 했다. 그만두겠다는 말이 직원들에게 얼마나 설득력 있게 들렸을지는 몰라도 그의 말을 듣다 보면 그가 돈이나 자리에 대한 관심보다는 사람들 마음속에서 우러나오는 진정한 공감을 얻는 것을 더 추구한 듯 보인다.

프랑크푸르트 선언에 앞서 1993년 2월 미국 LA에서 열린 전자 관련 사장단 회의 발언에서 이런 심경의 일단이 읽힌다.

"내가 내 재산 늘리려고 이렇게 밤잠 안 자고 떠드는 것 절대 아니다. 재산 10배 늘어봐야 나한테는 아무 의미가 없다. 내가 갖고 있는 재산의 '이자의 이자의 이자'로도 몇 대代는 살 수 있다. 분명히 말하지만 나 자신이 부귀영화를 누리자는 것 아니다. 명예 때문이다. 성취감 때문이다. 성취감은 여러분, 삼성그룹, 우리나라가 잘되게 하는 것이다. 내 개인 양심을 지키고 책임을 다하고 싶다."

그러면서 그는 "내 청춘, 재산, 명성은 물론 목숨을 걸었다"는 말까지 했다.

"나는 (다른 사람들로부터) 좋은 소리 들으면서 하고 싶은 게 많다. 삼성그룹 회장 자리가 물론 크고 중요한 자리이지만 내 성격, 스타일에는 반도 안 찬다. 15만 삼성인에게 평생 직장을 주고 세계 초일류 기업, 일류 군群에 들어가겠다는 약속을 지키겠다는 책임감 때문에 하루 4시간밖에 안 자면서 일하고 있다. 내 청춘과 재산과 목숨과 명성을 걸었다."

운 좋은 상속자에서 용감한 도전자로

1993년은 김영삼^{YS} 대통령이 문민정부를 간판으로 내걸고 신^{新}경제를 외치던 해다. 경제 분야에서는 금융실명제 실시 등 굵직한 개혁 조치가 쏟아지고 있었다. 이 회장은 그해 프랑크푸르트 강연에서 "사회 전반에 일고 있는 새로운 변화의 물결에 우리도 편승하자"며 이렇게 말한다.

"과거 정치는 권력을 유지하기 위한 정치였기 때문에 사회와 기업에 악영향을 많이 끼쳤다. 특히 기업은 정치제도, 정치권력의 영향을 직접 받아왔다. 그래서 우리는 우리 책임이 아닌 다른 엉뚱한 책임, 우리 선배들이 저질러놓은 무책임까지 뒤집어쓴 느낌이다. 최근에는 삼성이 대표적인 기업이라는 것이 더 표가 나고 있어 책임감이 상대적으로 더 커져 있다. 하지만 이제 세상이 바뀌고 있다. 과거의 고생은 보람 없는 고생이었으나 이제는 고생하면 그 대가나 결과가 나오는 고생이어서 과거보다 나은 여건이다. 희망이 있는 고생이다. 그룹을 위해서, 국가를 위해서, 국민을 위해서 고생해보자."

어떤 사람들은 이 회장이 정권에 잘 보이기 위한 '쇼'를 한다고 했다. 하지만 대부분의 여론은 이 회장 편이었다. 《이건희, 초일류만이 살아남는다》(1993)를 쓴 김상헌의 기록이다.

"문민 시대를 맞아 한동안 이 시대의 히어로는 김영삼 대통령이었다. (…) 최근 들어 '뉴 페이스'가 등장했으니 바로 삼성그룹 총수 이건희 회장이다. 한국 제일의 기업으로 자타가 공인하는 삼성그룹 회장으로 취임한 지 올해로 6년째를 맞는 이 회장.

지금까지 그를 바라보는 일반인의 시각은 돈 많은 아버지를 둔 운 좋은 사나이, 베일 속의 황태자 등에서 크게 벗어나지 않았다. 그런 그가 베일을 세차게 걷어버리고 일반인들 앞에 나섰다. 그것도 이 시대의 총아인 텔레비전에 장장 90분간 '주연'으로 출연한 것이다. (…) 제일주의로 유명한 삼성을 이류 기업이라 단언하며 이대로 가면 기업의 존립마저 위태롭다고 강조하는 그는 권위적인 재벌 총수의 모습에서 확실히 벗어나 있었다."

조정환 경북대 교수는 1993년 8월 17일 자 조선일보에 '재계의 신사고新思考'라는 제목으로 쓴 칼럼에서 이 회장의 선언이 새로운 시대를 열었다고 평가했다.

"(이 회장은) 일반에 투영된 소심하고 대중을 두려워하는 운 좋은 상속자로부터 자기표현에 거침없는 용감한 시대의 도전자로 코페르니쿠스의 전환을 보여주고 있다. (…) 자신의 기업을 최고로 만들겠다는 기업인의 몸부림이 이렇게 절실하게 많은 사람들 가슴에 와 닿은 적은 일찍이 없었다. (…) 이전에 재벌기업이 무엇을 기도한다는 것

1988년 3월 삼성 창립 50주년을 맞아 제2 창업을 선포하면서 '자율 경영, 기술 중시, 인간 존중'을 실천 방침으로 내세우며 이를 초지일관 지키겠다고 다짐하고 있는 이건희 회장. 이날 행사에서는 제2대 회장 취임 때인 석 달 전과는 완연히 다른 자신감이 느껴졌다고 참석자들은 전한다.

임직원과 협력업체 관계자 1만3000여 명이 모인 창립 50주년 행사.

은 그 배후에 정권과 특별한 연계가 있다는 선입관을 우리는 가져왔다. 요즈음 삼성의 이 회장이 눈치 안 보고 독자적인 어투로 자신의 퍼스낼리티를 극명하게 드러낸 것을 보면 이제 정치권력이 모든 분야를 주무르던 시대는 가고 재계도 자기 논리로 구르는 시대가 온 모양이다."

급기야 정치권도 화답했다. 1994년 3월 YS의 오랜 정치적 동지이자 당시 내무부 장관을 맡고 있던 최형우는 공무원 300명을 이끌고 아예 경기 용인시 삼성연수원에 들어가 이 회장의 특별강연을 들었을 정도였다.

새로운 변화에
과감히 맞서라

이건희 회장은 1993년 6월 프랑크푸르트 선언에서 삼성전자를 향해
'이미 망한 회사', '2류 기업'이라고 혹독하게 깎아내렸다. 선진국과
일본 기술을 모방하는 데만 급급하고 세계시장에서 싸구려 취급을
받는 현실을 뼈아프게 짚은 것이다. 프랑크푸르트에서 한 말이다.

"국내에서 그래도 낫다는 삼성전자를 보자. 상품 수는 수천 가지, 계
열사는 30여 개다. 이 중 국제 경쟁력이 있다고 할 수 있는 제품은 반
도체, 그것도 메모리 하나다. 분명히 말하지만 삼성은 국제적으로 2류
다. 내가 회장이 되고 입버릇처럼 '불량 없애라', '질質 위주로 가자'고

했는데 아직도 양률에 매달리고 있다. 만들기만 하면 팔 수 있다는 건 구시대적 얘기다. 오그라지고 망가지는 게 눈앞에 보이는데 (여러분 들은) 눈 하나 까딱 안 한다."

삼성전자는 이미 망한 회사

이 회장은 삼성전자를 비롯한 계열사들을 조목조목 중환자에 비유했다.

"삼성전자는 3만 명이 만든 물건을 6000명이 하루 2만 번씩 고치고 다닌다. 쓸데없이 자원 낭비하고 페인트 낭비해 공기 나쁘게 하고 나쁜 물건 만들어 나쁜 이미지를 갖게 한다. 이런 낭비적 집단은 이 세상에 없다. 암癌으로 치면 2기다. 기회를 놓치면 3기에 들어간다. 누구도 못 고친다. 자금과 기술자를 투입시켜 노력해야 회생시킬 수 있다. 삼성건설은 영양실조에 당뇨병까지 겹쳐 있다. 삼성종합화학은 태어날 때부터 잘못 태어났다. 우리나라 유화산업에는 제대로 된 경영자가 없다. 키워야 한다. 삼성물산은 삼성종합화학과 삼성전자를 나눈 정도의 병이다. 그나마 삼성생명이 상대적으로 경영을 잘해온 것 같지만 엉터리 계약들 많다. 삼성은 전체가 한마디로 중병重病에 걸려 있다."

이 회장은 "앞으로 남은 시간은 7년이다. 2000년까지 죽기 살기로 해야만 살아날 수 있다"며 "지금까지는 누구 책임도 아니다. 이제부터는 내가 고친다. 내가 책임자"라고 선언했다.

그의 암에 대한 언급은 단순한 엄포가 아니었다. 당시 이 회장은 부친 이병철 회장과 둘째 형 창희 씨를 잇따라 암으로 잃은 상태였다. 지금 세상이야 암이 불치병이 아니지만 당시만 해도 암 진단은 사형선고나 다름없었다. 이 회장 인식 속에서 암이란 단어는 비유적 언어가 아니라 경험을 통해 인식된 실존적 언어였을 것이다.

어떻든 자신이 오너를 맡고 있는 회사들을 향해 이렇게 입에 올리기도 힘든 극단적 단어를 써가며 절망감을 토해낸 것은 그만큼 상황이 심각하다는 심경의 표현이었을 것이며, 이제 자신이 직접 집도의가 되어 환부를 도려내겠다는 비장감을 드러낸 말이었을 것이다.

전원이 꺼져버리는 삼성 TV

이 회장은 삼성전자가 만들어내고 있는 불량 제품들도 암세포에 비유했다.

"삼성이 파는 전자 제품, 중공업 제품에는 회사 로고가 분명히 박혀 있다. 그런데 고장이 나면 울화통이 터진다. 내가 직접 경험한 것이다.

1976년 이병철 선대 회장과 삼성그룹 전산실을 둘러보는 이 회장(왼쪽에서 세 번째).

VTR 같은 경우 아끼는 테이프를 넣었는데 고장이 나 다 갉아먹었다. TV에서 재미있는 영화를 보는데 휴즈가 뚝 떨어져나가 꺼진다. 이러면 당연히 그 회사 욕이 나오지 않겠는가. (소비자들은) 안 잊어버린다. 그 회사 제품 절대 안 산다. 안 사는 게 중요한 게 아니라 '나쁘다'고 떠들고 다닌다. 이것이야말로 몸에 암세포가 번지는 것과 무엇이 다른가. 삼성전자 제품 불량률이 현재 수준(3~6%)이라면 망조다."

평소 전문 엔지니어에 버금갈 정도로 기계에 해박했던 그의 질타는 매우 구체적으로 이어진다.

"전자레인지 부품은 500개가 안 된다. 마그네트론을 빼면 철판하고 유리 조각만 붙이는, 불량 '0'으로 가야 하는 단순 산업이다. 그런데도 불량이 계속 난다는 건 말이 안 된다.

VTR 부품은 아무리 많아도 800개가 안 되고, 컬러TV는 500~600개 정도 된다. 일본의 혼다, 도요타 자동차에 들어가는 부품은 1만5000개, 2만 개로 차원이 다르다. 그런데도 불량은 거의 제로다. 자동차같이 움직이고 충격 받고 비바람 맞고 아침저녁 온도 차가 심한 환경에서도 불량률이 제로에 가까운데 집 안에만 있는 전자 제품 불량률이 3%, 5%, 6%씩 난다는 게 말이 되는가.

나는 일본 제품들을 보면 삼성은 이대로 문 닫아야 하는 거 아닌가, 그렇다면 어떻게 명예롭게 닫아야 하나 이런 생각까지 든다. 삼성전자가 6%씩 불량을 내면서도 작년에 250억 이익이 났는데 불량률을 2%로 내릴 경우 얼마나 이익이 날지 한번 생각해보라. 불량을 줄이는 건 '경영을 잘해라', '이익을 더 내라'는 차원의 문제가 아니다. 생존과 양심 문제다."

이 회장 말 중에 '보다가 전원이 나가는 TV나 테이프를 갉아먹는 비디오 기기(지금은 기기 자체를 찾아볼 수 없지만)'를 요즘 젊은 세대들은 상상할 수 없을 것이다. 당시 '메이드 인 코리아' 수준이 그랬다. 이 회장이 신경영 선언을 하기 2년 전인 1991년 주한 일본대사관 경제참사관으로 갓 부임한 시모고지 슈지라는 사람이 쓴 '한국 가전제품 체험기'에는 이를 상징적으로 보여주는 대목이 나온다.

그가 경험한 제품이 삼성 것이라는 언급은 없지만, 당시 국내 일류 기업들의 가전제품 제조 수준이 얼마나 조악했는지가 생생하게 담겨 있는 에피소드여서 인용한다. 이런 제품을 사는 외국인들이 속으로 우리를 얼마나 우습게 보았을까 하는 생각에 낯이 뜨거워지다가도 그로부터 불과 수십 년 만에 세계 최고 제품을 만들어낸 한국 기업인과 노동자들의 노고가 새삼 전해져와 뿌듯한 마음도 든다. 내용을 요약하면 이렇다.

"일본에서 가져온 세탁기가 낡아 한국 일류 기업 세탁기를 구입했는데 전혀 움직이지 않았다. 배달해준 사람에게 부탁했더니 자기는 배달만 하는 사람이니 서비스센터에 연락하라고 했다. 며칠 뒤 서비스센터 사람이 와서 여러 가지 시도를 해보았는데도 움직이지 않았다. 판매점에 이야기했더니 바꿔주겠다고 해서 새것이 왔다. 그것도 움직이지 않았다. 결국 다시 또 서비스센터 사람이 와서 고생한 끝에 겨우 움직이게 됐다. 나의 지극히 개인적인 경험을 갖고 한국 제조업체 불량률이 높다거나 점원들의 지식이 부족하다거나 애프터서비스가 나쁘다고 일반화할 수도 없고 그래서도 안 된다. 하지만 분명한 것은 한국의 가전제품 제조업체는 고객을 한 사람 잃었다는 것이다." (유순하, 《삼성, 신화는 없다》에서 재인용)

제품 불량이 단지 불편함에서 그치는 것이 아니라 기업 이미지는 물론 나라 이미지까지 갉아먹는다는 점에서 암세포와 다를 바 없다는 이 회장의 뼈아픈 지적에 백분 공감하는 내용이 아닐 수 없다.

다시 이 회장의 말이다.

"과거에는 1등부터 5등까지 다 살 수 있었다. 2등은 2등대로, 3등은 3등의 몫이 있었는데 이제는 1군에 못 들어가면 모든 것이 0이 되는 시대다. 전국체전 금메달과 올림픽 금메달은 다르다. 전국체전 1등했다고 자랑하는 소리 들으면 화가 난다. 이제는 세계 챔피언이라야 챔피언이다. 삼성은 지금 상태로는 당장 문제없다. 하지만 21세기 초반까지 이런 상황으로는 못 간다. 전자, 건설, 중공업, 유화는 위험수위다. 4개사가 흔들리면 그룹이 흔들린다. 그룹이 흔들리면 누구도 못 도와준다. 새 정부에서는 더 그렇다. 우리가 스스로 서로 도와 살리고 키워야 한다. 명심하라. 마음으로는 변해야 한다고 생각하는 것 같은데 이제는 행동으로 실천해야 한다."

이 대목에서 궁금해지는 건, 단지 불량 제품을 없애자는 정도의 개선이라면 국내에서 임직원들을 모아놓고 하는 질책만으로도 충분했을 터인데 왜 굳이 독일 프랑크푸르트까지 임원들을 모두 불러내는 파격적인 방식을 썼을까. 여기에는 생각보다 복잡하고 깊은 이 회

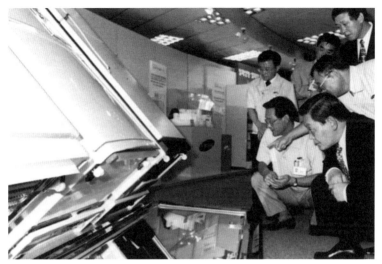
1995년 광주공장에서 냉장고 제품을 살펴보고 있다.

장의 내면이 자리하고 있었다.

세상이 바뀌고 있다

1993년 7월 이인길 동아일보 경제부 차장은 일본 후쿠오카로 날아가 이건희 회장을 직접 만난다. 프랑크푸르트에서 신경영을 막 선언하고 일본으로 날아온 이 회장을 단독으로 인터뷰한 것이다. 세 시간에 걸친 장시간 대화를 마친 기자는 장문의 기사를 그해 〈신동아〉 9월호에 싣는다. 이 회장은 신경영 선언 배경을 묻는 기자에게 이렇게 답한다.

"회장이란 사람이 비싼 돈 써가며 임직원들을 해외로 불러내 새벽 3시, 4시까지 강연을 하고 있다는 것 자체가 우리 기업의 위기 상황을 말해주는 겁니다. 국가로 보나 삼성으로 보나 현재가 보통 위기 상황이 아닙니다. 정신 안 차리면 구한말 같은 비참한 사태가 올 수 있습니다. 이완용이 역적임은 분명해요. 그러나 그때 이완용이 없었어도 김완용, 박완용이 나왔을 거요. 상황이 그렇게 돼 있었다는 거죠. 정치도 썩어 있었고 국력도 제로에 가까웠잖아요. 직원들에게 계산시켜보니 당시 우리 국력은 경작지 기준으로 1000억 원이 안 됐어요.

언제까지 일본 욕만 하고 뭉개버리고 있을 겁니까. 세계에서 생산력이 제일 높은 곳이 일본입니다. 우리가 요대로 조금만 가면 3류, 4류로 떨어지고 맙니다. 엔고가 돼도 수치상으로는 좋게 나오지만 생산, 기계 모두 일본에 의존하고 있으니 플러스 마이너스 하면 없어요.

과거에 한일합방이 하드적인 것이었다면 앞으론 소프트적 경제적 합방이 눈앞에 보입니다. 우리가 살고 있는 이 시대에 또 다른 이완용이 나오는 걸 저는 볼 수가 없습니다.

일본을 보세요. 기계, 로봇 할 것 없이 주요 부문에서 최소 30%에서 70~80%까지 세계 생산을 독점하고 있어요. 일본은 할 수 있는데 우리는 왜 못 합니까. 저는 어릴 때부터 외국을 자주 다녀봐서 일류가 뭐고 질이 뭔지 느낌으로 알고 있습니다. 앞으로 10년 정도가 중요한 시기인데 또 기회를 상실할 수는 없는 일이죠."

국내에서 해도 될 회의를 하필이면 무엇 때문에 해외에서 열었을까. 이 회장은 이렇게 말했다.

"아무리 말을 해도 듣지를 않아요. 일류 선진국이 무엇을 어떻게 하고 있나 자기 눈으로 직접 보고 느끼라는 거지요. 해외 지사에 몇 년씩 있는 사람들이 통역 하나 제대로 못 해요. 원자력 발전소를 봐도 그냥 지나치고 말아요. 건설에는 몇 년이 걸리는지, 전력 단가는 얼마고 환경은 어떤지, 직접 보고 위기의식을 느껴 변화의 필요성을 감지하게 하려는 것입니다. (해외에서 회의를 한다고) 수십억 쓰는 것이 문제가 아닙니다. 선진국의 기초가 뭔지 보고 자극 받으면 1석5조의 효과가 나와요.

지난 20년간 삼성은 매출이 450억 원 규모에서 35조 원으로 늘었습니다. 열심히 일해서 그런 줄 알지만 착각입니다. 1970~80년대 고도성장은 반도체, 주식회사, 컴퓨터의 출현에다 생산 대국 일본에 인접한 지리적 이점이 있었고 소 팔고 논 팔아 교육을 시킨 결과가 한데 어우러진 것입니다. 그런데 삼성을 포함해 너나없이 제 잘난 덕으로 그렇게 된 것으로 생각하고 있으니 이걸 깨우치려는 겁니다."

회장이 가졌던 문제의식은 무엇보다 세상이 크게 변하고 있다는 것을 먼저 느낀 사람의 절박성에서 비롯된 것이었다.

"지금 세계는 업業의 개념이 급속도로 바뀌어가고 있습니다. 과거 10년 동안 세상이 바뀐 것보다 앞으로 10년 동안 더 빨리 더 많이 바뀔 것입니다. 자동차를 한번 봅시다. 자동차에서 전기·전자 비중이 지금은 25~30% 정도지만 앞으로 10년 뒤엔 50% 이상이 돼 전기·전자 연구 안 하면 외국과 경쟁하기 힘들게 됩니다. 일본의 도요타, 닛산, 혼다에서 매년 300~500여 명씩 전기·전자 기술자 뽑아 훈련시키고 있어요. 그러니 지금부터 삼성이 어디에 와 있고 무엇을 얼마나 모르고 있는지를 알아야 합니다. 그동안 모르고 사는 게 편했는지 모르죠. 인프라를 보세요. 육영수 여사 저격 사건(1975년) 이후 인프라에 투자를 전혀 안 했습니다. 향후 2, 3년 놓치면 금세기의 변화는 마지막입니다. 정부와 국민, 기업이 삼위일체가 돼 뛰어야 합니다. 지금 반도체 메모리, 핸드폰 초기 단계, 팩시밀리 정도를 앞서가고 있는데 이것도 투자 안 하면 몇 년 넘기기 힘들어요. 완전히 2류, 3류가 되지 않으려면 항만, 공항, 도로 투자를 서둘러야 합니다. 얼마 전 아시아나 사고(66명이 숨진 1993년 7월 목포 아시아나 항공기 추락 사고를 말한다 - 필자 주)가 왜 났습니까. 조종사 과실도 물론 크죠. 그러나 기본 문제는 인프라예요. 보잉 737기면 최단 활주로 길이가 2000m, 폭 40m 이상이에요. 외국 가면 목포 같은 비행장은 제트전투기용 외엔 없어요."

불면증과 식욕 부진에 시달렸다

생전에 고인이 유일하게 펴낸 책《생각 좀 하며 세상을 보자》(1997년)에는 신경영을 선언하기 직전까지 얼마나 불안과 긴장의 나날을 보냈는지가 담담하게 기록돼 있다. '프랑크푸르트 선언'이란 제목의 글은 이렇게 시작한다.

"1987년 회장에 취임하고 나니 막막하기만 했다. 1979년에 부회장이 된 이후 경영에 부분적으로 관여해왔지만, 그때는 '선친'이라는 든든한 울타리가 있었다. 이제는 내가 모든 걸 짊어져야 하는데, 세계 경제는 저성장 기미가 보이고 있었고 국내 경제는 3저 호황 뒤의 그늘이 짙게 드리우고 있었다.

이런 상황인데도 삼성 내부는 긴장감이 없고 '내가 제일'이라는 착각에서 벗어나지 못하고 있었다. 50년 동안 굳어진 체질이 너무도 단단했다. 계열사 간, 부서 간 이기주의는 눈에 보일 정도가 되어 소모적 경쟁을 부채질하고 있었다. 이런 삼성의 현실과 세기말적 변화에 대한 위기감에 등골이 오싹해질 때가 많았다. 1992년 여름부터 겨울까지 불면증에 시달렸다. 이대로 가다가는 사업 한두 개를 잃는 것이 아니라 삼성 전체가 사라질지 모른다는 위기감이 엄습해 식욕도 사라졌다. 불고기를 3인분은 먹어야 직성이 풀리는 대식가인 내가 식욕이 떨어져서 하루 한 끼를 간신히 먹을 정도였다. 그해에 체중이

10kg 가까이 줄었다."

앞서 소개한 1993년 9월호 〈신동아〉 인터뷰에서도 이런 불안한 내면의 일단이 보인다. 이 회장은 당시 "보통 댁으로 가시면 뭘 하느냐"는 기자의 질문에 이렇게 답한다.

"회사에서도, 집에서도 일뿐입니다. 그리고 TV 뉴스를 매일 2시간씩 꼭 봅니다. 동아, 조선 등 4대 일간지의 삼성 관계 기사를 모조리 읽고 특별한 이슈가 있으면 적어도 2개 신문의 논설과 해설을 꼭 읽죠. 경제 잡지 7개, 일간 경제지 2개를 보고, 골프 잡지 1개, 자동차 잡지 2개, 건강 잡지, 기술 잡지, 그 외 국내 TV 방송과 일본 NHK 기술 관계 다큐멘터리, 동물 관계 프로그램까지 보다 보면 시간이 많이 걸립니다. 하루 수면시간을 4시간 정도로 줄인 게 1년이 됐습니다. 요즘은 긴장이 되니 하루 3시간, 어떨 때는 24시간도 잠 안 자고 견딥니다."

그런데 이 회장의 이런 위기의식은 하루아침에 생겨난 게 아니었다. 그는 취임 직후인 1987년 이후부터 기회가 있을 때마다 위기의식을 강조했다.

〈신동아〉는 신경영 선언 5년 전인 1988년 3월호에서 '이건희 회장 취임 이후 매스컴 단독 인터뷰'라는 제목으로 그의 육성을 싣고 있는데, 여기에는 회장이 이미 오래전부터 대한민국의 과거, 현재, 미래를 거시적 안목으로 보고 있었음을 엿볼 수 있게 하는 통찰이 담겨 있다. 이 회장의 말이다.

"역사적으로 보면 세기말에는 반드시 큰 변화가 있었습니다. 18세기, 19세기가 다 그랬어요. 이제 20세기 말을 우리가 보내고 있는데 느낌으로 무언가 대단한 변화가 다가오고 있다는 생각이 듭니다. 이런 변화에 겁먹을 필요는 없지요. 과감히 맞서 대처해나가야 합니다."

사실 그의 불안은 현재에 대한 밑도 끝도 없는 불만족이나 걱정에서 오는 것이 아니라 변화하는 안팎의 국내외 상황에 대한 면밀한 통찰에서 나온 것이었다. 프랑크푸르트에서 했던 그의 말이다.

"세계는 국경 없는 전쟁에 돌입했다. 선대先代가 경영했던 1987년 이전과 현 경영 상황에는 엄청난 차이가 있다. 정치, 외교, 첨단 기술 등 모든 분야가 급변하고 있다. 과거 50년의 변화보다 향후 10년에 있을 변화의 양과 질이 훨씬 더 많고 클 것이다. 기업 조직, 연구소, 생산 방식, 사고의 틀 모든 게 바뀌지 않으면 살아남기 어려운 세상이 다가오고 있다. 전 세계가 시장 개방을 요구하고 있고 중국 같은 후발 개도국이 추격해오고 있다.

우리는 1960년대에 경제의 기초를 닦았고, 1970~80년대에 경제의 틀이 잡혔다. 1980년대 중반까지는 모든 것이 쉬워서 단순 조립 사

업으로 수출도 하고 먹고살았다. 후진국에서 개발도상국으로 성공한 대표 나라가 한국이었다. 옛날에는 행정부와 전 국민이 위기의식과 헝그리 정신을 가지고 눈이 반짝반짝했는데 요즘은 모든 게 어려워졌는데도 그저 잘되겠지, 몇 가지만 개선하면 옛날같이 되겠지 하는 안이한 생각을 하고 있다. 이제는 모든 제품이 복합화, 시스템화, 차별화되지 않으면 팔기도 어렵지만 팔 수도 없다. 물건 하나 팔기가 얼마나 어려운가. 국가 생산성을 높이는 일이 국가, 국민, 재계 다 합쳐도 될동말동 어려워졌는데 (상황을) 아주 우습게 보고 있다. 조금만 정신 차리면 된다고 생각하고 착각하고 있다. 삼성은 물론 나라 전체가 이 시점에서 정신 안 차리면 인도네시아처럼 3류국으로 떨어진다. 난 이것이 눈에 보인다."

거의 30년이 다 돼가는 오래전 육성인데도 바로 오늘날의 상황을 보고 말하는 듯 생생하게 들린다. 그렇다면 당시 그의 눈에 비친 것은 과연 무엇이었을까.

보이는 것에서
보이지 않는 것으로

삼성그룹은 사사社史인 《삼성 60년사》에서 1993년을 '분기점이 되는 해'로 기록한다. 이건희 회장의 신경영 선언이 나온 해이니 그럴 만하다. 그렇다면 왜 하필 1993년일까.

돌아보면, 한국 사회에서 1993년은 미증유의 소용돌이에 휩싸인 해였다. 국제 정치·경제 질서가 대변혁의 한가운데 서 있었기 때문이다. 2년 전인 1991년 옛 소련, 동유럽 등 사회주의가 몰락하면서 이념과 냉전의 시대가 막을 내렸다. 한국은 1992년 대만과 단교하고 중국과 수교했다.

무엇보다 큰 변화는 세계 무역 질서의 대변동이었다. 우루과이라운드 협상 타결로 농산물 시장이 개방되는 등 패러다임이 바뀌고 있었다. 제2차 세계대전 이후 자유무역을 목표로 설립된 GATT(가트, 관세 및 무역에 관한 일반 협정) 체제를 이어받은 우루과이라운드는 원자재나 공산품 차원의 개방을 넘어 농산물, 서비스 분야, 지적재산권, 투자까지 문을 여는 전全방위 무역 개방 협상이었다.

우루과이라운드의 법적 토대는 세계무역기구WTO였다. 유명무실하던 나라 간 무역 분쟁 조정 과정에 개입해 판결권과 판결에 대한 강제 집행권을 갖는 명실상부한 세계무역사법부가 출범한 것이었다. 시장 경제와 사회주의 경제로 양분됐던 세계시장은 이념과 국경이 없는 무한 경쟁으로 빨려 들어가고 있었다.

한국도 이때 쌀을 비롯해 영화, 유통시장 등 전방위적 개방 압력에 직면했다. 언론과 지식인들은 1993년 12월 15일 우루과이라운드 협상 타결을 '제2의 개국'이라고 했다. 하지만 한국 사회는 이런 급진적 변화를 '세계화'로 이어지는 담론으로 끌어올리지 못하고 연일 쌀시장 개방에 반대하는 농민을 어떻게 달랠 것인지에만 정치·사회적 에너지를 쏟고 있었다.

정치는 허둥댔고 지리멸렬했다. 대통령 후보 시절 '쌀 시장 개방 반대'를 외친 김영삼 대통령은 그해 연말에 가서야 대국민 담화를 통해 "고립보다 경쟁과 협력을 선택할 수밖에 없었다"며 비록 유예기간을 두긴 했지만 쌀 시장 개방을 공식화했고, 1994년 11월에 가서야 '세계화'를 선언했다. 그것도 해외 순방 중에서였다. 대통령 참모들은

이건희 회장이 신경영 선언을 한 1993년은 국제 정치·경제 질서가 대변혁의 한가운데 있었다. 국내적으로는 문민정부가 출범하면서 곳곳에서 적폐 청산의 목소리가 높았다. 1994년 청와대에서 열린 30대 그룹 회장 간담회에 참석한 이건희 회장.

갑자기 나온 김영삼 대통령의 '세계화' 선언에 영어에 적합한 말이 없으니 'SEKYEHWA'로 표기해달라고 언론에 부탁했을 정도였다.

끓는 냄비 속 개구리 신세

이건희 회장이 프랑크푸르트 회의에서 말한 '냄비 속 개구리론'은 그런 위기의식을 상징적으로 개념화한 것이었다.

"우리가 맞을 경제 전쟁은 무력전과 다르다. 자기가 전쟁을 하고 있는지, 전쟁에 지고 있는지도 모르면서 망해간다. 끓고 있는 냄비 속에 갇힌 개구리처럼 죽는 줄도 모르고 무기력하게 당할 수 있다는 거다. 이 전쟁의 패자敗者는 누구도 도와주지 않는다."

이 회장으로서는 우선 삼성부터 살리는 게 급했다. 1993년만 해도 삼성전자는 주력인 가전 분야에서 금성사(LG전자)와 엎치락뒤치락하며 치열한 경쟁을 벌이고 있었고, 세계시장에서도 '세계 경영'을 앞세운 대우와 건설·중화학공업으로 도약하고 있던 현대에 비해 역동성 면에서 뒤처지고 있었다.

삼성전자는 당시 가전제품, 정보통신, 컴퓨터, 반도체 4개 분야로 구성돼 있었다. 이 중 가전제품은 우루과이라운드에 따른 유통시장 개방으로 위기에 봉착해 있었다. 소니, 산요 등 일본 가전업체들이 동남아시아 공장에서 만든 저가품으로 한국 시장을 공략해 들어오고 있었던 것이다.

농심 회장을 지낸 손욱 전 삼성종합기술원장은 40년간 '삼성 맨'으로 살았다. 삼성전자 엔지니어로 시작한 그는 1993년 이 회장의 '프랑크푸르트 선언' 당시 수행팀장으로서 경영 철학 구축 과정을 지켜봤다. 그를 만나 당시 삼성전자의 위상에 대해 물으니 이렇게 회고했다.

"1970년대 말까지는 삼성이 단연 재계 톱이었습니다. 삼성은 농사짓던 사람들을 산업화 일꾼으로 만드는 데 성공했습니다. '관리의 삼성'이란 말은 그래서 나온 거였습니다. 그 덕택에 1970년대 말까지는 모직, 제당, 가전 분야에서 막강한 1등이었지요. 그런데 1980년대로 들어오면서 현대그룹이 조선과 자동차를 앞세우며 부상했고 대우가 세계 경영이란 기치를 내걸고 치고 나왔습니다. 당시 대학생 입사 선호도를 조사하면 현대와 대우가 1등과 2등, 삼성은 3등이었습니다. 그룹 매출 규모도 갈수록 떨어지고 있었습니다. 외부적으로는 우루과이라운드 타결에 따른 무한 경쟁, 내부적으로는 임직원들이 과거에 성공한 기억에 안주해 변화의 기운을 알아차리지 못하던 즈음에 이건희 회장이 취임한 거였습니다. 선대 이병철 회장 시절만 해도 이 회장은 장인 홍진기 회장과 아버지 옆에 앉아서도 웬만해선 입을 열지 않았습니다. 그러나 내심으로는 '삼성이 점점 내려간다. 이 문화와 체질로는 안 된다. 바꿔야 한다'고 고심했던 것 같습니다."

이건희 회장은 1987년 회장 취임 후부터 변화와 개혁을 주문했지만 뜻대로 되지 않는다는 것을 답답해하고 있었다. 신경영 선언 직후인 1993년 9월호 〈신동아〉 인터뷰에서는 "(직원들에게) 속았다"고까지 했다.

나는 속아 살아왔다

"지금 생각해보니 나도 보통 착각한 게 아니에요. 1979년인가 공식적인 후계자로 정해지고 영감(이병철 회장) 돌아가시고 회장 자리에 앉으면 당연히 선대 영감하고 사무실이 늘 붙어 있었으니까 임직원들이 나를 따라올 줄 알았어요. 그러나 그게 아니었어요. 장기 이식 수술 거부 반응 같은 거였죠. 요새 내가 비로소 고함지르고 하는데 지난 5년간은 완전히 속았어요."

프랑크푸르트 회의에서는 "일하기가 어렵다"는 하소연까지 한다.

"삼성의 일에 내가 손댄 이래, 나는 수백 번도 더 속았다. 이번이 마지막이다. 지난 5년간 쎄가 빠지게(혀가 뽑힐 만큼 힘들게) 무진장 얘기를 했는데도 변화의 기미가 보이지 않는다. 내가 회장인데도 모든 조직이 미동도 하지 않는다. 왜 이렇게 일하기가 어려운가."

그가 느꼈던 긴장감은 공허한 메아리로 회의실에서만 맴돌 뿐 제대로 전파되지 못하고 있었다.

박근희 전 삼성생명 부회장(현 CJ대한통운 부회장)은 1978년 삼성전관에 입사했다. 1987년 비서실 운영팀 과장으로 근무하고 있을 때 이 회장이 취임하면서 '이건희 회장 비서실 1기' 멤버가 됐다. 그는

"신경영 선언 당시 삼성 임직원들은 긴장감은커녕 회장이 무슨 말을 하고 있는지도 제대로 이해하지 못하고 있었다"며 "대표적으로 생소했던 개념이 디지털이니 소프트 경영이니 하는 말들이었다"고 했다. 그의 말이다.

"회장 생각을 따라가지 못하는 정도가 아니라 무슨 말씀을 하시는 건지도 모르는 상황이었습니다. 회장은 1980년대 말부터 '디지털 인력을 키워야 한다'거나 '소프트 경영을 해야 한다'는 말을 자주 했습니다. '디지털'이라는 말은 글로벌 시장에서 제품들이 막 나오고 있었기 때문에 요즘 인공지능^AI 시대를 준비하는 것처럼 '아, 새로운 변화의 시대를 준비해야겠구나' 정도의 생각은 할 수 있었지만 소프트 경영이라는 말은 상당히 생소하고 추상적으로 다가와서 '대체 무슨 말이지?' 하는 분위기였습니다. 우리 같은 졸병들은 '회장이 (현장 경험 없이) 부회장에서 바로 회장에 취임했으니 뭐 현실성 없는 이야기를 하시나 보다' 정도로 생각했고, 당시 사장들은 '저러시다가 말겠지' 했던 것 같습니다."

손욱 전 원장은 "돌이켜 생각해보면 소프트 경영을 주창했던 이건희 회장은 기업인 이전에 사상가이자 철학자였다"며 이렇게 말했다.

"1980년대 말 '소프트웨어 인재 1만 명을 양성하라'는 지시를 받고 인사팀에 강제로 명령해 소프트웨어 인력을 잔뜩 채용했는데, 몇 년 뒤 추적해보니 다들 엉뚱한 부서에서 일하고 있었습니다. 회장의 의도가 무엇인지조차 제대로 몰랐던 거죠. 돌이켜보면 회장은 4차 산업혁명을 이미 1980년대부터 내다보고 있었습니다. 앞을 내다보는 예지력이 뛰어났다고밖에 볼 수 없습니다. 그런 점에서 기업가 이전에 사상가이자 철학자라고 할 수 있을 것입니다."

여기서 잠깐, 이 회장이 생각했던 '소프트 경영'의 개념은 무엇이었을까 짚고 넘어가보자. 그가 내건 '소프트 경영'이야말로 한국 산업사를 비포Before 이건희와 애프터After 이건희로 나누는 결정적 상상력이라고 할 수 있기 때문이다. 고인의 글 '소프트 경쟁력의 매력'에는 30여 년 전 그가 내다보았던 미래상이 그대로 담겨 있다. 서두는 이렇게 시작한다.

"몇 년 전 미국 〈비즈니스위크〉지를 읽다가 기술이나 생산력 등 하드Hard의 가치는 앞으로 제로에 가까워질 것이라는 내용을 보고 놀란 적이 있다. 그러나 따지고 보면 그리 놀랄 일이 아니었다. 기술 진보가 빠르다는 컴퓨터만 해도 가격 면에서 지난 5년 사이에 40% 정도 하락했다. 고도의 기술만 있으면 고부가가치를 창출한다는 기존 사고방식이 통하지 않게 된 것이다.

과거에는 좋은 물건을 얼마나 싸게 만드는가 하는 것이 경쟁력의 관건이었고, 그것은 지금도 상당히 통하고 있다. 그러나 이러한 하드 경쟁력은 유형의 것이기 때문에 경쟁사가 얼마든지 모방할 수 있다. 한 조사에 따르면 신제품의 70%가 1년 이내에 경쟁사에 의해 모방된다고 한다. 따라서 하드적인 경쟁력만 갖고는 세계 무대에서 경쟁 우위에 서기 어려워졌다."

이 회장은 미래의 경쟁력은 보이는 것을 만들어내는 경쟁에서 '보이지 않는 것'을 만들어내는 경쟁이라고 내다본 것이다. 그게 바로 소프트 경쟁력이란 개념이었다. 다시 고인의 말이다.

"소프트 경쟁력은 눈에 보이지 않는다. 브랜드가 그렇고 기업 이미지가 그렇다. 소프트란 눈에 보이지 않는 것에서 가치를 찾아내거나 그것을 기획하고 가공해서 부가가치를 높이는 것이다.
요즘 TV에는 VCR라는 소프트 기능이 당연히 부가되고 있는데 VCR는 또 테이프가 있어야 한다. 테이프를 만드는 데 중요한 것이 영화라는 소프트다. 영화를 만들려면 작가의 창의력이라는 소프트가 또 있어야 한다. 이렇게 소프트를 찾아 들어가면 갈수록 투자비보다 이익이 더 커지고 그만큼 창의력도 더 많이 요구됨을 알 수 있다. 이것이 바로 소프트의 실체다. 소프트 산업은 제조업과 달리 후발 주자라도 핸디캡이 없다. 핵심 경쟁력을 모방당하거나 쉽게 잃지도 않는다. 새로운 시장을 창출할 가능성이 높고 그만큼 고부가가치를 가져다준

2011년 7월 29일 경기 수원시 매탄동 수원디지털시티에서 열린 선진 제품 비교 전시회를 둘러보고 있는 모습. 사진 맨 왼쪽에 현 이재용 부회장의 모습도 보인다.

다. 이런 시대에 무형의 가치를 제대로 모르면 시대 흐름에서 낙오할 수밖에 없다."

두뇌산업으로 모든 걸 바꿔라

이 회장은 '제2 창업'의 의미를 "두뇌 산업으로 모든 걸 바꾸는 것"이라고 말한다(〈신동아〉 1988년 5월호).

"제2 창업은 각종 변화에 적응하는 방법을 찾자는 겁니다. 우선은 정신적인 변화를 찾아야 하겠고, 다음은 기술적으로 삼성이 추구하는 전자, 반도체, 항공, 유전공학 분야에 더 깊이 파고들어야 한다는 뜻입니다. 특히 우리에게는 소프트웨어 개념이 거의 안 돼 있어요. 천만 달러짜리 컴퓨터로 숫자 계산이나 한다면 어리석지요. 그걸 이용해 1억 달러의 효과를 낼 프로그램을 만드는 데 신경 써야 되겠지요. 단순노동, 저임(금)만으로는 국제화 시대를 이겨나갈 수가 없어요. 두뇌산업 쪽으로 모든 개념을 바꿔가야 하겠다는 것이 바로 제2 창업의 의미입니다. 경영이란 개념을 세분하면 설계, 개발, 제조, 판매, 애프터서비스 등이 있는데 이것들이 부단히 변하고 있어요. 10년 전과 지금은 판이하지요. 옛날의 기계는 으레 고장이 났는데, 앞으로는 고장이 거의 안 날 겁니다. 그러면 애프터서비스의 개념도 달라지지요. 그런 식으로 변화에 적응하는 체질 개선이 꾸준히 이뤄져야 합니다."

성장의 환각

흔히들 이 회장에 대해 '위기 경영'의 화두를 던진 기업인이라고 한다. 생전에 고인이 내놓은 한마디 한마디가 뉴스가 되고 사회적 공명을 불러일으킨 것은 그가 단지 삼성의 위기만을 말한 것이 아니라 산업계의 위기, 더 나아가 대한민국의 미래까지 고민했기 때문이었을 것이다.

1993년 8월 5일 자 조선일보 '삼성의 신사고 경영' 제목의 사설 한 대목을 읽어보자.

"지난 30여 년의 기업사와 경제 개발 과정에서 우리 경제가 빠져버린 최대의 함정은 '성장의 환각'이었다. 물산物産은 더없이 풍성하고 입성('옷'을 속되게 이르는 말)은 날마다 더욱 화려하게 변모했지만 산업과 기업을 활기 있게 끌어갈 동인動因은 하나씩 사라져가고 있다. 세계시장 곳곳에서 우리 상품이 밀려나도 그것을 뛰어넘을 기술도, 솜씨도, 그나마의 의지도 바닥난 형국이 바로 적나라한 현실이다. 정부는 옛날 식의 '하면 된다'에서 벗어나지 못하고, 기업은 정부만 쳐다보거나 좁아터진 집 안마당에서 서로 다투고, 근로자는 제 몫 늘리기에 열중하고 있다. 진정한 개혁은 위기와 한계의 실체를 바로 보는 데서 출발해야 한다. 삼성의 신경영이 그런 인식의 반영이라면 적어도 문제의 핵심에 한발 다가선 것으로 간주될 수 있다."

사설이 지적한 대로였다. 이 회장은 프랑크푸르트 선언에서 "경제에 대한 기대와 낙관이 지나치다"며 이렇게 말했다.

"1990년대는 1980년대와는 환경이 아주 다르다. 이번에 대비를 못하면 아주 심각하다. 구체적으로 '수치상 뭐다'라고 딱 잘라 말하기는 어렵지만, 기업가적 육감으로 볼 때는 심각해 보인다. 한두 개 시장을 개방하고, 한두 가지 생산성을 개선하고, 한두 가지 외교 정책만으로는 이 난국을 타개하기 힘들 것 같다."

책《생각 좀 하며 세상을 보자》에는 반도체를 예로 든 이런 구절도 있다.

"과거 5000년의 변화보다 최근 100년의 변화가 더욱 무쌍했고, 그 100년보다는 지금부터 5년, 10년 동안의 변화가 더욱 심할 것이다. 반도체 혁명이 급격한 변화의 좋은 예라고 할 수 있다. 앞으로 수년 내 1기가 반도체가 상용화된다. 1기가는 트랜지스터 10억 개에 해당하는 것으로 여기에 드는 전력량은 10Wh밖에 안 된다. 하지만 이 용량을 진공관으로 연결해 가동하려면 230만 kWh가 소비된다. 만약 주머니에 넣고 다니는 개인용 컴퓨터나 휴대전화에 1기가 반도체가 들어간다면 원자력 발전소 2기를 들고 다니는 것과 같다. 이러한 변화를 구체적으로 이해하고 있는 사람은 의외로 적다. (…) 중요한 것은 우리를 둘러싼 경영 환경과 경쟁 상대자들은 이 변화를 느끼고 거기에 적응하기 위해 초음속으로 변하고 있다는 것이다. 우리는 세계 일류 기업들에 비해서 경쟁력이 턱없이 약한데 이제 그들과 정면으로 경쟁해야 하는 시점이 시시각각 다가오고 있다."

그러면서 가장 큰 문제를 "정신적 위기"로 꼽고 있었다.

"지금 우리는 정신, 환경, 제도, 시간의 위기라는 사면초가에 처해 있다. 그중에서도 정신적 위기가 제일 큰 문제다. 기업가는 투자 의욕을, 근로자들은 근로 의욕을 잃고 있다. 미래에 대한 꿈과 비전이 없기 때문이다. 정부나 사회의 리더들은 앞장서서 문제를 풀어나가지 못하고 구심점 없이 표류하고 있다. 시대는 급변하는데 아직도 낡은 옷을 걸치고 과거의 제도와 관행에 얽매여 미래를 내다보지 못하고 있다."

이 회장은 1993년 1월 11일 사장단 회의에서 "21세기를 대비하기 위한 마지막 기회를 맞고 있다는 각오로 새로운 출발을 하자"고 선언한다. 그리고 이를 행동으로 옮긴다. 미국 LA로 날아간 것이었다. 그리고 거기서 몇 달 뒤 나올 프랑크푸르트 선언의 전초전이 될 사건들과 맞닥뜨린다.

비전은 매크로하게,
지시는 마이크로하게

이건희 회장의 1993년 2월 1일 LA 출장은 당초 미국의 주요 거래처와 지사를 둘러보기 위한 것이었다. 현지에 도착한 이 회장은 가전제품 매장과 할인점을 돌아다녔다. 최대 시장 미국에서의 성패야말로 생존과 직결되는 일이니만큼 삼성 제품의 현주소를 눈으로 확인해보자는 취지였다.

그런데 이게 웬일인가. 삼성 제품들이 먼지를 뒤집어쓴 채 매장 구석에 처박혀 있는 게 아닌가. 누구 한 사람 눈길을 주지 않았다. 한국에선 최고 브랜드로 통할지 몰라도 미국에선 3류 싸구려로 취급받는 현장을 직접 목격한 충격이 얼마나 컸을까. 당시 동행한 수행원들은 "흘깃 훔쳐본 얼굴이 뒤통수를 얻어맞기나 한 듯이 내내 일그러져 있었다"고 전한다.

이 회장은 즉시 사장단을 LA로 불러들였다. 평소 회사에 출근도 잘 하지 않고 칩거하다시피 해온 회장의 갑작스러운 호출만으로도 놀랄 일인데 LA라니, 모두 초긴장 상태로 비행기에 몸을 실었다.

프랑크푸르트 선언의 전초전 LA 회의

현명관 전 삼성물산 회장은 신경영 초기(1993년 10월~1996년 12월) 비서실장으로 이 회장을 가까운 거리에서 지켜본 사람이다. 최근 자서전《위대한 거래》를 펴내기도 한 그를 만나 당시 이야기를 들어봤다.

"어느 날 이창렬 비서팀장으로부터 '만사를 제치고 LA로 오라'는 연락을 받았습니다. 삼성전자는 물론 주요 계열사 사장들도 다 불렀다면서 말이죠. 나는 좀 의아했습니다. 삼성시계 사장을 맡고 있었는데 시계는 전량이 내수여서 수출하는 게 전혀 없는데 왜 나까지 오라고 할까 생각하며 서둘러 비행기를 탔습니다.

이 회장이 묵고 있는 LA 센추리플라자호텔에 도착하니 멕시코 티후아나 공장을 둘러보다 급히 날아온 김광호 당시 삼성전자 사장을 비롯해 주요 계열사 사장들이 도착해 있었습니다. 왜 불려왔는지 이유를 모르기는 다 마찬가지였지요."

더 황당한 건 도착하자마자 비서팀장이 달러를 나눠주며 백화점
과 가전제품 매장을 돌아다니면서 쇼핑을 하라는 거였다. 서울에 처
리할 일이 산더미처럼 쌓여 있는 계열사 사장들을 이 멀리까지 오라
고 해놓고 쇼핑을 하라고? 처음엔 무슨 영문인지 몰라 다들 어리둥
절했다는 게 현 전 실장 전언이다. 하지만 회장의 의도를 알아차리는
데는 시간이 오래 걸리지 않았다.
손욱 전 원장은 이렇게 회고했다.

"회장이 느낀 걸 그대로 본 거죠. 현장에서 본 삼성 제품은 형편없었
으니까요. 눈에 잘 띄는 높이의 전시대에는 소니, 도시바 같은 일본
제품, 그다음이 미국산이었습니다. 삼성 제품은 잘 보이지도 않았습
니다. 어떤 가게에선 고장 난 채로, 다른 가게에선 덤으로 끼워 파는
경품으로 내놓은 곳도 있었습니다. 힘들여 만든 우리 제품이 비참한
대접을 받는 모습을 보고 있자니 한마디로 참담했습니다."

"삼성은 10년간 놀았다"

1993년 2월 18일, 임원 23명이 아침 식사를 하는 둥 마는 둥 하고 집

합 장소인 호텔 연회장으로 모였다. 그런데 또 이게 웬일인가. 연회장 바닥에는 삼성 제품을 포함해 미국, 일본 유명 브랜드 TV, 캠코더, 냉장고, 세탁기, 카메라, 전자레인지가 모조리 분해된 채 깔려 있는 것 아닌가. 현 전 실장 말이다.

"훗날 한국 신문에는 '세계 주요 전자 제품 비교 전시회가 열렸다'고만 짧게 소개됐지만 당시 행사는 이 회장이 철저히 혼자 기획하고 만들어낸 이벤트였습니다. 필립스, 소니, 제너럴일렉트릭, 월풀 제품이 모두 해체돼 회로와 배선이 드러나 있었는데 전기 기술자가 아닌 제 눈으로 보기에도 삼성 제품은 그야말로 허접했습니다. TV만 해도 삼성 것은 배선이 이리저리 꼬여 복잡했는데 소니는 깨끗하고 심플했으니까요."

이 회장은 제품 하나하나 부품 수를 일일이 세어 보이기까지 하면서 이렇게 말했다고 한다.

"VCR만 해도 삼성 부품 개수가 도시바보다 30% 많은데 가격은 오히려 30% 싸다. 이러니 어떻게 경쟁이 되겠는가? 이번에 우리 상품이 얼마나 천덕꾸러기가 돼 있는지 눈으로 확인했을 것이다. 뚜껑이 깨져 있거나 떨어져나간 것도 있더라. '삼성' 제품은 구석에 처박혀 2, 3년간 먼지를 자욱하게 뒤집어쓸 정도로 싸구려가 아니다. 이렇게 만

세계 주요 전자 제품과 삼성 제품을 비교하는 1993년 LA 회의 현장.

들 거라면 삼성 이름을 반납해라."

다시 현 전 실장 말이다.

"회장은 비전과 미래를 이야기할 때는 굉장히 거시적인 매크로macro 한 안목을 갖고 있었지만 제품에 대한 이야기를 할 때는 매우 치밀하 고 섬세한 마이크로micro적인, 이른바 양면적 사고를 다 가진 분이라 는 걸 절감한 현장이었습니다. 예를 들어 TV 리모컨을 들고서는 '리

모컨에서 가장 많이 쓰는 버튼이 뭔가. 온·오프 아닌가. 필립스 것은 가운데 있는데 우리 건 찾기가 어렵다'면서 개선을 지시했죠. 그날 가전제품 분해 부품 전시는 그 자체로 매우 큰 충격이었습니다."

그는 당시 이 회장의 모습은 마치 목숨을 건 사람처럼 절박해 보였다고 했다(책《위대한 거래》).

"누가 회장을 감感에만 의지한다고 말했던가. 회장은 정말 진심으로 움직이고 있었다. 가까이에서 본 회장은 마치 전쟁터에서 살기 위해 처절하게 몸부림치는 군인처럼 보였다. 정말 목숨을 건 도박을 하고 있구나 하는 생각이 들면서 나도 '이건희 혁명'에 몸을 담가 개혁에 앞장서자는 생각이 조금씩 들기 시작했다. 아마 다른 사장들도 마찬가지 심정이었을 것이다."

당시 회의에서는 전년도인 1992년 수출 실적 부진 원인을 설명하던 임원 한 사람이 "계열사들 책임도 있다"는 식으로 남 탓을 하는 듯한 말을 하다가 "저런 식으로 말하는 사람이 어떻게 아직까지 삼성에 붙어 있는가"라는 회장의 불호령을 듣고 퇴장당하는 일까지 벌어져 분위기가 시종일관 살얼음판을 걷는 듯 차갑게 얼어붙어 있었다고 한다.

이대로 주저앉을 수는 없다

이 회장은 2월 18일부터 나흘간 현장에서 임원 회의를 주재하고 3월 2일 LA를 떠나 도쿄로 날아간다. 그러곤 3월 4일 계열사 사장단 46명을 도쿄로 불러 모은 뒤 세계 전자시장의 메카로 불리던 아키하바라를 샅샅이 누비며 일본의 경쟁력을 연구하라고 지시한다. 서울로 돌아온 이 회장은 3월 22일 삼성그룹 창립 55주년 기념식이 열린 서울 올림픽공원 체조경기장 무대에 섰다. 아버지 이병철 회장이 이뤄낸 일을 지키고 유지하는 '수성守成'의 경영자가 아니라 아버지를 뛰어넘는 '제2의 창업'을 하겠다고 선언한 지 딱 5년 되는 날이었다. 해외시장을 돌아보며 삼성의 수준을 확인한 그의 말에는 비장감이 서려 있었다.

"앞으로 2000년까지 남은 시간은 7년입니다. 삼성이 세계 초일류 기업으로 가느냐, 주저앉고 말 것이냐를 결정하는 마지막 결단의 시기가 다가오고 있습니다. 기술과 정보야말로 경쟁력의 원천이 되는 시대가 열렸습니다. 먼 훗날 삼성의 역사에서 여러분과 내가 이 시대를 빛낸 주인공으로 함께 기록될 수 있기를 간절히 바랍니다."

5월로 접어들면서는 대중 앞에 서는 광폭 행보를 시작한다. 12일 중소기업 경영자 대상 강연, 15일 고려대 강연, 17~20일 KBS 라디오 '경제 전망대' 출연, 26일 한국과학기술원 강연 등이었다. 그의 생애를 통틀어 전무후무하다고 할 만했던 이런 공식 행보는 자신의 개혁 메시지가 회사 차원을 넘어 국민들의 공감대 없이는 구현되기 힘들 거라는 생각에서 비롯됐을 것이라는 게 훗날 분석이다.

신경영 선언 방아쇠, 후쿠다 보고서

사람들은 세상 밖으로 나온 '은둔의 경영자'를 호기심 어린 눈으로 봤지만 당시 그의 생각과 메시지는 큰 주목을 받지는 못했다. 이 같은 그의 행보를 예민하게 포착한 쪽은 미국이었다. 5월 3일 자 미국 격주간 종합경제지 〈포춘〉은 이 회장 얼굴을 표지로 장식하고 그의 개혁 메시지를 커버스토리로 다룬다. 이듬해 〈비즈니스위크〉도 뒤를 이었다.

이 회장은 6월 다시 도쿄로 날아간다. 그가 당시 묵은 오쿠라호텔은 신라호텔과 제휴 관계를 맺은 곳으로 개인적인 인연도 깊었다. 선대 회장과 함께 도쿄에 갈 때마다 묵었던 곳이고 도쿄로 선을 보러 온 아내 홍라희 여사와 장모를 묵게 한 곳도 이곳이었다. 꼭 10년 전인 1983년 2월 8일 신년 사업 구상을 위해 도쿄에 머물던 아버지 이병철 회장이 훗날 삼성의 운명을 바꿀 대규모 반도체 투자에 나서기로 결심한 곳도 그곳이었다.

1993년 이건희 회장의 신경영 선언은 미국 등 선진 언론들도 크게 주목했다. 1994년 미국 경제주
간지 〈비즈니스위크〉는 이 회장을 표지 모델로 다루며 '삼성에 경영 혁명이 일어나고 있다'는 제목
을 달았다. 이 회장을 카 레이서로 연출한 것이 눈에 띈다. 고인이 평소 자동차광이기도 했지만 삼
성을 전통 제조업 기업에서 디지털 첨단 기술기업으로 바꾸겠다는 의지를 읽게 만드는 힘이 느껴
지는 사진이다.

1993년 6월 이 호텔에서 삼성의 운명을 바꾸는 신경영 선언의 방아쇠를 당기는 일이 벌어진다. '후쿠다 보고서'가 바로 그것이다. 후쿠다 보고서는 삼성전자 일본인 디자인 고문이었던 후쿠다 다미오가 작성한 것이다. 그는 1975년 교토京都공예섬유대학에서 석사과정을 수료하고 같은 해 NEC(일본전기) 디자인센터에 입사한 뒤 1989년 독립해 '오피스 후쿠다'를 설립하자마자 삼성전자에 영입됐다.

이 회장은 1993년 6월 도쿄에서 후쿠다 고문을 비롯해 삼성전자에서 일하던 일본인 고문들을 만난다. 그리고 이 자리에서 그들의 솔직한 말을 듣고 충격을 받는다.

2015년 6월 4일 삼성 사내 매체 '미디어 삼성'은 신경영 22주년을 맞아 후쿠다 전 고문을 직접 만났다. 삼성에서 10년을 일하고 일본으로 돌아간 그는 교토공예섬유대학 교수로 일하고 있었다. 그의 육성에는 보고서에 무슨 내용을 담았는지, 이 회장과 어떤 대화를 나눴는지, 이 회장의 디자인 철학은 무엇이었는지, 삼성 제품을 비롯한 '메이드 인 코리아'의 수준이 어땠는지 등을 알게 해주는 대목이 많다. 읽기 편하게 정리해 인용해본다.

고문님이 입사한 1989년의 삼성 수준은 어땠나요.

"다른 나라 제품을 모방한 것이 많아 컬처 쇼크(문화 충격)를 받았습니다. 소니가 1류라면 파나소닉은 1.2류, 샤프나 산요는 1.5류라고 할 때 삼성은 2류라는 느낌이 들었습니다. 삼성뿐 아니었습니다. 서울 시내 백화점에 가보면 일본이나 유럽 어딘가에서 본 것과 똑같은 디자인이 많이 보였습니다. 나로서는 충격적인 일이어서 디자이너들에게 '절대 남의 것 흉내 내지 마라. 오리지널이 아니면 세계시장에서 이길 수 없다'고 했습니다."

(그는 2004년 10월호 〈니케이日經 디자인〉과 한 인터뷰에서도 당시 상황을 이렇게 설명했다. "삼성의 디자인부 상태는 한심했다. 30대 과장 1명, 1~2년 차 젊은 디자이너 10명이 다였다. 젊은 디자이너들은 도면圖面 그리는 법부터 가르쳐야 할 만큼 수준이 낮았다. 디자인에 대한 사고방식도 일본 것을 흉내 내는 걸 당연시해서 상품 기획서에 '소니 ○○의 디자인처럼'이라고 쓸 정도였다.")

문제는 뭐였나요.

"디자이너들이 구태의연한 교육을 받은 경우가 많아 최신 디자인 콘셉트나 프로세스 지식이 부족했습니다. TV 신제품을 고민한다고 할 때 설계자가 내부를 결정하고 외형을 디자인해달라고 하면 디자이너는 연필을 들고 스케치를 했습니다. 하지만 나는 '순서가 완전 반대여야 한다'고 말했습니다. 소비자 편의성이라는 디자인 콘셉트를 정하는 게 먼저였습니다. 예를 들어 녹음기를 만든다고 할 때 책상 위에 놓고 녹음하기 괜찮은가, 버튼을 실수 없이 누르기 괜찮은가, 이런 걸 먼저 생각해야 한다는 거죠. 상품 기획, 디자인, 설계 부서가 서로 연계되지 않으면 수준 높은 제품이 나오지 못하는데 당시 삼성전자는 다 따로따로였습니다.

한국 사람은 윗사람을 존중하는 유교 정신이 있는데 당시는 지금보다 훨씬 심해 상사 말은 모두 맞다고 여겼습니다. 부하 직원들이 좋은 디자인을 제안해도 좀처럼 채택되지 못했습니다. 디자인은 정답이 없습니다. 젊은 사람들 감성이 맞는 경우도 많습니다. 그런 경우 상대가 부장이든 임원이든 설득해야만 합니다. 나는 디자이너들에게 '(상사와) 싸워도 괜찮다'고 했습니다.

실제로 정보통신 부문에서 설계 파트와 디자인실이 마찰을 빚은 적이 있습니다. 설계 파트 쪽은 원가를 개당 10원이라도 낮춰야 한다고 했고, 디자이너는 그렇게 하면 이미지 손실이 커 그걸 돈으로 따지면 개당 1000만 원도 넘는다고 맞섰습니다. 결국 화가 난 디자이너가 자기가 만든 모형을 밟아버리고 회의실을 나가버렸습니다."

이른바 '후쿠다 보고서'를 만들게 된 계기가 있었나요.

"입사 후 첫 3년간 보고서를 매달 만들어 제출했지만 아무런 반응이 없었는데 1993년 6월 회장으로부터 직접 '그동안 경험한 것들 중에서 중요한 내용을 추려 정리해달라'는 요청이 와서 만들게 되었습니다."

당시 보고서의 파장이 대단했습니다.

"회장님이 프랑크푸르트로 가는 비행기 안에서 나와 다른 일본인 고문(기보 마사오)이 만든 두 개의 보고서를 읽고 크게 화를 냈다고 들었습니다. 도착하자마자 임원들을 차례차례 불러들였고 이어 굉장한 회의가 시작됐다는 소식도 들려왔습니다.

당시 나는 일본에 있었는데 일본삼성(삼성의 현지 법인) 직원으로부터 '앞으로 한두 달간 서울에 가지 않는 게 좋겠다. 자칫 돌을 맞을지도 모른다'는 말을 들었습니다. 하지만 두 달 뒤 한국에 갔을 때 분위기는 의외로 나쁘지 않았습니다. 오히려 임원 대상 강연 요청도 늘었고, 잘 모르는 임원으로부터 식사 초대를 받기도 했습니다. 이 회장의 프랑크푸르트 선언을 기점으로 위기감이 단번에 조성되면서 삼성 내부에 개혁이 필요하다는 의식이 조금씩 퍼지고 있다는 것을 느낄 수 있었습니다."

귀하게 모셔왔는데 썩힌다

삼성전자가 이병철 선대 회장 시절부터 일본인 기술자들을 영입했다는 것은 널리 알려진 사실이다. 선대 회장 때는 경영 전반에 대한 조언을 해주는 정도였지만 이건희 회장 때는 기술 전문가들을 영입해 구체적 조언을 들었다고 한다. 조용상 전 일본삼성 대표이사 말이다.

"회장은 정말 그들을 극진히 대접했습니다. 당신 스스로를 낮추고 예의와 성의를 다하는 모습에 감동한 일본인 고문들은 삼성에 조언과 정보를 주는 것을 아끼지 않았습니다. 하지만 정작 직원들은 그들의 이야기를 소홀히 듣고 잘 받아들이지 않는 분위기였습니다. 회장은 이런 모습이 포착될 때 불같이 화를 내곤 했습니다."

신필렬 전 삼성라이온즈 사장은 1972년 삼성물산에 입사해 비서실 재무팀에서 일을 시작했다. 그의 말이다.

"삼성에 영입된 일본인 고문들은 조금이라도 삼성에 기여하기 위해 아이디어를 내고 일본에서 신제품이 나오면 재빠르게 조사해서 리포트로 써내기도 했지만 당시 그걸 눈여겨보는 사람은 거의 없었습니다. 이건희 회장은 부회장 시절부터 '(명색이) 고문인데 불러갖고 이야기도 듣고 자꾸 상의해야 할 것 아닌가?' 하면서 답답해했지요. 이후 회장에 취임해 경영에 본격적으로 나서면서 '고문들을 중시하는 분위기'를 만들려고 애썼습니다. 삼성전자 내 꽤 파워가 있었던 부장목을 친 게 대표적이었습니다.

회장이 부회장이던 시절 그 부장에게 일본인 전문가들을 소개하면서 '배울 게 많을 것이니 이분을 통해 사람도 뽑고 하라'고 했는데 그 사람이 한 귀로 듣고 흘려버린 모양이에요. 당시에는 부회장으로 당신이 힘이 없을 때여서 그런 것이라고 생각해서였는지 잠자코 있다가 회장이 되자마자 해당 부장을 불러 '내가 옛날에 일본인들을 몇 명

1978년 호암 이병철 회장이 주재한 사장단 회의에 참석한 이건희 회장. 이 회장 나이 서른여섯 살 때이다.

소개해줬는지, 그분들로부터 배운 게 뭔지 이야기해보라'고 한 거지요. 그 부장이 제대로 답을 하지 못하자 그 즉시 날려버렸습니다."

이 회장은 '일본인 고문 활용'을 아예 인사 항목에까지 집어넣어 명문화했다고 한다. 홍성일 전 비서실 감사팀장 말이다.

"회장은 화를 내는 경우가 거의 없었는데 일본인 고문 이야기만 나오면 '귀하게 모셔왔는데 썩힌다'고 역정을 냈습니다. 당시만 해도 일본인 입장에서 한국 회사 기술 고문으로 가는 건 일본 내에서 역적 소리를 듣는 일인데 그렇게 어렵게 오신 분들을 뒷방 늙은이 취급한다는 거였습니다. 그분들을 진정한 동료로 만들어서 일이 끝나면 인사동 같은 데 모시고 가 소주도 한잔 사드리고 해야 머릿속에 있는 '진짜'가 튀어나와 우리 재산이 된다는 말씀도 하셨습니다. 결국 어느 날, 더는 말로 안 되겠다고 느끼셨는지 감사 항목에 '고문 활용도'라는 항목을 새로 만들어 인사 평가에까지 반영했습니다."

아무도 주목하지 않은
본질에 대한 탐구

후쿠다 고문을 비롯한 일본인 고문들과 새벽까지 토론을 마친 이건희 회장은 잠도 거의 자지 않은 이튿날 아침 이들과 골프까지 친 뒤 프랑크푸르트행 비행기에 올랐다고 한다. 당시 비서실 수행팀장이던 손욱 전 원장의 회고다.

"회장이 30시간 이상 주무시지 않았기 때문에 '틀림없이 비행기에서 주무실 것이니 수행팀장은 행운'이라는 농담까지 돌았습니다. 그런데 웬걸, 회장이 자리에 앉자마자 가방에서 문서 두 개를 꺼내더니 '읽어보고 이유와 대책을 분석해 보고하라'고 하는 것 아닙니까. '후쿠다 보고서'와 '기보 보고서'였습니다."

후쿠다 보고서는 앞서 언급했듯 삼성전자의 디자인 전략 부재를 지적한 것이었다. 기보 보고서는 조금 달랐다. 손 전 원장은 기보 보고서의 내용이 뭐였냐는 질문에 이렇게 답했다.

"기보 고문도 13년째 삼성전자에서 고문으로 일하고 있었습니다. 오디오 설계 기술을 가르쳤지요. 그가 쓴 보고서 내용은 한마디로 삼성 직원들이 정리정돈을 못한다는 거였습니다. 예를 들어 일본 연구개발자들은 부품, 측정기 같은 도구들을 쓰고 나면 다음 사람이 금방 찾아 쓸 수 있게 원래 위치로 다시 갖다놓는다거나 연구 데이터도 꼼꼼히 정리해 나중에 잘 활용하도록 하는데 삼성 직원들은 그러지 않는다는 것이었지요. 삼성에 몸담은 13년 동안 그렇게 강조했는데 지금까지 안 되고 있으니 회장이 직접 나서야 할 때라는 내용이었습니다."(기보 마사오 전 고문과의 대화는 89~99쪽 참조).

다섯 번 물어라

이 회장은 비행기에서 두 개의 보고서를 읽고 수행원들에게 문제가 무엇인지를 물었다고 한다. 손 전 원장은 당시의 분위기를 이렇게 전했다.

"당시 수행원이 6명이었습니다. 회장의 질문을 받아들고 모두 뒷좌석에 모여 앉아 토론을 시작했습니다. 회장은 전혀 잠을 자지 않고 답을 기다렸습니다. 저희들은 '책임의식과 주인의식이 없어서 그렇다', '룰에 대한 개념이 없고 처벌이 약해서 그렇다' 등등 한두 시간마다 답을 내 말씀드렸는데 회장은 만족하지 않은 듯 '다시', '다시'를 반복했습니다. 프랑크푸르트에 도착해 주재원들과 저녁을 먹고 난 뒤까지도 토론을 이어갔지만 계속 '아니다'라는 답만 들어야 했습니다. 회장은 마치 끝장을 보겠다는 심산인 것 같았습니다.
자정 넘어서까지 회의가 이어지자 보다 못한 홍라희 여사가 '사람들도 피곤하니, 이제 답을 알려드리세요. 그래야 내일 또 일을 할 수 있죠'라고 하시자 그제서야 회장은 '자기 자신을 사랑하지 않기 때문'이라는 선문답 같은 말씀을 던지신 뒤 '잘 생각해보라'고 했습니다."

신경영 초기 비서실 국제금융팀장, 인사팀장을 지내며 회장 통역을 맡기도 했던 황영기 전 삼성증권 사장도 당시 수행팀원으로 전 일정을 함께했다. 그의 기억은 좀 더 구체적이다.

"이유와 대책을 묻는 회장께 '교육이 잘못돼서 그렇습니다', '기본 질서가 없어서 그렇습니다', '매사 얼렁뚱땅하는 문화가 옛날부터 몸에 배어서 그렇습니다', '매출 달성에 급급해서 양 위주로 물량 떼기를 하느라 그렇습니다' 등등 각자가 머리에서 짜낸 의견들을 말씀드리니 회장은 '그래, 그렇다 치자. 근데 왜 그리 됐노?' 하며 재차 반복해 되물었습니다.

그러면 우리들이 다시 '어려서부터 가정교육이나 이런 것들부터 문제가 있는 거 아니겠습니까?', '군대 가서 요령 피우는 거 배우는 것도 이유인 것 같습니다'라고 또 각자 나름대로 생각을 말하면 회장은 다시 '그럼 우리 사회는 와 그래 됐노?' 하는 식으로 계속 질문을 던지셨습니다. 어느 순간, 우리는 더는 답을 할 수가 없었습니다. 그때 생겨난 말이 바로 회장의 '파이브 와이(5 Why)'였습니다. 문제가 생기면 적어도 다섯 번 '왜'를 물어야 한다는 거였지요."

생전의 이 회장이 보고를 받을 때 적어도 다섯 번은 "왜냐"고 물었다는 것은 삼성맨들 사이에서 유명한 이야기다. 보통 사람들은 당연하게 생각하는 것들에 어린아이 같은 질문을 던져 본질에 접근하는 것을 즐기며 탐구했다는 것이다.

현명관 전 비서실장은 이런 예를 들며 설명했다.

"어느 날 임원 회의에서 '물은 왜 차가운가'라는 질문이 날아왔습니다. '얼음이 생겨서 그렇습니다' 답하니 '얼음은 왜 찬가?'라는 질문이 다시 날아왔습니다. '0도 이하에서 얼기 때문입니다', '그럼, 왜 0도 이

하에서 얼음이 되는가' 이런 식이었지요. 회장은 문제의 본질에 접근하겠다는 집념과 노력이 정말 대단했습니다. 한번 관심을 가지면 전문가 수준으로 지식을 얻을 때까지 집요하게 파고들어갔으니까요. 반도체는 물론 자동차에서부터 전기 오븐까지 개별 제품의 디자인과 기술을 세세하게 알고 있었습니다. 그를 모시는 사람들도 당연히 그런 열성을 보여야만 살아남을 수 있었습니다."

제2의 방아쇠, 세탁기 사건

프랑크푸르트에 도착한 다음 날, 이 회장은 유럽 주재원들을 앞에 앉혀놓고 이야기를 쏟아냈다. 소니 녹음기를 켜놓고 "내가 많은 이야기를 했는데 밑에까지 전파가 안 됐다. 무조건 내 말을 녹음해서 각 사업장 말단 직원들에게까지 들려줘라"라며 이렇게 말했다.

"그동안 LA와 도쿄에서 회의를 한 것은 우리 가전제품이 세계시장에서 얼마나 천대받고 국제 경쟁력이 뒤졌나 하는 것을 직접 보여주어 정신을 차리게 하기 위한 것이었다. 그런데 일본인 고문들이 쓴 보고서를 읽고, 나 자신부터 얼마나 뭘 모르고 있었나를 깨달았다. 나는 평생 낙관적이고 긍정적으로 살아왔다. 웬만한 실수나 수십, 수백억 원의 손해에도 까딱하지 않았다. 이번에는 몹시 화가 치밀어 오른다.

5년 전에 여러분들 나한테 뭐라고 그랬나? '실무를 모르는 소리 한다, 부잣집에서 자랐으니 월급쟁이 고충을 알겠나' 그러면서 내 말을 밑으로 전달도 안 했다. 그럼 그렇게 말했던 사람들은 현실을 알았나. 각 계열사 사장들, 비서실장, 비서실 팀장들은 모두 나를 속였다. 집 안에 '병균'이 들어왔는데 5년간, 10년간 속여왔다. 소위 '측근'들이 이 정도라면 나머지 사람들은 어느 정도이겠는가."

후쿠다와 기보 보고서를 보고 화가 머리끝까지 치밀어 오른 회장은 그날 밤 호텔 방에서 한 편의 비디오를 보고 다시 절망에 빠진다. 프랑크푸르트 선언의 '제2의 방아쇠'가 된 이른바 '세탁기 사건'이다.

당시 삼성은 사내방송SBC을 통해 내부 문제를 고발하는 일종의 사내 몰래 카메라 프로그램을 제작하고 있었는데, 회장이 본 비디오는 도쿄 하네다공항에서 전해진 것이었다.

프랑크푸르트에 도착해 호텔 방에서 열어본 테이프에는 삼성전자 세탁기 조립 과정을 촬영한 20여 분 분량의 영상이 담겨 있었다. 그런데 이게 어쩐 일인가. 생산라인 직원들이 세탁기 뚜껑 여닫이 부분이 맞지 않자 즉석에서 칼로 깎아 조립하는 것 아닌가.

이튿날 아침, 이 회장은 격앙된 어조로 이렇게 말한다.

"오늘 아침 세탁기 불량을 담은 테이프를 보았다. 회사가 썩었다. 완

위는 1970년 당시 삼성TV 생산라인 모습. 생산시설이나 기술이 부족했던 때라 불량품이 나오는 게 당연시되던 시절이었다. 하지만 이건희 회장은 "불량은 죄악이며 양심 불량의 산물"이라고 말하며 불량품이 나오면 아예 공장 라인을 세우라고 몰아붙였다. 아래는 1995년 3월 9일 삼성전자 사업장에서 열린 애니콜 신제품 화형식 모습. 직원들이 해머로 애니콜 신제품을 내려치고 있다. 한국 산업사에서 이례적이었던 이 화형식 퍼포먼스 이후 삼성 제품의 질은 비약적으로 상승한다.

전히 썩었다. 엉터리 불량품을 쌓아놓고 손해를 보고 있는데 왜 만들어야 하나. 마켓 셰어 5, 6% 줄어드는 게 겁나는가? 뭐가 겁나서 내 말이 안 먹혀 들어가나, 가슴이 터진다. 불량은 죄악이다. 완전히 라인을 스톱시켜 다시는 그런 일이 일어나지 않게 해야 하는데 왜 안 되는가. 한 달이고 두 달이고 공장을 세워라. 세탁기는 국내 판매가 다여서 재고가 쌓여 있다. 왜 양만 생각하고 만들어제끼나. 덤핑한 불량품 산 사람들 절대 삼성 거 안 산다는 거 아닌가. 팔면 팔수록 이미지 나빠지고 장사는 더 안 되는데 그런 단순한 계산이 왜 안 되나? 나는 일본에서 소학교 6학년 때부터 전자 제품 사고 쓰고 돌리고 만진 사람이다. 나만큼 일본 기술자, 경영자, 판매자 얘기 들어본 사람 있나? 삼성에서 전자에 대해 나만큼 아는 사람 있나. 그런데 왜 내 말을 안 듣나. 해도 너무한 것 아닌가. 이런 식이면 내 다 치워나갈라 한다."

이 회장은 불량품을 팔면서 죄책감이나 부끄러움을 느끼지 못하는 것이야말로 무책임하고 비도덕적인 일이라고 생각했다. 단순히 불량을 줄이자거나 품질을 높이자는 정도로 말해서는 고쳐질 성질과 상황이 아니라는 판단이 들었던 것으로 보인다. 하지만 불량 조립 라인은 비단 삼성만의 문제는 아니었다. 황영기 전 사장의 말이다.

"사출 기술이 부족했던 당시에 그런 일은 삼성에만 해당되는 것은 아니었습니다. 하루하루 물건 납품하는 것에만 치중하던 게 우리 제조업의 전반적인 현실이었으니까요. 하지만 회장은 그렇게 보지 않았습니다. 세탁기 뚜껑을 칼로 깎아 조립하는 짓은 야만적이며 그런 일을 하고도 양심의 가책을 느끼지 못하고 있다는 생각에 결국 폭발한 거지요."

이건희 회장은 곧바로 서울에 있는 이학수 비서실 차장에게 전화를 걸어 이렇게 말했다.

"사장들과 임원들을 전부 프랑크푸르트로 모이게 하라. 이제부터 내가 직접 나선다."

갑작스러운 불호령을 받은 핵심 경영진 200여 명이 허겁지겁 비행기에 몸을 실었다. 윤종용 삼성전자 사장, 비서실 김순택 경영관리팀장, 현명관 삼성건설 사장을 비롯해 큰형 이맹희의 장남이자 장조카 이재현 제일제당 상무(당시 33세), 작은형이자 고인이 된 둘째 형 이창희의 장남 이재관 새한미디어 사장(당시 30세), 이재용 현 삼성전자 부회장(당시 25세)까지 독일 프랑크푸르트 캠핀스키호텔에 속속 모여들었다.

회장님,
정말 고생 많으셨습니다

기보 마사오 전 고문은 이건희 회장 별세 직후 삼성 사내보와 가진 인터뷰에서 초창기 회장의 개혁 의지와 삼성의 변화를 상세하게 전한다. 그는 삼성전자에서 오디오 고문을 맡아 30여 년간 일했다. 사내보로부터 입수한 인터뷰 내용을 정리해 소개한다.

어떻게 삼성에서 일하게 되었나요.

"1970년대 후반으로 기억하는데 어느 날 삼성으로부터 비행기와 호텔을 제공할 테니 한국에 한번 놀러 오지 않겠느냐는 제안을 받았습니다. 당시 일본에서는 한국에 관광하러 가는 사람도 별로 없었고 저도 가본 적이 없었는데 공짜라면 한번 가도 좋지 않을까? 하는 생각에 가게 되었습니다.

서울에 도착하자마자 바로 회사로 이동했습니다. 여러 사정을 들어보니 지금은 없어졌지만 미국에 제니스라는 회사에 OEM(주문자 상표 부착 방식)으로 리시버를 납품하기로 했는데 몇십 개나 되는 항목에서 문제점을 지적받았다는 겁니다. 제니스 쪽에서는 삼성 쪽에 '문제점들을 다 해결해야 물건을 사줄 수 있다'고 했고 삼성 내부에서 토의를 한 결과 '이건 일본인이 아니면 해결할 수 없다'는 이야기가 나왔다고 들었습니다. 그래서 저한테 연락을 한 거였죠. 이런 모든 상황은 (한국에) 도착해서 설명을 듣고 알았습니다."

문제가 해결됐나요.

"문제점이 20~30개 정도 있었던 것 같습니다. 저는 그런 일을 하던 사람이었으니 어렵다고 생각되는 부분부터 순서대로 살펴보았습니다.

기억하기로는 모델이 두 개, 각각 1500대씩 출하하기로 되어 있었는데 납품을 못 해 재고가 산을 이루고 있었습니다. 정말 깜짝 놀랐습니다. 제품이 만들어지지 않으면 다 쓰레기가 되어버릴 상황이었으니까요. 본래 금, 토, 일 3일 계획으로 간 거였는데 이 기간 동안 할 수 있는 최선을 다했습니다. 그리고 3일째 되는 날 입사 제안을 받았습니다."

출국 마지막 날, 이건희 당시 부회장님의 저녁 초대를 받았다고 들었습니다.

"네, 잊어버리지도 않아요. 부회장님 댁으로 가서 상당히 많은 이야기를 나누었습니다. 인상적이었던 것은 부회장님 말씀이었습니다. '이 나라는 30년 전까지 굶어 죽은 사람이 있을 정도로 가난했던 나라였다. 기보 씨가 도와주는 셈치고 입사해달라'고 하셨습니다. 부회장님은 삼성을 성공시키는 것이야말로 한국 경제에 크게 공헌할 수 있는 길이라고 생각하셨던 것 같습니다. 표정이나 말투가 매우 진지했습니다."

당시 삼성전자 공장은 어떤 상황이었나요.

"일본인 입장에서는 상상할 수 없을 정도로, 뭐랄까 합리적이지 않은 업무 방식이었습니다. 박스 정리부터 상당히 엉망이었습니다. 도구들을 넣어놓은 박스들도 여기저기 흩어져 깔끔하게 정리돼 있지 못했고 금속으로 되어 있어서 안에 뭐가 있는지 알 수가 없어 하나하나 열어보지 않으면 안 되는 상황이었습니다. 부품들을 적어놓은 데이터 북도 일본 공장에서는 항상 선반 위에 놓여 있기 때문에 바로 확인할 수 있었는데 삼성 공장에서는 개인들 서랍에 넣어버려서 찾아 헤매기 일쑤였습니다. '도대체 이걸 누가 가져간 거야'라는 느낌을 받을 때가 많았는데 일본에서는 있을 수 없는 일이었습니다."

당시 일본과 한국의 기술 격차는 어느 정도였나요.

"솔직히 말씀드리면 엉망이라고 할 수 있을 정도로 수준이 낮았습니다. 대부분 일본 제품을 흉내 내고 있었으니까요. 그래서 여러 문제가 발생했지요. 라인 직행률이 몇 퍼센트인지, 불량률도 몇 퍼센트인지 전부 숫자로 비교해보면 알 수 있었는데 상당히 나쁘다는 인상을 받았습니다. 뭐가 나쁜가를 고민하면서 다들 모여서 이런저런 시도를 해보면서 점점 바뀌기 시작했는데 당연히 일본을 넘어서는 레벨이 쉽게 되지는 않았습니다."

삼성전자가 문제가 많았다는 사실은 회장님도 알고 계셨나요.

"잘 아시는 것 같았습니다. '정직한 보고서를 제출하지 않으면 다 잘되고 있다는 착각에 빠집니다. 정신을 차려보니 그게 아니었구나 하는 상황이 될 가능성이 있는 거지요. 기보 씨는 일본인이니까 거짓말할 이유가 없겠지요. 안 좋다고 느낀 점, 이래서는 안 된다고 느낀 점들을 솔직하게 가르쳐주세요'라고 하셨습니다. 저는 이것저것 살펴보고 제가 찾아낸 부분들을 '이건 이래서 안 된다, 저건 저래서 안 된다'는 식으로 설명해드렸습니다. 회장님이 질문을 하시는 경우도 많았습니다. 다만 현장에서 일하는 부장이나 사업부장에게 말하고 해결된 것들은 일절 회장님께 말씀드리지 않았고 제가 거듭 말했음에도 해결되지 않는 부분들만 얘기했습니다."

직접 대화할 수 있는 기회는 1년에 몇 번 정도 있었나요.

"네다섯 번 정도였던 것 같습니다. 제가 먼저 찾아간 적은 없었고, 이야기가 하고 싶으니 와달라고 하실 때만 찾아뵈었습니다."

구체적으로 회장님이 지원이랄까요, 뒤에서 도움을 주신 것이 있나요.

"네 있습니다. 회사가 바뀌지 않는데 반드시 고쳐야 하는 문제들을 보고드리면 '그렇군요, 그렇다면' 이런 느낌으로 도와주셨습니다. 처음에 회장님께 말씀드린 것이 바뀌지 않아 몇 년 뒤 같은 이야기를 드렸더니 '아직도 그대로인가요' 하셨습니다. 그리고 신경영 선언 때 프랑크푸르트에 가실 때 일본에 잠깐 오셨는데 '기보씨 말이 맞았습니다' 하시더군요. 도대체 왜 고치지 못하는 것인지, 매우 못마땅한 격앙된 표정이셨습니다.

그리고 며칠 뒤 프랑크푸르트에서 '천지가 개벽할 만한 수준으로 변하지 않으면 아무것도 바뀌지 않는다'는 말씀을 하셨지요. 안 되는 사업들은 잘라내는 편이 좋다고 하시면서 단순히 제품을 만들기만 하면 다가 아니라고 정말 무섭게 호통을 치셨는데 그런 회장님 말씀을 전해 들으며 제 입장에서는 좋았습니다.

그동안 제가 지적했던 사항들을 회사가 반영해주었으니까요. 회장님의 지원이 없었으면 아마 해내지 못했을 것이라고 생각합니다."

1970년대부터 삼성에서 일했는데 이후 바뀌는 것이 전혀 없었나요.

"그렇지 않지요. 바뀌는 것도 많았고, 덩치도 커지고, 매출도 성장했습니다. 다만 회장님의 목표는 세계 1등이 되어야 한다는 의지가 항상 있었습니다. '예전보다 좋아졌습니다' 정도로는 용납이 되지 않았습니다. 많은 분들은 이만큼 좋아졌고 이걸로 충분하다는 생각을 하고 있었던 것 같은데 회장님은 그렇지 않았어요. 세계 1등, 초일류여야 했습니다. 그러기 위해서는 당시 일본 가전업체가 세계 최고 수준이었기 때문에 일단 일본 업체를 이겨야 한다고 생각하셨고 어떻게 하면 바꿀 수 있는지 저희들에게 의견을 구하셨습니다. 품질 우선 경영이나 불량이 나오면 생산라인을 세우라는 '라인 스톱'도 대담하게 받아들이셨죠. 신경영 선언 이후 간부들 의식이 점점 그 방향으로 바뀌었다고 생각합니다. 반대하면 목이 잘리니까요. 회장님의 굳은 의지가 있었으니 다들 해낼 수 있었다고 생각합니다."

당시 일본에서 온 고문은 기보 고문님이 처음이었나요.

"제가 처음이었습니다. 이후 영업력이 뛰어났던 마쓰우라 사장님과 스피커를 담당하는 엔지니어, 그리고 마쓰우라 씨가 디자이너 한 분을 소개해줘서 입사했습니다. 이후 대대적으로 일본인을 채용하게 되었습니다. 사실 저는 삼성 제품의 품질이 나쁘다는 점이 대단히 신경이 쓰였습니다. 이래서는 회사가 오래 살아남을 수 없다고 생각했습니다. 품질을 어떻게든 개선해야겠다고 느꼈습니다. 그래서 제안한 것이 일본에 제품을 팔아보자는 거였습니다. 그러면 품질을 체크할 수 있기 때문이지요. 이익이 적어도 좋고 안 나도 좋으니 해보는 게 좋겠다고 생각했습니다.

일본에 물건을 팔자고 하니 처음에는 회사 높은 분들이 반대했습니다. 팔릴 리가 없는데 무슨 쓸데없는 생각이냐 같은 이야기를 회의실에서 들었습니다. 팔고 싶지 않다가 아니라 가능할 리가 없다고 생각했던 것 같습니다. 지금까지 일본에 제품을 팔고 있는 (한국) 회사는 없다면서 말이지요. 미국은 모를까 일본에는 절대 못 팔 거라고 했습니다.

저도 화가 나서 무슨 소리를 하시는 거냐, 제품이 좋고 싸면 안 팔릴 리가 없지 않느냐고 반박했습니다. 그랬더니 다들 정적에 휩싸여 아무도 반대하지 않게 되었고 해보자고 이야기가 되었습니다. 그래서 움직이기 시작한 거였습니다.

처음 접촉한 회사가 아이와^{AIWA}였습니다. 제품 샘플 10대를 일본으로 가져가서 품질 체크를 부탁했더니 1~2주 후에 연락이 왔습니다. 개선점이 몇 가지 있지만 채택하겠다고 이야기를 해주었고, 개선점을 고치고 가격을 정해주었고, 생산해서 출하까지 이르게 되었습니다."

결과는 어땠나요.

"놀랄 정도로 많이 팔렸습니다. 최대 월 25만 대를 생산했으니까요. 중요한 것은 파는 것 자체보다 품질 체크를 받아서 삼성 담당자, 엔지니어들이 많이 배웠다는 것이었습니다. 사실 일본에 물건을 팔자는 생각을 한 건 일본 회사들로부터 지적을 받아봐야겠다는 생각 때문이었습니다. 일본 기업들은 이 데이터 달라, 저 데이터 달라며 QC(품질관리)의 체크 항목이 많습니다. 이를 통해서 삼성이 공부를 했으면 하는 마음에 시작했습니다.

그걸로 다 끝난 것은 아니지만 대단히 성공적이어서 하길 잘했다고 생각했습니다. 이후 도시바를 대상으로 한 판매에도 성공했습니다. 나중엔 일본 도쿄에 사무실도 냈는데 도시바가 지적한 문제가 있는 세트를 짊어지고 사무실까지 가져가서 밤새 고치고 그걸 또 다음 날에 가져가곤 했던 기억이 생생합니다. 도시바에 납품을 하니 이후 일본 OEM이 잘 풀렸습니다. 도시바와 실적이 있다고 하면 '그러면 문제없겠네요' 했으니까요. 이렇게 소니, 산요전기 순으로 이어졌습니다."

신경영 선언 이후 회장님 지시가 통하기 시작했다고 할 수 있을까요.

"그렇습니다. 현장에서 의식이 바뀌기 시작했으니까요. 가전제품은 일제가 최고였기 때문에 여러 모델을 사 모으고 분석하고 사내

위 사진은 삼성전자 초창기 시절이던 1970년대 초 모습. 일본 회사 산요전기와 합작회사로 출발한 당시에는 텅 빈 들판에 막사 같은 컨테이너 시설에서 제품을 생산했다. 아래 사진은 그로부터 50년이 흐른 지금 세계 최대 규모의 반도체 생산라인이 들어선 삼성전자 평택공장 모습. 1공장은 2017년부터 가동 중이며, 제2공장은 2020년 11월에 준공했고, 3공장은 2021년 내 준공 예정이다. 4~6공장도 설립될 예정이다.

에서 전시회를 열기도 했습니다. 전부 회장님 지시였습니다. 하지만 당시 일본 회사를 이길 수 있을 것이라고 생각하는 사람은 아무도 없었습니다. 이길 수 있을 리가 없다고 막연히 생각했습니다. 그게 큰 착각이었고, 회장님은 그걸 어떻게든 풀어내야 한다고 생각했던 것 같습니다."

신경영 선언 이후에 현장에서 가장 크게 바뀐 점은 무엇인가요.

"시대가 디지털 시대로 바뀌면서 우선 제품 구성이 바뀌었습니다. 실제로 디지털은 한국에 대단히 좋은 기회였습니다. 아날로그는 경험을 필요로 하지만 디지털은 로직이기 때문에 논리로 상품을 만들 수 있습니다. 상품을 만드는 데 경험이 필요하다면 일본 업체에 이길 수 없지만 로직으로 할 수 있다면 머리만 있으면 되는 것이니까요. 똑똑한 사람들을 모으면 어떻게든 해결할 수 있는 부분이 있습니다. 그런 의미에서 디지털 시대의 도래는 한국에 정말 행운이었다고 생각합니다. 요즘 중국도 그렇죠. 아날로그 시대가 이어졌다면 이렇게까지 성장할 엄두도 내지 못했을 것입니다. 아날로그 기술을 가진 경험자를 육성하는 것은 정말 힘든 일입니다."

삼성의 가장 큰 성공 비결은 무엇이었다고 생각하시나요.

"이건희 회장님의 집념입니다. '삼성을 초일류로 만들어야 한다'

는 그 한마디가 모든 것을 대변하고 있다고 생각합니다."

회장님을 한마디로 표현한다면?

"역시 집념, 집념의 사나이입니다."

회장님을 다시 만날 수 있다면 하고 싶은 말씀이 있으신가요.

"정말 고생 많으셨습니다, 고생 많으셨습니다라고밖에 드릴 말씀
이 없네요."

파격적인 상상,
현실이 되다

PART 2

시대를 뛰어넘는
통찰과 예언

1993년 6월 7일 나온 독일 프랑크푸르트 선언은 여러모로 파격적이었다. 이건희 회장은 전무급 이상 고위 경영진을 비행기로 실어 나른 뒤 호텔에서 먹이고 재우며 자신의 철학과 생각을 강연했다.

당시 삼성물산 유럽본부장으로 회장을 수행했던 원대연 전 제일모직 사장의 회고다.

"본래 프랑크푸르트로의 임원 소집은 계획된 것이 아니었습니다. 회장은 도착하자마자 유럽 주재원들과의 대화 때 당신의 주된 관심사였던 복합화와 국제화를 주제로 강연했습니다. 분위기는 그런대로 화기애애했지요. 그런데 강연 주제가 갑자기 '질 경영'으로 바뀐 겁니다. 세탁기 뚜껑 조립 영상을 보고 충격을 받으신 거였죠. 회장은 영상을 본 바로 다음 날 서울로 전화를 걸어 당장 임원들을 소집하라고 지시했고, 서울에 있던 사람들은 그때부터 북새통이 되어 대거 비행기에 오른 것입니다."

이건희 회장은 해외 임원 회의라는 프랑크푸르트 선언 행사의 1인 기획자이자 연출자이며 배우였다. 자리를 비우면 큰일 나는 줄 알던 시절에 임원 수백여 명을 모두 비즈니스석에 태워 비행 시간만 12시간이 넘는 이국 땅으로 부른 것이다. 한두 명도 아니고 수백여 명을 장기간 고급 호텔에서 숙박시키는 것 자체가 누구도 상상할 수 없는 발상인 데다 돈이 한두 푼 들어가는 일이 아니다 보니 삼성 내부에서도 '낭비'라는 시선이 지배적이었다.

하지만 회장은 "모든 것이 투자"라며 밀어붙였다고 한다.

무슨 종교집단이냐

1993년 신경영 선언 현장에 있었던 삼성맨들의 기억은 30년 가까이 세월이 흘렀는데도 어제 일처럼 생생했다. 김광호 전 삼성전자 부회장 말이다.

1993년 3월 삼성 창립 55주년 기념식장에 들어서며 직원들에게 손을 들어 인사하는 이건희 회장. 제2 창업을 선언한 지 5년째가 되던 해이기도 했던 이날 행사에서 회장은 '제2 창업 2기 출발'을 선언하며 "5년간 외형적으로 두 배 반 성장을 이룩했지만 만족하지 말고 혁신과 창조 역량을 더욱 힘 있게 모아나가자"고 역설했다.

"당시에는 서울에서 제주 가는 것만도 큰일이었습니다. 더구나 임원들이 평일에 자리를 뜨면 회사에 큰일 나는 줄 알던 때였습니다. 그런데 갑자기 그 많은 임원들을 독일로 불렀으니 얼마나 엄청난 일이었겠습니까. 당장 비행기 표 구하기도 힘들었습니다. 3, 4일 예상하고 출장 준비를 해갔는데 1주일, 2주일이 지나가니 속옷도 입을 것이 없어 빨아서 호텔 베란다에 널어놓곤 했습니다. 호텔 측에서도 난처해했지요. 준비해간 달러도 떨어져 신용카드를 써야 했는데 외환자유화가 이뤄지지 않을 때라 삼성카드 본사에 전화해 한도를 늘리느라 아우성이었습니다."

갑자기 동양에서 양복 차림의 샐러리맨들이 한꺼번에 몰려와 아침부터 저녁까지 한 사람의 강의를 부동자세로 앉아 듣는 모습은 외국인들 눈에 얼마나 기이하게 비쳤을까. 김 전 부회장은 "호텔 측에서 무슨 종교집단 아닌가 하는 눈초리로 우리를 바라보았다"고 전한다.

당시 역사적 현장에 참석했던 삼성맨들의 말을 종합해보면 이들은 우선 회장의 폭포수 같은 말과 방대한 지식, 미래를 보는 혜안에 놀랐다고 이구동성으로 말한다.

"잠도 안 주무시고 계속 연설을 하시는데 갖고 있는 지혜와 지식이 총동원되는 모습이었다. 어떻게 저런 방대한 내용을 알고 계실까 놀라웠다. 게다가 처음 듣는 내용들이 너무 많았다. 지금도 기억나는 말이 앞으로는 자동차가 단지 이동 수단이 아니라 전자와 융합하는 전자 제품이 될 거라는 말이었다. 실제로 지금 그렇게 되지 않았나. 신경영의 변화와 혁신을 보잉 747기에 비유한 이야기도 기억에 남는다. 보잉 747기가 이륙할 때 일단 활주로를 달려 공중으로 뜨게 되면 불과 몇 분 안에 1만 m까지 확 올라가야 하는데, 만약 이 시간에 올라가지 못하거나 중간에서 멈추게 되면 추락하거나 공중에서 폭발한다면서 삼성 신경영도 한번 시작한 이상 방향을 바꿀 수도, 속도를 늦출 수도, 다시 내려올 수도 없다고 하시면서 변화를 독려했다. 당시 말씀들을 지금 떠올리면 우리가 보는 시야라는 게 얼마나 좁았는지 절절하게 느껴진다. 회장은 20, 30년 후 일어날 일을 미리 당겨서 한 거였다."(김인 전 SDS 사장)

"정말 그렇게 말씀을 잘하시는 줄 몰랐다. 그냥 생방송으로 원고도 일절 없었다. 다들 기절초풍했다. 무엇보다 놀란 게 풍부한 상식, 문제에 대한 깊이 있는 분석이었다. 회장의 말은 논리적으로 기승전결에 맞춰 얘기하는 스타일은 아니었다. 일본 얘기 나왔다가 다른 얘기 나왔다가 막 여기저기로 튀는데 맥을 연결해서 보면, 툭툭 던진 조각조각들 하나하나가 보석 같은 얘기들이었다."(황영기 전 삼성증권 사장)

"'마누라, 자식 빼고 다 바꾸라'는 말은 지금이야 평범하게 들리지만,

당시 현장에선 엄청난 충격이었다. '저 어른이 얼마나 고심했으면 저렇게까지 임팩트 있는 말을 던질까', '가슴속에 얼마나 큰 응어리가 쌓이고 쌓였으면 저런 표현을 할까' 생각하며 직원들은 공감할 수밖에 없었다."(허태학 전 에버랜드 사장)

"회장은 그때까지만 해도 사내에 출근도 안 하시고 집에서 업무를 봤기 때문에 사내 직원들에게는 '인비저블 맨Invisible Man'으로 통했다. 더구나 말씀도 어눌했다. 내가 1985년도에 이사가 돼 용인연수원에서 신임 임원 교육을 받는데 부회장으로 강의를 하신 일이 있었다. 그런데 강의 중간에 말이 막혀 5분 정도 침묵하다가 강의를 끝내버리는 것 아닌가. 성품이 내성적이고 남들 앞에서 말도 제대로 잘하지 못했던 분이 테이블에 주스 한잔 놓고 새벽 서너 시까지 강연을 이어가니 완전히 딴사람 같아 보였다. 그렇게 3주가 지나고 공항까지 수행을 했는데 안색이 너무 안 좋아 '너무 무리하시면 건강을 해칩니다' 말씀드렸더니 '가장 가까운 비서실 사람도 내가 하는 이야기 반의반도 못 알아듣는다. 전 직원들을 알아듣게 해야 하는데 내가 어떻게 편히 잠을 자겠느냐'며 한숨을 쉬시던 모습이 지금도 생생하다."(원대연 전 제일모직 사장)

"회장은 원래 소수만 모아서 하는 회의를 선호했고 말하기보다는 듣는 스타일이었는데 그날은 마치 신들린 사람 같았다. 쉴 새 없이 새로운 얘기들을, 그것도 자료 하나 보지 않고 하셨다. 다들 '어느 팀에서 저런 자료들을 만들어 보고한 거야' 했는데 비서실 소속인 우리들도 처음 듣는 내용이라 받아 적기만 했다. 당시 회장 말씀은 선대 회장 말씀들을 바닥에 깔고, 그 위에 본인의 콘텐츠를 얹어 당신의 방식대로 다시 요리를 해서 나온 말씀들이었다는 느낌을 받았다. 거기에다 일본인 고문들과 대화를 하면서 얘기했던 것들까지 더해지니 엄청난 힘이 전해져왔다. 사람들의 생각을 바꾸려면 충격요법이 필요하다고 생각하신 것 같았다."(손욱 전 삼성종합기술원장)

김광호 전 부회장은 "회장과 신경영 초기에 개인적으로 이야기를 제일 많이 나눈 사람들 중 하나가 내가 아닐까 싶다"면서 이렇게 덧붙였다.

"그렇게 오래 말씀하시는데도 등을 의자에 기대는 법이 없었습니다. 어떤 날은 새벽 4, 5시가 되어 창밖에 동이 훤히 터서야 '자, 오늘은 그만' 하며 일어나셨습니다. 우리들은 졸음을 참아가며 앉아서 적느라고 정신이 없었습니다. 회장은 원래 한번 말문이 터지면 끝이 없는 분이긴 했습니다. 한번은 서울에서 싱가포르까지 비행기를 타고 가면서 7시간 동안 쉬지 않고 말씀하신 적도 있었으니까요. 무엇보다 정말 모르는 게 없다고 느낄 정도로 굉장히 박식했습니다. 우리가 들어가지 못하는 곳까지 깊이 쑥 들어가 오래 고민하고 생각하고 말씀하시니 밑에서 일하는 사람들은 당할 재간이 없었습니다."

미국을 포함해 독일, 영국, 일본 신新경영 선언 일정에 모두 참여했던 박근희 전 삼성생명 부회장 말도 비슷하다.

"당시 비서실 재무팀 부장 3년 차여서 상세히는 아니더라도 각 계열사들이 어떤 문제를 갖고 있다는 걸 대충은 알고 있었는데, 회장이 알고 있는 디테일한 내용들은 상상을 초월했습니다. 저 정도로 알고 계시면 어느 계열사 사장도 당해낼 수 없겠구나 하는 생각이 들었습니다."

배종렬 전 제일기획 사장은 비서실 홍보팀장 등을 지내며 이건희 회장이 부회장으로 경영에 참가하던 시절부터 참모 역할을 했다. 당시 회장의 의중을 가장 자세히 알고 있는 인물 중 한 사람으로 꼽힌다. 그는 "당시 이 회장의 마음은 이런 것이 아니었을까"라며 이렇게 얘기한다.

"'내가 이 조직을 끌고 가야 하는데 이 사람들이 변하질 않는다. 어떻게 해야 변할까. 굉장히 입체적으로 느껴야 되는데, 이 사람들이 눈으로만 봐서도 안 되고 귀로만 들어서도 안 된다. 귀로 듣고, 눈으로 보고, 몸으로 느껴야 한다. 그래야 변한다' 이렇게 생각하신 것 같

2004년 구미사업장에서 디지털카메라 디자인을 꼼꼼하게 살펴보고 있다.

습니다.

일본에 갔을 때에도 낮에는 일본의 인프라를 둘러보라고 하고, 일류 회사들도 가보고, 도쿄 시티홀, 후지TV도 가서 보라고 했습니다. 저녁에는 강연하고, 어떤 때는 토론도 시키고, 굉장히 다양하게 했습니다. 사실 돈으로 계산하면 엄청난 거였습니다. 회장은 계속 몰아갔습니다. 그러면서 수시로 이렇게 말했습니다. '나는 잠을 잘 수가 없다. 등골에서 식은땀이 난다. 이래 가지고는 완전히 무너져내릴 것 같아 견딜 수가 없다.' 이러니 이런 말을 듣는 임원들 심정은 어땠겠습니까."

신경영 선언, 갑자기 나온 게 아니다

이건희 회장의 신경영 선언에 담긴 위기의식이나 메시지는 갑자기 나온 것이 아니라는 게 전직 삼성맨들의 한결같은 증언이다.

박정옥 전 에스원 대표는 삼성전관(삼성SDI 전신) 종합연구소장, 비서실 기술팀장 등을 역임하면서 삼성의 기술 발전을 함께한 엔지니어이다. 그의 말이다.

"1991년에 비서실 기술팀장으로 발령받고 얼마 안 있어 회장을 직접 대면한 적이 있습니다. 회장은 막 부회장이 돼 얼마 지나지 않은

1981년에 말씀하셨던 91개 아이템을 또다시 말씀하셨습니다. 그 뒤로 매일 말씀을 듣고 정리하면서 '지금 말씀하시는 내용들이 10년 전과 똑같은 것이었구나'를 새삼 깨닫던 때가 많았습니다. 부회장 시절부터 그렇게 말했어도 현장에 전달되지 않았던 거였지요. 프랑크푸르트 신경영 선언은 평소 목 놓아 강조하셨던 것의 연장선이었습니다. 마이크론, 디지털, 소프트웨어, 연구소 기초기술, 자동화, 캐드CAD, 캠CAM, 품질 불량률 이야기에서부터 일본, 일본인 고문顧問 이야기 등등을 듣다 보면 아주 일관되고 치밀했으니까요. 삼성을 바꾸려고 했던 것이 1981년부터였다는 것을 돌이켜보면 회장으로서는 무려 10년여를 기다려야 했던 거였습니다."

고정웅 전 하쿠호도제일 사장은 이병철 선대 회장에서 이건희 회장으로 승계가 이뤄지던 시기에 비서실에서 근무했다. 박 전 대표처럼 이 회장의 부회장 시절과 회장 취임 초기를 기억하고 있는 그는 "회장은 밤잠을 제대로 자지 않을 정도로 회사의 미래를 위해 고민하고 공부했다"며 이렇게 전한다.

"어떨 땐 일주일씩 밤을 새운 뒤 쉴 새 없이 우리에게 질문을 던지고 당신의 비전을 설명했습니다. 회장을 지근거리에서 모시고 있는 나 같은 비서들에겐 고역이었지요. '마누라하고 자식만 빼고 다 바꿔보라'는 말도 신경영 선언 2년 전부터 본인의 철학과 관련한 이야기를 밤새워 할 때 말했던 것이었고, 특히 직전 1년에는 집중적으로 말했던 내용이었습니다. 사람 앞에 나서길 싫어하고 연설에 약하다던 분이 몇 개월 동안 단 한 번의 막힘도 없이 '비전'을 웅변할 수 있었던 것은 이렇게 그전부터 '수천 번'의 리허설이 있었기 때문에 가능했다고 할 수 있습니다."

프랑크푸르트 어록들은 서울에 팩스로도 보내지고 테이프에도 모두 녹화됐다. 당시만 해도 유튜브도 없었고 온라인이 발달하지 않았던 시대여서 회장의 메시지를 국내로 전달하고 그룹 전체에 전파하는 일 자체가 만만치 않았다고 한다. 6월 24일과 25일 이틀 동안에는 '인공위성'을 이용해 현지에 모인 사장단과의 마라톤 회의 내용을 모든 임직원들이 시청하도록 했다고 한다.

삼성은 전혀 준비가 안 됐다

박근희 전 부회장은 프랑크푸르트, 런던, 도쿄, 오사카, 후쿠오카를 거치며 회장의 강연을 모두 들었다. 그러면서 시간이 갈수록 '현실성 없는 말'이라거나 '저러다 말겠지' 하고 넘길 상황이 아니라는 걸 깨닫게 되면서 한편으로 걱정과 두려움이 엄습했다고 한다. 그의 말이다.

1997년 사장단 회의를 주재하는 이 회장.

"아, '이제 완벽하게 그룹을 바꾸려 하시는구나', '그냥 하다 마실 일
이 아니겠구나' 하는 생각이 들면서 과연 '비서실뿐 아니라 각 계열
사 관계자들이 회장 말씀을 받아들일 수 있을 것인가?', '어마어마한
개혁 드라이브를 거시는 건데 우리 조직원들의 마음가짐이 과연 준
비가 되어 있는가?' 하는 생각이 들었습니다. 지금껏 경험하지 못한
거대한 변화를 맞닥뜨려야 하는 두려움이 생긴 거지요. 솔직히 전혀
준비가 되어 있지 않았으니까요. '만약 회장님 말씀을 수용하지 않거
나, 하더라도 제대로 하지 않으면 우린 망하겠구나' 하는 생각까지
들었습니다. 또, 말씀이 워낙 새로운 것들이 많아 앞으로 그룹에 대
혼란이 올 것 같다는 걱정도 들었습니다. 저만 그렇게 생각한 게 아

니었을 겁니다. 비서실 팀장이나 당시 계열사 사장들도 생각이 비슷했을 겁니다. 한마디로 '큰일 났구나'였습니다."

그의 예감은 맞았다. 이번에는 현명관 전 비서실장 말이다.

"서울로 귀국한 뒤 녹초가 된 임원들은 신경영 실천을 위한 긴급회의를 열었습니다. 다들 어떻게 하면 회장의 생각을 현장에서 잘 구현할 수 있을 것인지 골몰했지만 솔직히 마음 한구석에는 섭섭함도 자리 잡고 있었습니다. 모든 어려움을 참고 견디며 매일매일 전투를 치르듯 뼈 빠지게 일해서 여기까지 왔는데 여태까지 했던 건 다 잘못됐으니 확 바꾸라는 말이 좋게 들릴 리가 없었지요. 도대체 뭘 어떻게 하라는 건지 감도 잘 잡히지 않았습니다.
자칫 기존 고객까지 잃어버릴 수 있다는 두려움도 컸습니다. 아무리 품질을 높인다 해도 일본 제품보다 싼 게 삼성의 경쟁력이었는데 잘해봐야 일본산과 비슷해지는 것 아닌가, 설사 품질 개선에 성공한다 해도 물건이 팔리는 것과는 또 다른 별개 문제 아닌가, 같은 질에 같은 가격이면 소니를 사지 왜 삼성 것을 사겠나, 이런 생각들이 많았지요.
잘못하다가는 개혁이고 뭐고 회사가 망할 수도 있는 일인데 이 모든 것을 가장 잘 알 만한 회장이란 사람이 선봉에 서서 그렇게 하자고 하니 참 난감한 노릇이었습니다. 기업 운명을 한 치 앞도 내다볼 수 없는 상황에서 이상적 가치만 내세우는 장밋빛 낙관이란 것이 잠꼬대와 다를 바 없는 거 아닙니까. 회장의 명령은 임원진에게는 어쩌면 거의 도박에 가까운 것이었습니다. 사장들은 고민이 많았고 저 역시 마찬가지였습니다."

제품의 질이 아닌
삶의 질

손욱 전 원장은 삼성전자가 막 걸음마를 떼기 시작한 1970년대 초반을 이렇게 기억하고 있었다.

"삼성전자가 얼마나 가난하고 열악한 환경이었는지를 알면 믿어지지 않을 겁니다. 초기 공장 건물을 보면 벽돌로 쌓은 본부 동棟 단층짜리 하나에 냉장고 공장이 있었고, 오디오나 전자 제품 쪽은 미군 부대에서 나오는 양철을 동그랗게 구부린 퀀셋Quonset을 불하받아 공장을 지었습니다. 사업을 시작하기 위해 여기저기서 채용한 삼성전자 직원들은 '외인부대' 같은 조직이었습니다. 그야말로 제품 만들기에만 급급했지 '품질'을 고민한다는 것은 사치나 다름없었지요."

엎친 데 덮친 격으로 삼성전자가 미처 자리를 잡지 못하고 있을
무렵인 1979년 말 2차 오일쇼크가 한국을 강타했다. 적자의 늪에 빠
진 삼성전자는 사람도 제때 뽑지 못했고. 그러다 보니 불량 제품이
양산되는 악순환의 덫에 걸려버렸다. 그러던 어느 날이었다고 한다.
다시 손 전 원장 말이다.

"무더위가 한창이던 8월로 기억합니다. 이건희 부회장이 남궁석 부
장(훗날 정보통신부 장관)만 데리고 수원 컬러TV 공장을 갑자기 방문
한 거예요. 아무에게도 알리지 않고 수원역에서 직원들 통근버스를
타고 온 거지요. 콩나물시루 같은 버스에서 선 채로 이리 치이고 저
리 치인 끝에 도착한 이 부회장은 공장 내부는 물론 구내식당, 화장
실까지 샅샅이 둘러봤습니다. 곳곳마다 부품들과 박스들이 먼지와
뒤엉켜 말도 아니었습니다.
화장실 변기는 막혀 있고 휴지조차 제대로 없었으니 엉망진창이었
지요. 부회장은 직원들을 모아놓고 '어떻게 이런 환경에서 질 좋은
제품이 나올 수 있겠느냐'며 화를 많이 냈습니다. 그리고는 측근으로
알려졌던 한 임원을 전 직원들 앞에서 불러 일으켜 세우더니 '내가
이렇게 하라고 당신을 여기 보냈느냐, 당장 나가라'고 호되게 꾸짖었
습니다. 그런 모습을 본 직원들은 두려워하면서도 '부회장의 호통이

단지 말에 그치는 게 아니구나' 하는 확신을 갖게 됐죠. 저는 그날 부회장을 처음 보았는데 정말 카리스마가 대단했습니다."

이후 공장은 천지개벽이 무색할 정도로 바뀌었다고 한다. 화장실은 '신라호텔급'으로 변했고 공장 바닥에는 비닐 장판이 깔렸다. 손전 원장은 회장의 질質 중시 경영은 갑자기 나온 게 아니라 이처럼 오랜 시간에 걸친 개혁 과정에서 나온 것이었다고 말한다.

바꿔야 할 것은 삼성이 아니라 삼성인

이건희 회장의 신경영 선언을 한마디로 '질質 경영 선언'이라고 할 때 주목해야 할 대목은 앞서 소개한 에피소드에서도 짐작할 수 있듯, 단지 품질 개선에 대한 주문이 아니라 정신 개조에 대한 주문이었다는 것이다.

회장은 제품의 불량은 그 제품을 만드는 사람들의 의식의 불량에서 비롯된다고 보았다. 그가 시종일관 변화를 강조했던 것은 '삼성 제품의 질'이 아니라 '삼성인의 질'이었다. 생전 고인의 말이다.

"버젓이 불량품을 내놓고도 미안한 마음이 없는 양심 불량, 삼성 이름이 들어간 불량품을 보고도 분한 마음이 들지 않는 도덕적 불감증,

일하는 사람 뒷다리 잡는 풍토와 집단 이기주의 등 정신문화의 불량이 가장 중요하고 심각한 문제다. 질 좋은 물건을 만들려면 회사 조직도, 삼성 조직 전체도 질로 가야 하고, 여러분 개개인의 인생도 질을 추구해야 한다. 자녀 교육도 질로 가야 이 나라가 질적인 일류가 되며 질적인 삶의 개념을 확보할 수 있게 된다.”

삶의 질이 바뀌어야 제품의 질이 바뀐다는 그의 말은 매우 본질적이다. 생전의 그가 기업의 목적을 단지 이윤 추구에만 두지 않았다는 것을 엿볼 수 있게 하는 대목이기도 하다.

이건희 회장은 책《생각 좀 하며 세상을 보자》에서 무려 세 챕터에 걸쳐 '질 경영'에 대한 철학을 설파한다. 우선 그가 왜 질 경영 선언을 하게 됐는지 밝힌 배경은 이렇다.

“1970년대 초반까지만 해도 기업들은 없어서 못 팔 정도로 물건 만들기에 바빴다. 삼성 역시 무슨 물건이든 만들기가 무섭게 팔려나가 설탕이나 옷감 같은 품목은 선금을 받고 파는 경우도 많았다. 정말 그때는 불량품 따위에 신경을 쓰지 않았다. 좀 하자가 있어도 소비자나 생산자 모두 별 불만이 없었다.

그러나 이제는 사정이 바뀌었다. 고성장 시대가 저성장 시대로 바뀌고 시장 개방으로 세계적인 무한 경쟁 시대가 열리면서 물건이 없어서 못 파는 생산자 위주 시장은 상상도 할 수 없게 되었다. 고객의 요구가 아무리 까다롭더라도 생산자는 이를 수용해야 생존이 가능한 소비자 위주 시장이 된 것이다.

문제는, 시대가 이렇게 바뀌었는데도 여전히 불량 불감증을 파악하지 못하고, 양적 사고의 관성에서 벗어나지 못한다는 데 있다. 내가 신경영 모토를 '질 경영'으로 정한 것은, 이처럼 시대 변화에 발 빠르게 적응하지 못하는 데서 생기는 여러 가지 폐해를 일소하기 위해서다."

같은 값이면 소니를 사지 삼성을 사겠나

그의 생각을 읽다 보면 사람의 인생이든 조직의 개혁이든 뭔가를 바꾼다는 것은 상상력과의 싸움이라는 것을 새삼스럽게 느끼게 된다. 개혁이란 결국 기존까지 옳다고 믿었던 고정관념과 가치관을 허무는 일 아닌가.

하지만 사람의 생각을 바꾸는 일이 어디 그리 쉬운 일인가. 아무리 리더가 개혁의 깃발을 높이 들어도 수많은 개혁이 실패로 돌아가는 이유는 결국 구성원들의 생각을 바꾸는 데 실패했기 때문 아니던가.

삼성 역시 직원들이 처음부터 회장 말에 모두 수긍했던 것은 아니었다. 심지어 대부분이 의구심을 가졌다는 것이 전직 삼성맨들의 일치된 증언이다. 원대연 전 제일모직 사장은 이렇게 말한다.

"당시만 해도 한국에서는 양量 경영이 최고의 가치였습니다. 많이 만들어 수출하면 각종 혜택이 주어졌고, 은행에서도 돈을 마음대로 빌려주었으니까요. 손해가 나서 적자가 나도 장부상으로 매출만 높으면 은행 차입이 얼마든지 가능한 시절이었습니다. 그런데 이걸 하루아침에 다 버리고 질 경영으로 가라고 하니 다들 뒤통수를 세게 얻어맞은 듯한 충격에 휩싸였습니다."

흔히 기업이란 것이 오너가 개혁을 주문하면 일사불란하게 움직일 것 같지만 그렇지 않다. 이유 중 하나가 오너와 월급쟁이들이 생각하는 '시간'의 차이가 크다는 점이다. 국내 10대 재벌그룹의 한 임원으로부터 이런 말을 들은 적이 있다.

이건희 회장은 '신경영 선언' 이후 삼성인 모두가 신경영을 실천할 수 있도록 교육과 홍보를 아끼지 않았다. 사진은 프랑크푸르트 선언 이후 삼성 신경영실천위원회에서 발간한 《삼성 新경영》.

"오너는 10년 뒤, 20년 뒤를 내다보라고 하지만 임원들에게 남은 시간은 길어봐야 3, 4년이다. 당장 성과를 내는 게 급하지 내가 회사에 있을지 없을지도 모를 10년 뒤, 20년 뒤를 생각하며 거창한 계획을 세우라는 것은 현실적이지 않다."

1993년 신경영 선언과 맞닥뜨렸던 삼성의 계열사 사장들 마음도 비슷하지 않았을까. 모든 걸 바꾸자는 회장 말이 맞긴 맞지만, 당장 그걸 따랐다가 실적이 떨어지면 그 뒷감당은 누가 해줄 것인가 하는 걱정과 우려는 월급쟁이 입장에선 당연한 것이었으리라. 급기야 사장단은 이건희 회장에게 공개적인 '항명'을 하게 된다.

스푼 사건

전직 삼성맨들 사이에서 신경영 선언과 관련해 빠지지 않고 등장하는 에피소드가 '스푼 사건'이다. 이 에피소드에는 회장 말을 곧이곧대로 받아들일 수 없는 당시 임원들의 현실적인 고민과 남들이 뭐라고 하든 뚫고 나가겠다는 회장의 고독함이 고스란히 담겨 있다.

황영기 전 사장은 이렇게 말한다.

"회장이 프랑크푸르트 첫날 특강을 마치고 새벽에 사장 10여 명을 방으로 불렀어요. 사장단 의견을 들어보고 싶다면서 말이죠. 회장은 '내가 그렇게 질質로 가라고 해도 세탁기 같은 양量떼기 짓을 하고 있는가. 이래 갖고는 그룹 망한다'는 말을 재차 반복했습니다.

그때였습니다. 이수빈 비서실장이 '죄송합니다'면서 조심스럽게 입을 뗀 뒤 '그런데 회장님, 양이 받쳐줘야 질이 올라가는 거 아닐까요. 아직은 양을 포기할 수는 없습니다' 하는 거예요. 바로 그때였습니다. 실장 말이 끝나기도 전에 갑자기 '쨍그렁' 소리가 났습니다. 회장이 커피잔 찻잔받침 위에 놓여 있던 티스푼을 냅다 내려놓은 거였습니다. 밀려오는 졸음을 참아가며 뒤에서 꾸벅꾸벅 졸면서 듣고 있던 사람들이 그 소리에 화들짝 놀라 기절초풍을 했습니다."

당시 회의는 그대로 녹음되고 있었는데 바로 이튿날 프랑크푸르트에 모인 임직원들에게도 그대로 공개된다. 녹음을 들었던 박근희 전 부회장의 회고다.

"당시 이수빈 실장은 '우리 그룹은 거의 제조업인데 양이 전제되지 않는 질이란 게 무슨 이야기인가? 비서실장이 회장께 직접 말씀을 좀 드렸으면 좋겠다'는 사장단 의견을 대신 전한 것으로 알고 있습니다. 티스푼 하나 내려놓은 것 갖고 뭐 그렇게 예민하게 반응하는가 할 수도 있겠지만, 평소 화를 잘 내지 않던 회장이었기에 그런 행동은 정말 드물게 과격한(?) 행동이었습니다.

여기에는 당신의 메시지를 단호하게 전달하겠다는 의도도 있었겠지만, 이참에 '사장단 군기'를 바로잡아야겠다는 생각도 있었으리라 보입니다. 회장으로 취임한 지 5년째였는데도 주변에 선대 회장과 같이 일했던 사장들이 훨씬 많았거든요."

무엇보다 회장이 화를 낸 상대가 당시 삼성 내 2인자이자 회장의 최측근으로 통하던 이수빈 비서실장이었기에 충격은 더 컸다고 한다. 다시 황영기 전 사장의 말이다.

"이수빈 실장은 서른여덟 살인가부터 제일모직 사장을 했고 인품이나 능력이 매우 뛰어난 분이었습니다. 회장이 졸업한 고등학교(서울대사대부고) 4년 선배이기도 했으니 더욱 각별했지요. 선대 회장이 총애했고, 이건희 회장도 가장 믿는 사람이었습니다.
회장 처지에서는 이 실장이야말로 삼성에서 제일 똑똑하고 경험이 많은 분이니까 당신 뜻을 제일 잘 알아듣고 '알겠습니다. 제가 잘 추스려서 이렇게 이렇게 하겠습니다' 말하리라 기대했는데 뜻밖에 반대 의견을 내니 '아니, 그렇게 똑똑한 이수빈이도 내 말뜻을 못 알아듣는구나' 하는 생각에 실망이 컸으리라 짐작됩니다."

'스푼 사건' 이후 이수빈 실장은 비서실장직에서 물러나고 현명관 비서실장 체제로 바뀐다. 현재 삼성 고문으로 있는 이 전 실장은

2020년 10월 28일 자 동아일보에 실린 이건희 회장 추도사에서 "프랑크푸르트에서 사장단 회의를 하실 때 제가 사장단의 의중을 모아 '질도 중요하지만 양도 중요합니다'라고 했다가 혼난 기억은 아직도 생생합니다"라고 적었다. 추도사에서까지 당시 에피소드를 언급한 것은 그 일이 당사자에게나 삼성맨들 사이에서 얼마나 중요한 사건이었는지를 새삼 짐작케 하는 대목이다.

아웃사이더를 비서실장으로

어느 조직이나 그렇지만 월급쟁이들에게 가장 강력한 채찍과 당근은 인사人事다. 회장은 '스푼 사건' 직후 최측근이었던 이수빈 비서실장을 경질하고 후임자로 깜짝 놀랄 만한 사람을 앉히는데 바로 현명관 당시 삼성건설 사장이었다.

삼성맨들은 경악했다. 현명관은 감사원 공무원 출신으로 전주제지(현 한솔제지) 관리부장으로 삼성에 합류한 뒤 전자나 생명 같은 주력 계열사 사장을 맡은 적이 없었다. 그룹의 사령탑을 지휘할 만한 사내 기반이 전무한, 한마디로 '아웃사이더 중에 아웃사이더'였던 것이다. 신경영이라는 전무후무한 발상으로 고독한 '마이 웨이'를 선언한 이 회장은 새로운 시대 그의 손발이 돼 현장을 지휘할 비서실장으로 왜 비주류 인물을 선택했을까. 여기에도 이 회장의 파격적인 상상력이 녹아 있다. 현명관의 회고다.

"회장과의 처음 독대는 LA 회의 때였습니다. 삼성의 문제가 뭐라고 보냐는 질문에 '감사원보다 더 관료적'이라고 했더니 여러 질문을 하시더군요. 석 달 뒤인가 갑자기 한남동 댁으로 오라는 호출을 받았습니다. '삼성그룹 운영에 고칠 것이 없느냐'고 물으시기에 '업종 별로 특성이 있는데 획일적으로 경영 방향이나 방침이 정해져 있어 부작용이 발생하고 있다. 전자업이면 전자, 금융업이면 금융, 서비스업은 서비스업으로 나눠 소그룹별로 경영하는 것이 좋을 것 같다'고 했지요. 그랬는데 갑자기 저더러 '현 사장, 비서실장 하세요' 이러시는 거 아닙니까. 너무 놀랐지요. 처음에는 정중하게 거절했습니다. 공채 출신도 아닌 저 같은 사람이 삼성의 2인자나 다름없는 높은 자리를 맡기에는 자격이 안 된다면서 말이지요. 그랬더니 회장은 이렇게 말하더군요. '다른 걸 다 주물러본 사람은 그것이 오히려 장애가 될 수 있다. 당신은 삼성의 과거 때부터 몸을 담지 않았으니 변화를 추구할 수 있다. 그러니 다른 소리 말고 그룹의 명령으로 알고 해달라.'"

현 전 실장은 "이후 나도 여러 기관에서 기관장을 맡아 개혁을 주도해본 적이 있지만 당시 이 회장의 과단성이 새삼스럽게 느껴질 때가 많았다"며 "과연 나 같으면 그런 인사를 할 수 있었을까 하는 생

이 회장은 취임 초기부터 인재를 중시했고, 재임 기간 내내 인재 발굴을 역설했다. 사진은 2002년 6월 'S급 핵심 인력 확보 · 양성 사장단 회의'를 긴급 소집한 모습이다. 이 회의에서 회장은 "사장단 인사 평가 점수가 100점 만점이라면, 그 가운데 30점을 '핵심 인력'을 얼마나 확보했느냐에 두겠다"고 선포했다.

각이 들 정도로 파격적인 인사였다"고 말했다.

비서실장 인사에 이어 1993년 11월 27일 임원 인사에도 파격은 이어진다. 가장 두드러졌던 것은 엔지니어들의 급부상이었다. 대표 이사로 승진한 12명 중 무려 7명이 이공계 출신으로 채워진다.

신필렬 전 삼성라이온즈 사장 말이다.

"이공계 출신들을 대폭 등용했던 당시 인사는 바야흐로 제조업 중심 이라는 구체제의 낡은 질서를 정리하고 기술이 주도하는 신경영이 라는 새로운 체제를 구축하기 위한 인사였습니다. 선대 회장이 진두

지휘하던 시절은 만들면 팔리는 제조업의 시대였다 보니 기업에 필요한 리더십도 달랐고 인재도 달랐습니다. 관리자 출신이 아니면 사장이 안 됐습니다. 제조업이라는 것은 투입한 것에 따라서 결과가 나오는 거 아니겠습니까. 전체적으로 분석을 잘하고 원료 투입이라든지 제품이 제조돼서 나오는 공정 관리를 잘하면 되는 거지요. 당연히 마케팅이란 것도 중요하지 않습니다. 그러다 보니 엔지니어들의 역할이 크지 않았습니다. 이건희 회장의 취임과 신경영 선언은 한국이 국내외적으로 큰 변곡점을 맞이하던 시기에 절묘하게 이뤄졌다고 할 수 있습니다."

그는 "이 회장 취임 후 삼성에서 출세하는 인재상이 달라졌다"며 이렇게 덧붙였다.

"선대 회장 때는 회장이 뭘 탁 물어보면 숫자가 좔좔 나오는 사람들이 빛을 봤습니다. 하지만 이 회장은 제조업 중심의 삼성을 엔지니어 중심, 관리 중심에서 자율과 창의력 중심으로 바꾸었습니다. 그러다 보니 사장들의 역할도 숫자 잘 외는 사람이 아니라 '인재를 잘 찾는 사람'으로 바뀌었습니다."

실제로 이 회장은 1993년 6월 29일 런던 회의에서 이렇게 말한다.

"지금은 인공위성이 도저히 안 되지만 10년 후에는 꼭 해야 된다고 가정하면 나는 최고의 인공위성 전문가를 데리고 오겠다. 비록 그가 실무에 맞든 안 맞든 성격이 고약하든 말든, 어쨌든 일단 일급 인재라면 그 사람을 안 데려오는 것보다 데려오는 것이 낫다고 생각한다."

신필렬에 따르면 회장은 늘 "사장보다 급여가 비싼 사람을 데리고 오라"고 해서 임직원들을 당혹스럽게 만들기도 했다고 한다.

"아니, 어떻게 사장보다 월급을 더 주고 사람을 데려오라는 말인가. 계열사 사장들 입장에선 '그럴 수는 없는 일' 아니었겠습니까. 처음에는 다들 자기들보다 보수가 낮은 사람을 뽑아서 보고를 했습니다. 그럴 때마다 회장은 '이런 사람 뽑으라고 한 것이 아니다. 사장보다 월급을 세 배, 다섯 배를 더 주더라도 더 나은 사람을 뽑아오라'고 불호령을 내렸죠. 그것 때문에 사장들이 혼이 아주 많이 났습니다."

이후 삼성그룹 사장들은 자신들 몸값보다 비싼 인재를 찾기 위해 해외를 돌기 시작했다고 한다. 우수한 인재를 몇 명 데려오느냐가 고과를 평가하는 기준이 되었고, 회장의 이런 노력이 현재의 삼성을 일군 동력이 되었다고 신필렬은 말한다.

신경영은
문화혁명이었다

원로 삼성맨들 사이에서 '스푼 사건'은 사장단은 물론 전 임직원들에게 '과거로는 절대 돌아가지 않겠다'는 회장의 의지를 만방에 알린 사건으로 기억되고 있었다.

다시 현명관의 말이다.

"회장은 해외 회의에서 중역들을 대상으로 밤새 강의하고, 설득하고, 분임토의를 시키기도 했습니다. 하지만 못마땅해하는 기색이 역력했습니다. '임직원들이 내 마음의 절반만이라도 이해하고 따라주었으면 좋겠는데 밑에서 안 움직여주고 있다'고 토로하곤 했으니까요. 그

신경영 선언 이후 삼성에서는 과거에는 상상할 수 없었던 파격 조치들이 잇따라 시행됐다. 불량이 발생하는 생산라인을 세우는 '라인 스톱'제, 7·4제, 부실자산 신고제를 비롯해 매출이나 이익 같은 양 위주 업적 평가를 질 위주로 바꿨다. 고객만족도를 최우선으로 하겠다는 선언도 이때 나왔다. 사진은 1994년 고객 신권리 선언 현장.

러다 '스푼 사건'을 기점으로 분위기가 완전히 바뀌었습니다. 회장은 정말 집요했습니다. 그러다 보니 사장들도 서서히 회장의 '도박'을 받아들이며 하나둘 개혁의 강물로 뛰어들기 시작했습니다."

그는 "결과적으로 회장의 판단은 전적으로 옳았다"며 이렇게 덧붙였다.

"사실 그때는 잘 몰랐습니다. 몇 년 뒤 IMF(외환위기)를 당하고서야

이익 중심, 품질 중심, 기술과 혁신이 중요하다는 걸 뼈저리게 느끼
게 되었으니까요."

새집 짓는 게 헌집 고치는 것보다 쉬워

현명관의 말처럼 이 회장의 신경영 선언은 그로부터 꼭 5년 뒤인
1998년 대한민국이 IMF 외환위기라는 미증유의 강편치를 맞았을 때
빛을 발한다.

물론 초기에는 삼성도 다른 기업들과 마찬가지로 허둥대긴 했지
만 빠른 회복력을 보이며 오히려 위기를 발판으로 삼아 도약할 수 있
었다. 그 배경에는 이 회장의 초일류 기업, 즉 '글로벌 스탠더드'를 목
표로 했던 질質 중시 개혁이 자리하고 있다는 데 이견을 다는 사람은
거의 없다.

신경영 선언 당시 상황실장이나 다름없었던 이학수 전 삼성 전략
기획실장도 외환위기 당시 삼성의 구조조정이 성공할 수 있었던 이
유에 대해 같은 맥락에서 이야기하고 있다(《월간조선》 2000년 7월호 인
터뷰).

"솔직히 1993년, 1994년에는 회사 임직원들이 절박하게 느끼질 않
은 겁니다. 회사가 실질적으로 어려움이 없는데 사업체를 처분하고

어느 날 갑자기 사람을 줄이고 해외 지점을 폐쇄하라고 할 수가 있겠습니까. 무척 어려운 일이었습니다. 사회에 이런 여건이 조성되지도 않았지요. 종업원의 의식이 따라오지 못하고 일반 기업은 모두 매출 경쟁을 하고 몸집 불리기를 하는데 우리만 판다, 줄인다 하는 것이 먹히지가 않았습니다. 그러나 회장은 그 문제를 계속 강조했고 애를 썼습니다. 말을 안 듣는다고 해고된 사람도 있었지요. 결국 이론적으로 공부는 됐는데, 실행이 늦추어진 거죠. 그러다 IMF 사태가 닥치니까 '바로 이거구나' 하는 생각이 들었고 구조조정이 급류를 탄 겁니다."

2000년 들어 〈월간조선〉은 IMF 격랑을 성공적으로 이겨낸 삼성에 대한 심층기획 기사를 내보냈는데, 이 회장은 아주대 경영대학 조영호 교수와의 인터뷰에서 "신경영은 세계 일류 기업이 되기 위한 '글로벌 스탠더드'를 향한 문화혁명이었다"는 취지로 이렇게 말한다.

"한마디로 우리도 21세기에 세계 초일류 기업이 되어보자는 것이었습니다. 그러기 위해서 처자식 빼고 다 바꾸자고 할 정도로 과거의 관행과 습관, 제도, 일하는 방법 등 모든 것을 근본부터 철저히 바꿔보자는 뜻입니다. 그러나 변화는 무척 어렵습니다. 저는 변화의 어려움을 오른손을 묶어놓고 왼손으로만 활동하는 것과 같다고 비유합니다만 대부분의 사람들이 변화를 귀찮아하고 두려워합니다. 그래서 저는 변화의 방법으로 '나부터, 쉬운 것부터, 윗사람부터'라고 얘기했습니다."

실제로 이 회장은 1993년 7월 일본 오사카 회의에서 "오른손을 묶고 24시간 생활해보기도 했다"면서 이렇게 말했다.

"한 손을 묶고 24시간 살아봐라, 고통스러울 것이다. 나는 해봤다. 이것이 습관이 되면 쾌감을 느끼고, 승리감을 얻게 되고, 재미를 느끼고, 그때 바뀐다는 것을 알게 될 것이다."

이 회장이 조 교수와 인터뷰를 한 때는 신경영 선언을 한 지 만 7년이 흐른 시점이었다. 그는 "신경영 추진 시 가장 큰 걸림돌이 뭐였느냐"는 질문에 이렇게 회고했다.

"무엇보다도 50년 이상 국내 정상의 위치를 누려오면서 굳어진 대기업병病과 변화를 피해가려는 무사안일주의를 없애는 것이 가장 힘든 일이었습니다. 개혁을 할 때 가장 어려운 것이 내부 문제라고 얘기합니다만, 신경영도 마찬가지였습니다. 대부분의 사람들은 이제까지 자신의 경험과 지식에 익숙해 있기 때문에 새로운 변화를 싫어하기 마련입니다. 신경영 초기에는 이러한 고정관념을 깨는 것이 가장 어려웠던 걸림돌이었습니다. 헌집을 고치기보다 새집을 짓는 게 훨씬 쉽다는 것을 실감했다고나 할까요. 그다음으로는 변화에 대해 총론은 좋다고 해놓고 각론에 들어가서는 반대를 일삼는 조직 이기주의를 극복하는 데 힘이 많이 들었습니다. 그리고 우리 사회 전체 인프라나 시스템이 과거 개발 시대의 잔재가 많이 남아 질 중심의 변화를 적극 수용할 만큼 성숙되지 않았던 것도 어려웠던 점으로 들 수 있습니다."

성공적인 변화의 세 가지 공통점

고인은 생전에 남긴 글 '변해야 살아남는다'에서 변화하는 것에 대한 어려움을 좀 더 자세히 언급하고 있다. 변화와 혁신을 생각하는 모든 이들이 여러 번 곱씹을 대목들이 많아 길게 인용해본다.

"21세기를 목전에 둔 지금, 우리를 둘러싸고 있는 정치·경제적 환경 변화는 우리에게 강도 높은 개혁을 요구하고 있다. 그러나 우리의 현실은 '변화 불감증', '복지부동'에 대한 비판과 질책만이 비등沸騰할 뿐 실질적인 변화의 조짐은 보이지 않는다.

바닷속의 조개는 주위가 조용하면 기어 나와 활동하다가도 시끄러우면 두꺼운 껍데기를 꼭 닫고 움직이지 않는다는데 바로 이런 자세가 발전의 걸림돌이다. 미래에는 무겁고 두꺼운 껍데기를 과감히 깨뜨리고 변화를 추구하는 자만이 생존할 수 있다. 즉 변화의 일상화만이 밝은 미래를 보장한다. 성공을 거두었던 수많은 변화들의 공통점은 세 가지다. 나는 지금까지 이 공통점을 올바른 변화의 계명誡命으로 삼아 기업 경영에 적용하려 애써왔다.

첫째 모든 변화는 '나부터' 시작해야 한다는 것이다. 잔잔한 호수에 돌을 던지면 동심원의 파문이 처음에는 작지만 점점 커져 호수 전체로 확산돼나가는 것과 같이 모든 변화의 원점에는 나의 변화가 있어야 한다. '나는 준비되었으니 너부터 먼저 변해봐라' 하는 방관적인 태도나 '나는 이렇게 열심히 뛰는데 너는 앉아서 편히 쉬느냐'고 남을 탓하는 태도, 또는 '나는 쉬는데 너만 혼자 뛰기냐'며 뛰는 동료를 질시하거나 뒷다리를 잡는 태도는 우리가 흔히 볼 수 있는 변화의 장애물이다. '나부터 변화', '너부터 변화'는 비록 획 하나의 차이지만 그것이 만들어내는 결과는 전부全部와 전무全無의 차이인 것이다.

둘째 변화의 방향을 하나로 모으는 것이 중요하다. 큰 배에서 서로 반대 방향으로 노를 저으면 배는 꼼짝도 하지 않을 것이다. 변화의 필요성을 알면서도 변화가 가져올지도 모를 불편, 불이익에 저항하는 이기주의의 전형적인 예가 '총론 찬성, 각론 반대'다. 그러므로 변화의 올바른 방향을 제시하고 공감대를 확보하는 것이 성공하는 지름길이다. 그렇지 않으면 미시적인 관점에 입각하여 부분 최적화에 집착하게 되고, 그 결과 나갈 길을 찾지 못한 채 미로 속을 열심히 뛰어다니기만 하는 모르모트와 같은 신세가 될지도 모른다. 변화의 방향을 올바르게 제시하고 속도를 조절하는 '변화의 관제탑'으로서 사회 지도층의 역할이 그 어느 때보다 중요한 것도 바로 이 때문이다.

마지막으로 한꺼번에 모든 변화를 이루려고 기대해서는 안 된다. 인류의 역사를 통틀어 보아도 혁명이 성공한 예는 거의 없다. 아무리 실력 있는 산악인도 처음부터 에베레스트를 오르지는 않는다. 인수봉을 비롯하여 비교적 덜 험난한 국내의 산악을 두루 거친 후에야 티베트로 향한다.

변화란 쉬운 일, 간단한 일부터 차곡차곡 쌓아 올라가야 한다. 작은 변화라도 지속적으로 실천하여 변화가 가져다주는 좋은 맛을 느껴보고, 변할 수 있다는 자신감을 확인하는 것이 중요하다."

이건희 회장은 IMF 위기가 닥치기 전부터 위기론을 제기했다. 그는 어떻게 그것을 감지할 수 있었을까. 앞서 언급한 2000년 〈월간조선〉 인터뷰에서 한 말이다.

"IMF 위기가 있기 전부터 우리 경제에는 여러 적신호들이 있었습니다. 또 많은 사람들이 그 경고를 알고 있었다고 생각합니다. 문제는 행동하지 않았다는 것이죠. 사실 위기는 1995년부터 본격화되었다고 봐도 됩니다. 그 당시 우리 경제는 엔고 호황이 가져다준 반짝 경기 때문에 그 실상이 제대로 드러나지 않았을 뿐이지 수년 전부터 심각한 구조적인 문제를 안고 있었다고 봅니다. 이 시기에 구조조정을 했어야 했는데 오히려 몸집을 불리고 거품을 걷어내지 못해 결국 경제 난국을 초래했다고 생각합니다. 제가 1995년 중국 베이징에서 '기업은 2류, 행정은 3류, 정치는 4류'라고 말했던 것도 미구에 닥칠 이러한 위기에 미리 준비하자는 뜻이었는데, 귀담아듣는 사람들이 많지 않아 3저(저달러, 저유가, 저금리)와 엔고의 호기를 모두 놓친 것이 지금 생각해도 아쉽기만 합니다."

이 회장은 생전에 경영에 관한 자기 나름의 정의를 밝힌 적이 있는데 그중에 하나가 '보이지 않는 것을 보는 것'이라고 했다. 모두들 다 호황이라고 흥청망청할 때 그는 그것이 거품이라는 것을 보고 있었고, 그리하여 IMF 외환위기라는 대환란이 일어나기 몇 년 전부터 위기의식을 강조하며 자기 손을 묶고 생활해보는 '기행(?)'까지 해보면서 변화의 DNA를 몸에 각인시키려 했다.

20여 년 전에 그가 힘주어 쏟아냈던 언어들이 지금도 새록새록 살아서 들리는 것은 그런 고인의 처절한 몸부림이 주는 진정성과 지금 우리는 얼마나 현재의 문제를 예민하게 보고 있으며 문제들을 해결하기 위한 행동을 하고 있는가에 대한 묵직한 질문 앞에 서게 하기 때문이리라.

몸이 바뀌어야
정신이 바뀐다

혁명은 선언이나 메시지로 끝나는 것이 아니다. 실천이 있어야 한다. 이건희 회장이 신경영 선언의 실천으로 쏘아 올린 신호탄은 전 직원들의 출퇴근 시간 조정인 '7·4제(오전 7시 출근, 오후 4시 퇴근)'였다.

7·4제는 프랑크푸르트 선언 직후인 1993년 7월 7일 일본 도쿄 회의에서 떨어진 '명령'이었다고 한다. 일본삼성 대표이사를 지낸 조용상은 이 회장이 도쿄에서 지시를 내릴 때 현장에 있었다.

"회장은 (독일) 프랑크푸르트에서부터 생각한 듯했습니다. 그런데 회장의 7·4제 도입 검토 지시에 경영진은 미적대는 모습을 보였습니다. '굳이 한다면 할 수 있습니다' 혹은 '도입에 시간이 좀 걸립니다'라면서 말이죠. 그런데 회장은 '불가능한 것이 아니라면 당장 시작하라'고 지시했고, 전격적으로 시행됐습니다."

오전 9시 출근, 저녁 6시 퇴근에 맞춰져 있던 '생체 시계'를 갑자기 바꾼다는 게 쉬운 일인가. 아침 시간 10분, 20분 차이가 얼마나 큰가. 게다가 당시만 해도 밤늦게까지 사무실에서 남아 일하는 게 모범 사원의 미덕으로 여겨지던 시대였다. 그런데 해가 중천에 떠 있는 오후 4시 퇴근이라니.

조용상의 말처럼 시행 과정은 순조롭지 않았다. 오죽하면 비서실부터 "직원들에게 1시간씩 시간외 수당을 지급하고 있으니 4시 퇴근을 5시로 해달라"고 읍소(?)했지만 회장은 받아들이지 않았다. 오후 4시로 하되 시간외수당도 그대로 지급하라는 거였다.

비서실까지 난색을 표한 7·4제

박근희 전 삼성생명 부회장 말이다.

"어느 날, 비서실 이학수 재무팀장이 신경영 점검 상황실에 들어서더니 당시 조영철 인사팀장에게 전화를 걸었습니다. '7·4제를 시행

했느냐'고 묻더라고요. 조 팀장이 아니라고 했는지 이 팀장은 '왜 안 했느냐? 회장님 지시사항이라고 하지 않았느냐'며 불같이 화를 냈습니다. 이 팀장이 그렇게 화를 내는 것은 처음 봤습니다."

황영기 전 삼성증권 사장은 당시 조영철 인사팀장과 직접 대화를 나눴던 당사자이기도 하다. 그의 말이다.

"어느 날, 조 팀장이 아주 난처한 표정으로 이렇게 말하는 겁니다. '황 이사, 생각을 좀 해봐요. 인천 사는 직원들은 아침 7시까지 수원 공장에 가야 하는데, 그 시간에는 지하철이 다니지 않아요. 출근 시간에 맞추려면 전부 통근버스를 해줘야 합니다. 회장은 일찍 퇴근해 학원 가서 공부하라고 하지만 일찍 퇴근하는 사람들이 다 학원으로 간다는 보장이 있습니까. 공장은 또 어떻게 돌립니까. 회장께 부디 신중하게 검토해달라고 말씀 좀 드려주세요.'"

황 전 사장은 고민 끝에 회장을 찾아가 "현장의 애로사항들이 하나둘이 아니니 준비를 좀 한 다음에 했으면 좋겠다"고 의견을 말했다고 한다. 그러자 회장은 "조영철이가 그러더냐?"고 되묻고 즉각 조 팀장을 호출하더니 "회장인 내가 임직원들 생각 바꿔보겠다고 이렇게 노력하고 있는데 인사팀장이 안 되는 이유만 늘어놓는가"라며 호통을 쳤다고 한다. 황 전 사장은 "당신이 내린 조치가 제대로 시행되

삼성 임직원들이 7·4제에 맞춰 서울 중구 태평로 사옥으로 출근하고 있다.
겨울이다 보니 오전 7시인데도 동이 트기 전이다.

고 있지 않다는 것에 대한 답답함보다는 신경영을 하겠다는 열의를
부하 직원들이 몰라주는 것 같아 무지하게 섭섭했던 거 같았다"고
전했다.

I자형보다 T자 인재

왜 이건희 회장은 개혁의 첫 조치로 출퇴근 시간을 바꿨을까. 겉보기에는 러시아워를 피해 출퇴근에 걸리는 시간을 줄이고, 일찍 퇴근해서 자기 계발에 힘쓰라는 배려 측면이 있다. 이 회장이 생전에 한 말이다.

"저녁 6시 넘어서까지 뭐 하러 회사에 앉아 있나? 오후 4시, 5시에 일과를 끝내고 운동을 하든지, 친구를 만나든지, 어학 공부를 더 하든지 해봐라. 가족과 최소 일주일에 두 번 저녁을 먹으면 자연히 가정적인 사람이 될 것이다. '윗사람이 퇴근해야 하는데' 하며 안 나가는 사람은 나쁜 사람이다. 직원들이 안 나가면 부서장은 책임을 져야 한다. 이건 당분간 명령이다."

짧은 말이지만 ① 윗사람 눈치 보기를 깨라는 권위주의 타파에 대한 주문, ② 자기 계발에 힘쓰지 않으면 급변하는 시대에 뒤처진다는 인재 중심 경영에 대한 의지, ③ 가정이 안정돼야 일도 잘할 수 있다는 가정 중시 경영 의지가 읽히는 메시지다.

이건희 회장은 7·4제 실시를 'T자형 인재'를 키우려고 한 조치였다고 말한 적이 있다. 그는 인재 유형을 'I'자형과 'T'자형으로 나누었는데, I자형은 한 가지 분야에만 정통하고 다른 분야는 아무것도 모르지만 T자형은 다른 분야까지 폭넓게 알고 있는 종합적인 사고 능력을 갖춘 유형이다. 산업이 융·복합되는 시대에는 T자형이 경쟁력이 있을 거라면서 이렇게 말했다.

"삼성이 처음 7·4제라는 파격적인 출퇴근 제도를 실시했을 때 다른 기업 직장인들은 물론이고 우리 임직원들조차 '너무 심하지 않은가' 하는 반응을 보였다고 들었다. '그런다고 뭐가 달라지느냐', '제대로 지켜지기나 하겠는가' 등등 정말 말도 많았다. 일리 있는 반대 의견에 부딪치면서 사실 나도 흔들렸지만 여러 의구심을 무릅쓰고 본래의 의지대로 강행했다. 이렇게 해서라도 우리 사원들에게 자기 계발의 시간을 만들어주어야겠다는, 내 나름대로 의지가 확고했기 때문이다. 내가 이렇게 자기 계발을 강조하는 이유는 모든 사람이 T자형 인재가 되어주기를 바라는 마음에서다. 삼성이 앞장서서 그 본보기를 보이고, 뒤이어 그것이 사회로 확산되면 그만큼 우리 사회에 T자형 인재가 많아지게 될 것이고, 이는 결국 국가 경쟁력 향상으로 이어진다고 보는 게 나의 믿음이다."

그가 T자형 인재를 강조하게 된 것은 체험을 통해 깨달은 것이기도 했다. 반도체 사업 초기에 미국에서 박사학위를 받은 사람들을 큰 돈을 들여 대거 영입해 임원 자리에 앉혔지만 자기 분야에만 몰두해 온 스페셜리스트들이다 보니 종합적인 상상력이 부족하고 자기가 맡은 일에만 충실한 경향이 있었던 것이다. 적어도 임원급이라면 입체적이고 종합적인 안목을 가진 인재가 진정 기업에 필요하다는 것을 절감한 회장은 줄곧 7·4제를 'T'자형 인재를 키우는 인재 육성 전략으로 생각했다.

세계 기업 문화에서 볼 수 없었던 파격

삼성에서 30년 이상 인사 전문가로 일했던 노인식 전 삼성중공업 사장은 "본질은 일하는 방식을 바꾸자는 것이었지 출퇴근 시간을 바꾸자는 게 아니었다는 걸 역설적으로 7·4제를 폐지하자고 회장께 건의할 때 느꼈다"며 이렇게 회고한다.

"시간이 지나면서 제도 개선에 대한 요구가 높아졌지만 누구도 감히 건의하지 못하고 있었습니다. 숙의 끝에 결국 '도입 10년 정도 됐으니 좀 바꾸면 어떻겠습니까' 했더니 회장은 의외로 너무나 쉽게 '누가 바꾸지 말라고 그랬나' 하시는 겁니다. 그러면서 '7·4제의 본뜻은 8시간만 제대로 일하자는 거였다. 쓸데없이 오래 앉아 있는 걸 일 잘하는 것처럼 보는 관행을 없애자는 말이었다. 몇 시 출퇴근이 뭐가 대수인가. 비효율과 낭비를 없앨 수 있다면 폐지하라'고 하셨죠."

노 전 사장에 따르면 회장의 이 같은 '근무 효율' 강조는 이후 주 5일 근무제 도입으로도 계속됐다고 한다.

"삼성은 법으로 시행되기 1년 전부터 주 5일 근무제를 시행했습니다. 정부가 추진한 주 5일 근무제 시행을 1년 앞두고 관련 보고를 드렸더니 '내가 평소 늘 하던 얘기 아니었나, 제대로 일하고 제대로 놀아라. 바로 시행하라'고 하셨습니다."

7·4제는 이처럼 의식 개혁 운동이었다. 고정관념 파괴라는 강한 충격파를 던졌기 때문이었다. 당시만 해도 전 직원의 출퇴근 시간을 바꾸겠다는 발상이나 실천은 한국은 물론 세계 기업 문화에서도 보기 드문 파격이었다.

이건희 회장은 1993년 LA, 프랑크푸르트, 도쿄, 오사카 해외 회의를 통해 삼성 임직원 1800명과 350시간 대화했다. 이때 만난 사람들은 대다수가 임원급이었다. 회장은 자신의 개혁 선언이 맨 밑바닥 직원들에게까지 전파돼야 한다고 생각해 사내방송을 통해 수시로 육성을 들려주게 했다. 하지만 사람이 바뀌려면 머리가 아닌 마음이 바뀌어야 하고, 마음을 바꾸려면 몸이 바뀌어야 하는데 가장 극적인 방법으로 생체리듬을 바꾸는 일인 출퇴근 시간 조정을 생각한 것은 아닐까.

이는 제일기획 사장을 지낸 배종렬의 말에서 확인된다.

"회장은 신경영 선언 이후 당신의 의지가 사장단에만 전파돼서는 안되고 18만 전 직원들에게 전달돼야 삼성이 변한다는 생각을 가졌습니다. 그러면서 물리적으로 사람의 정신을 바꾸려면 어떻게 해야 할까 생각을 하신 것 같고, 그런 배경하에서 7·4제라는 것이 만들어졌다고 봅니다. 사람이 1시간 잠을 덜 자고 아침에 '팍팍' 일어난다는 게 무지무지 괴롭다는 것을 아신 거죠. 몸을 비틀게 만들어 정신 개혁을 해야 되겠다 해서 시작한 게 7·4제라고 할 수 있지요."

2005년 출간된 책 《세계 최강기업 삼성이 두렵다》는 '이웃 나라 한국에서 삼성 같은 세계적 기업이 탄생했다는 것을 대부분 모르거나 무시하는 일본인들을 향해 경종을 울리겠다'는 취지로 일본인들(일본디베이트연구협회)이 처음 펴낸 삼성 분석 보고서다. 책 93쪽에는 '7·4제의 충격, 일본이 흉내 낼 수 없는 혁명적 근무 태세'라는 제목으로 이 제도가 사람들의 생각을 바꾸는 데 성공했다며 이렇게 적고 있다.

"평소보다 1시간 30분이나 빨리 출근하고 오후 4시에는 일을 마쳐야 한다는 지시는 일본에서는 도무지 상식적으로는 생각할 수 없는 내용이다. 보통 일본 기업의 근무시간은 아침 9시부터 오후 5시 반경까지다. 밤늦게까지 잔업을 하는 것이 '열심히 일하는 사원'이나 '능력 있는 사원'의 본보기처럼 돼 있다. 이런 상태에서 7·4제를 하자고 하면 사원들의 맹렬한 반대에 부딪칠 것이다. 노조도 반대할 것이다. 20만 삼성의 모든 사원은 두 시간 가까이 빨리 출근하는 것으로, 세계 제일의 기업으로 다시 태어나겠다는 이건희의 각오를 실감했을 것이다. 그리고 그걸 따르겠다는 결의로 가득 찼을 것이다. 이건희의 뜻이 사원 한 사람 한 사람에게 깊이 침투한 것이다. 7·4제로 삼성그룹은 하나가 된 것이다. (…) 인간의 정신을 근본적으로 바꾸는 데 성공했다."

1993년 이 회장의 신경영 선언 당시 삼성그룹을 출입하던 필자는 7·4제가 실시됐을 때 삼성 직원들이 충격을 받은 듯 황당해하던 반응을 기억하고 있다. 초기에는 출근 시간만 빨라졌지 퇴근 시간은 그대로인 상황이 이어지면서 반발심도 컸다. 하지만 앞서 소개한 대로 7·4제는 직원들을 하나로 묶었다. 수용이든 비판이든 모두들 모였다 하면 회장이 던진 신경영의 메시지를 곱씹으며 '도대체 왜 이런 파격적인 조치를 했을까'라는 질문을 던지곤 했다. 돌이켜보면 한 사람 한 사람에게 변화의 씨앗들이 침투하는 과정이었다.

나중에 7·4제가 폐지된 것을 두고 세간에서는 '실패로 끝난 실험'이라는 평가를 하기도 했지만, 유지냐 폐지냐는 별로 중요한 것이 아니었다. 리더의 혁신을 향한 강한 의지와 열정을 직원들이 몸으로 느꼈느냐 아니냐의 문제였기 때문이다.

다시 조용상의 말이다.

"7·4제는 근면, 성실이 최고의 미덕이던 시절에 효율을 강조했다는 점에서 대단히 혁신적인 제도였습니다. 겉으로 보기에는 단순하고 아주 간단해 보이지만, 회장이 한 여러 일 중에 매우 중요한 '스타트'로서 상징적 의미가 있었습니다. 만약 그때 도입을 늦추거나 실패했다면 이후 여러 혁신적인 프로세스는 삼성에 안착하지 못했을 겁니다. 7·4제를 시작으로 삼성의 생활 패턴부터 모든 것이 바뀌어갔기 때문입니다."

똑같은 양복 다섯 벌

이 대목에서 이 회장이 생전에 가졌던 효율에 대한 개념을 소개할까 한다. 고인은 1989년 12월호 〈월간조선〉과의 인터뷰에서 시간을 물리적으로 계산하는 '20분 정신'을 언급한 적이 있다.

"일본에선 아침 8시에 일을 시작한다고 하면 전원이 8시 10분 전에 온다. 미국인들은 8시에서 8시 5분에 온다. 한국인들은 8시 정각이나 플러스 마이너스 1분에 온다. 이게 국민성의 차이다. 일본 사람들은 10분 전에 와서 전화기, 팩스 이런 거 닦고 서류를 정돈한다. 하루 일이 끝나면 10분 동안 남아서 기계 닦고 정돈하고 간다. 이 '20분'이 정신적으로 엄청난 역할을 한다. 하루 8시간 일을 하는데 불량률을 없애주고 생산성을 높여주는 것이다. 이런 정신은 계산으로는 안 나오지만 '시간'은 물리적으로 계산할 수 있다. 삼성 전체 직원이 18만 명인데 이 사람들이 하루 20분간을 준비해와 마무리한다고 할 때 1년간 7000명을 고용한 효과와 같아진다. 인건비로 따지면 1000억 원이 된다. 18만 명에 1000억 원이 나오니 4000만 명이면 얼마겠나? 정신을 돈으로 따질 수 없지만 이렇게 따질 수 있는 돈만도 얼마인가?"

생전에 이 회장이 한 인터뷰 기사들을 읽다 보면 그가 사생활에서도 시간을 무척 아끼고 작은 일에서도 효율을 추구했던 일화들이 눈에 띈다. 같은 인터뷰 중 "대학 때 공부를 좀 했느냐"는 질문에 한 답변은 이렇다.

"공부에는 정말 취미가 없었습니다. 그렇지만 낙제 점수에서 10% 정도 올리는 노하우가 있지 않습니까. 그것도 기술이지요. 어떤 과목 교수가 어떤 문제를 낼 거라는 '탐지전'을 벌인 거였죠. 공부를 열심히 안 하고도 생존해온 그 노하우 자체도 사업에 연결되고 있지 않나 저는 생각하고 있습니다. 이런 말을 젊은 사람들한테 하면 해ཐ가 될지 모르지만, 결국 공부란 것도 적게 하면서 효율을 많이 내는 방법을 찾아야지요. 전 그건 정말 철저합니다."

1994년 11월 2일 삼성전자 기흥공장을 방문한 리펑 당시 중국 총리(오른쪽에서 세 번째)가 반도체 설비에 대해 설명을 듣고 있다. 당시 리펑 총리의 방한은 1992년 8월 역사적인 한중 수교가 이뤄진 후 50여 년간 닫혔던 빗장이 열리면서 중국 행정부 최고 수반의 첫 방한으로 국내외에서 큰 관심을 모았다. 손가락으로 가리키며 설명하는 사람은 김광호 전 삼성전자 부회장이다.

비결이 뭐냐는 질문에 그는 이렇게 덧붙인다.

"과목을 먼저 수강한 학생들한테 '과거 2년간 시험지 좀 내놔봐라' 해서 공부합니다. 그럼 80% 이상 들어맞죠."

한마디로 기출문제 중심으로 공부를 했다는 거다. 솔직한 답변에 슬며시 웃음이 나오면서도 '공부를 열심히 안 하고도 생존한 노하우가 사업과도 연결되고 있지 않나 생각한다'는 대목에서는 매사를 기업 경영과 연결하는 기업가적 DNA가 느껴진다.

이 회장은 입는 옷에 대해서도 '효율'을 추구했다. 그는 같은 인터뷰에서 "왜 늘 같은 옷(검은 양복)만 입느냐"는 질문에 "지금 입고 있는 옷하고 똑같은 게 다섯 벌이 있다. 이런 복장은 어디서든 통하지 않느냐. 상가喪家에서도 통하고 결혼식에 가도 통하고"라고 답했다.

그의 말을 들으니 페이스북 창업자 마크 저커버그가 공개한 후드 모자가 달린 티셔츠만 죽 늘어놓고 있는 옷장 사진이나 애플 창업자 스티브 잡스가 생전에 청바지에 검은색 스웨터만 입었던 모습이 떠오른다.

이 회장은 사생활에서도 시간을 극도로 아끼며 살았던 것으로 보인다. 같은 매체와의 또 다른 인터뷰(2000년 7월호)에서 한 말이다.

"가치가 없는 데에는 가급적 시간을 허비하지 않기 위해 최대한 노력하고 있습니다. 예를 들면 방에서 화장실에 갈 때에 최단 코스로 걸어본다든지 하는 거지요."

고인이 직접 글로 밝힌 이런 일화도 있다.

"몇 년 전 나는 삼성 본관 28층에 있는 내 사무실에서 아래층 직원들 사무실까지 걸으면서 이동 시간을 재보고 가장 빠른 코스가 어디인 지를 찾아본 적이 있었다. 또 어떻게 하면 더 편리하게 쓸 수 있을까 하는 생각에서 서랍에 달린 손잡이 위치를 옮겨보기도 하고 가구 배 치를 바꿔보기도 했다. 이런 나를 두고 사람들은 '할 일도 없군. 그런 것에 관심을 갖고 쓸데없이 시간을 낭비하다니' 하고 생각할지 모르 지만, 나는 그렇게 하면서 불필요한 시간을 조금이라도 줄이고 공간 을 최대로 활용하려고 했던 것이다."

"일본에게라면
뭐든 지고 싶지 않았다"

고인의 어릴 적 삶은 고독과 외로움으로 점철된 시간들이었다. 생전의 고인은 〈신동아〉와의 인터뷰에서 이렇게 말했다.

"초등학교 2학년 때 6·25가 나는 바람에 학교를 여섯 번이나 옮겨다녔습니다. 그 전에는 2차 대전 중이어서 경남 의령에 있었고. 전쟁끝나고 네 살 때 대구로 왔는데 그때 생모를 처음 뵈었습니다. 그 전까지 할머니를 어머니라고 불렀어요. 시골에 떨어져 있고 학교도 옮겨 다니다 보니 부모와는 거의 떨어져 살았습니다. 1·4 후퇴 때 부산에 갔다가 휴전이 되면서 일본으로 갔습니다. 어린 나이에 일본 사람들한테 서러움 받는 것 같아 고민한 생각이 납니다. 제 평생에 부모님과 같이 지낸 게 3분의 1이 채 되지 않습니다. 형제들과도 마찬가지고요. 혼자 있던 시간이 많았던 탓인지 남 앞에 나서면 애들 말로 낯가린다고나 할까요, 썩 내켜하질 않습니다."

이 회장은 평소 인터뷰를 거의 하지 않았다. 기자들과 직접 만나 한 인터뷰는 취임 초와 신경영 선언 직후가 전부이고 IMF 위기 극복 때에도 한 적이 있지만 대부분 서면 인터뷰에 그쳤다. 그렇다 보니 일반 시민들 입장에서 그의 육성을 들을 기회는 많지 않았다. 게다가 2008년 전까지는 재택근무를 하는 경우가 많았고 외부 사람들을 거의 만나지 않았다. 사장단 회의를 제외하고는 사내 직원들과의 스킨십도 거의 없는 편이어서 삼성 안에서도 그를 가까이에서 접해본 사람들이 별로 없다.

이건희 회장은 1987년 11월 아버지의 뒤를 이어 회장으로 취임한 지 몇 달 지나지 않은 1988년 〈신동아〉 5월호와 첫 미디어 인터뷰를 갖는다. 이 인터뷰에서 그는 "절체절명의 위기가 닥친다면 누구를 제일 먼저 찾을 것 같으냐"는 질문에 "자기 자신"이라며 이렇게 답한다.

"저는 누구보다 자율성을 강조하고 있습니다. 가족은 물론 임직원들에게도 알아서 하라고 말합니다. 실패와 성공이 자신한테 달려 있다, 그러니까 어려운 난관에 봉착해도 결국은 자기가 해결해야 된다, 그런 생각입니다. 한국인은 가족 중심, 친구 중심이다 보니까 고민이 생기면 부모, 형제, 친구, 동창을 찾아가기 마련이지요. 이것은 장단점이 있습니다. 경우에 따라서는 단점이 더 클 수도 있어요. 저 자신은 자랄 때 부모형제와 늘 떨어져 있어서 그런지 고민이 생기면 저 혼자 해결합니다. 골방 속에 혼자 들어가서 문 딱 잠가놓고 세 시간이고 네 시간이고 두문불출하지요. 금년에도 무슨 일 때문에 48시간 방에 틀어박혀 책도 보고 TV 프로도 보고 흘러간 옛 노래도 들었습니다. 그러다 보면 70~80% 정도 해결을 보고 나옵니다. 그다음에 주위의 의견을 듣습니다. 일치하면 당연히 그리로 가는 것이고…."

그로부터 5년 뒤인 1993년 신경영 선언 직후에 다시 〈신동아〉와 한 인터뷰(1993년 9월호)에서 인터뷰어였던 동아일보 이인길 경제부 차장이 "친구들은 안 만나느냐"고 묻자 또 이렇게 답한다.

"만나는 친구가 거의 없습니다. 성격이 내성적이고 남 앞에 나서기를 좋아하지 않아요. 외국에서 자란 탓인지 화제도 남들과 잘 맞지 않아요. 회사에 나와서도 아침 8시부터 밤까지 회사 일에 파묻혀 시간도 잘 나질 않았고. 일본에 대학 동창들이 몇 있지만 일본에 가도 전기 기술자들하고 밤새 얘기하는 통에 만날 기회가 없어요. 어릴 때부터 그랬던 것 같아요. 유치원 다닌 기억이 있는데 그때부터 혼자였던 것 같아요."

생전에 그가 자신의 내면을 가장 길게 드러낸 인터뷰는 1989년 오효진 당시 조선일보 사회부장과 한 〈월간조선〉 인터뷰였다.

오효진은 필자와의 전화 통화에서 "이 회장과 1989년 11월 중순 신라호텔에서 시작해 한남동 자택까지 밤늦게까지 하루 종일 인터뷰를 했다"고 후일담을 전했다. 그래서인지 당시 인터뷰는 지금 읽어봐도 이 회장의 솔직한 내면이 잘 드러나 있는 귀중한 자료로 느껴진다.

당시 이 회장이 인터뷰에서 밝힌 성장 환경은 앞에서 털어놓은 내용과 크게 다르지는 않지만 더 구체적이다.

"일제 말기에 젖 떨어지자마자 의령 고향으로 보내져서 할머니 밑에서 자랐습니다. 그래서 할머니가 어머닌 줄 알았죠. 1945년 해방이 되고 대구로 가서 진짜 어머니도 보고 형제들을 만났는데 처음엔 어머니가 누군지 몰라 둘째 누님한테 '우리 엄마는 누구냐'고 물었을 정도였죠."

삼성그룹 창업주 이병철 회장이 1938년 대구에서 설립한 옛 삼성상회三星商會 건물.

고인은 해방되고 2년 뒤인 1947년 부친 이병철 회장이 서울에서 본격적으로 사업을 시작하면서 혜화동으로 이사한다. 자동차를 만져 본 것이 그때가 처음이었다고 한다.

"(아버지가) 1949년에 48년 형 시보레를 사셨어요. 운전수가 요즘 파일로트보다 더 인기 있는 기술자였지요. 그때 처음으로 자동차를 만져봤어요. 혜화동 집이 한 60평쯤 됐는데, 그게 대궐처럼 보였어요. 대구에선 두 평짜리 방 세 개, 세 평짜리 방 한 개에 열대여섯 명이 살았으니까요."

혜화동 생활은 오래가지 않았다. 6·25가 터졌기 때문이다. 혜화초등학교 2학년 때였다. 그는 이후 마산, 대구, 부산으로 초등학교를 무려 여섯 번이나 옮겨 다닌다. 그러다 1953년에 휴전이 되면서 5학년이라는 어린 나이에 일본으로 가게 된다. 이건희 회장의 내면을 형성한 이때의 일본 경험은 매우 중요해 보인다. 이하는 오효진 씨와 주고받은 문답이다.

일본말 때문에 고생하지 않으셨습니까.
"완전히 1년 꾸어먹었죠."

친구 사귈 시간도 없었겠군요.
"친구도 없고, 또 국민학교 6년간 공부를 제대로 못 해서 기초도 없고…."

어머니 안 보고 싶던가요?
"나면서부터 떨어져 사는 게 버릇이 돼서요…. 저희 남매가 부모님과 함께 다 모인 게 손가락으로 셀 정도였어요. 중학교 3학년 때 처음 한 번 모이게 돼서 사진관에 연락해 사진을 찍은 적이 있으니까요. 그래서 그런지 지금도 혼자 있고 떨어져 있고 하는 건 아무렇지도 않아요. 그게 보통인 것 같아요."

서울 장충동 자택에서 찍은 가족 사진. 맨 위가 이건희 회장이며, 오른쪽 한복을 입은 이가 큰누나
고 이인희 전 한솔그룹 고문, 왼쪽이 동생 이명희 신세계그룹 회장이다. 호암 이병철 회장 무릎 위
에 앉은 이가 이재용 삼성전자 부회장.

그런 환경이 성격 형성에 어떤 영향을 주었을까요.

"그러니까 성격이 내성적이 됐고, 친구도 없고 술도 못 먹으니 혼자 있게 됐고, 그러니까 혼자 생각을 많이 하게 됐고, 생각해도 아주 깊이 생각하게 됐죠. 또 선진국에 살다 보니 앞선 제품과 기술에 관심이 많게 되고 이겨야겠다는 마음도 생기고 그랬죠. 가장 민감한 때에 배고픔, 인종차별, 분노, 객지에서의 외로움, 부모에 대한 그리움, 이런 모든 걸 다 느꼈습니다. 그래서 지금도 일본에 게라면 뭐든지 지고 싶지 않아요. 상품은 물론이고 레슬링, 탁구, 뭐든지…. 일본만 이기면 즐거워요."

소년 이건희에게 일본은 큰 무대였다. 조센징으로서의 서러움도 느꼈지만 일본의 앞선 문물을 배우고 익히는 계기였던 것이다. 그의 시선이 한국만이 아닌 세계시장을 향하고, 일본을 배우되 언젠가는 꼭 이겨야겠다는 강한 의지를 갖게 된 것도 이때부터였던 것으로 보인다.

그는 3년 동안의 일본 생활을 마치고 서울대사대부중을 거쳐 서울대사대부고에 입학하자마자 레슬링부에 들어가는데 그가 레슬링을 하게 된 것이 일본에서 재일교포 출신 역도산力道山의 경기를 보고 매료되었기 때문이란 것은 잘 알려진 사실이다. 흥미로운 것은 이건희 회장은 1등이라고 생각되면 무조건 배워야 한다고 느꼈다는 것이

아버지와 함께 찍은 사진(왼쪽)에서는 또렷한 눈동자가, 유년 시절 사진(오른쪽)에서는 해맑은 미소
가 인상적이다.

다. 심지어 야쿠자도 최고라고 하면 관심이 갔다고 한다. 그가 삼성
을 초일류 기업으로 만들고 싶었던 '1등주의'도 이렇게 어렸을 적부
터 싹텄던 생각이 아니었을까. 다시 오효진과의 문답을 소개한다.

"제 성격이 여러 분야에 관심이 많아 파고들고, 또 세계 일류라고
하면 특히 관심이 많습니다. 사기 전과 20범이라든지, 절도 전과
20범이라든지…. 또 어떤 사람이 대한민국 1등이라면 만나고 싶
고 얘기하고 싶고 그렇습니다. 일본에서 일류 야쿠자 집단 사람들

과 한 1년 놀아본 경험도 있습니다."

왜요? 어떻게요?

"일본에서 대학 다닐 때 골프 치면서 퍼블릭 코스에서 그런 사람들과 어울렸죠. 프로 레슬링으로 유명한 역도산과도 자주 만났고."

거기서도 사업에 도움이 되는 걸 뭘 좀 배우셨나요.

"여러 계통의 1급들을 보면서 그 사람들이 톱에 올라가기 위해서 어떻게 노력하는가를 연구했죠."

공통점이 있던가요.

"있죠. 우선 철저하고, 인간미가 넘쳐흐르고, 그리고 벌줄 때는 사정없이 주고, 상 줄 때도 깜짝 놀랄 정도로 주고…."

회장님께서도 그런 사람들을 본받은 겁니까.

"본받으려고 노력은 하는데 힘듭니다."

'인간미가 넘쳐흐르면서도 벌줄 때는 사정없이, 상을 줄 때는 깜짝 놀라게'라는 말은 이후 보이는 그의 기업 경영 스타일과도 연관되는 대목이다.

이 회장이 개를 좋아하게 된 것도 일본에서였다. 고독했던 어린 시절 애완견과 마음을 나누며 의지했다는 것을 생전의 글 '개를 기르는 마음'에서 이렇게 밝히고 있다.

"나는 6·25전쟁이 막 끝났을 무렵 부친 손에 이끌려 일본으로 건너가 거기에서 초등학교를 졸업했다. 혼자 있다 보니 개가 좋은 친구가 되었고 사람과 동물 간에도 심적 대화가 가능하다는 것을 그때 알았다.

그 후 귀국해 중학교에 진학하게 됐는데 당시에는 반일反日 분위기가 팽배해 일본에서 갓 돌아온 나로서는 학교생활에 적응하기가 쉽지 않았다. 그러다 보니 개를 더욱 가까이하게 되었고, 그 이후로 지금까지 항상 애견을 길러왔다."

뭐에 한번 빠지면 끝장을 보고 마는 성격답게 그는 개에 대해서도 마찬가지였다. 진돗개의 원산지가 한국이라는 것을 증명해 세계견종협회에 등록시킨 것도 그의 집요한 노력의 산물이었다. 다시 그의 글을 인용한다.

"20여 년 전으로 기억하는데 당시 진돗개가 천연기념물 53호로 지정

되어 있었다. 그런데도 세계견종협회에서는 진돗개의 원산지가 한국임을 증명해주지 않았다. 요구 조건이 까다롭기도 했지만 확실한 순종이 없다는 이유에서였다. 그 사실을 알고는 곧바로 진도에 가서 사흘을 머물며 장터에도 가고 또 순종이 있다는 이집 저집을 찾아 30마리를 사왔다. 그리고 사육사와 함께 연구하고, 외국 전문가를 수소문해서 조언을 받아가면서 순종을 만들어내려고 애썼다. 처음 들여온 30마리가 150마리가 됐을 무렵 순종 한 쌍이 태어났고, 마침내 1979년에 세계견종협회에 진돗개를 데리고 가서 한국이 원산지라는 사실을 등록할 수 있었다."

이 회장은 인터뷰에서 "개 키우면서 얻은 철학 같은 게 있느냐"는 질문에 "절대 거짓말을 안 하죠. 배신할 줄도 모르고"라고 답한 적이 있다.

그는 개를 키우면서 남의 처지를 헤아리는 역지사지하는 마음을 길렀다고도 했다.

"지금 아이들을 보면 보호받는 데만 익숙해 있지 남을 보호하거나 베풀 줄은 잘 모르는 것 같다. 그래서 나는 어린이들이 애견이든 새든 동물과 교류했으면 하는 생각이다. 동물을 키우다 보면 말 못 하는 동물의 심리를 읽어야 하기 때문에 남을 생각하는 습관이 저절로 몸

애견인으로 알려진 이건희 회장은 매체와의 인터뷰 때에도 곧잘 강아지를 안고 사진을 찍었다.
사진은 1993년 미국 경제지 〈포춘〉과 인터뷰할 때 찍은 것.

에 밴다. 또 어미로부터 새끼를 받아 키우는 과정에서 생명의 소중함을 몸으로 느끼게 된다. 어린이날에 몇만 원씩 한다는 외제 장난감을 사주느니 강아지 한 마리나 새 한 쌍을 선물하면 어떨까?"

1988년 서울올림픽을 앞두고 있을 때 유럽 언론들이 한국을 개를 잡아먹는 야만국으로 소개한 적이 있었는데 이를 바로잡은 것도 이건희 회장이었다.

"영국동물보호협회가 대규모 항의 시위를 계획하고 있다는 소식이 들렸다. 한국 상품 불매운동으로까지 번지지 않을까 걱정하지 않을 수 없었다. 고민 끝에 그 회원들을 서울로 초청했다. 그리고 우리 집에서 개를 기르는 모습을 직접 보여주고 애완견 연구센터, 맹도견盲導犬 학교 등에 데리고 가 우리나라 애견 문화 수준이 녹록지 않음을 보여주었다. 그래서인지 다행히 시위 계획이 취소되었고 더 이상의 항의도 없었다."

영화 보기와 입체적 사고

일본에서 그는 훗날 '이건희 생각'을 만드는 남다른 취미에 빠지는데, 바로 영화 보기였다. 오효진과의 인터뷰에서 한 말이다.

"외국에서 친구 없이 심심했겠다 생각하시겠지만 전 혼자서 제
나름대로 꽤 바빴거든요. 수요일과 토요일 오후, 일요일과 노는
날, 이런 때 노상 극장에 가서 살았죠."

거긴 '미성년자 출입 금지'도 없습니까.
"일본에는 특별한 영화로 백에 하나, 2백에 하나 정도만 미성년
자 출입 불가로 돼 있지, 웬만한 영화는 어른 얼마, 학생 얼마, 어
린이 얼마로 값이 매겨져 있습니다. 어린이는 어른의 반값 이합니
다. 일본 극장은 개봉관(1류)이니 재개봉관(2류)이니 해서 5류까지
있습니다. 5류로 내려오면 하루에 각각 다른 영화를 8개 상영합니
다. 제가 아침 9시에 거길 가서 저녁 10시까지 내리 영화를 봤으
니까요. 점심도 샌드위치를 사 먹고."

그러면 나중에 막 헷갈리지 않던가요.
"그렇지요. 일본 사무라이가 나오다가 미국의 서부극 권총이 튀어
나오고요, 고대 영화에서 제트기가 나오고…. 아주 복잡하지요, 하
하하…. 수요일 오후에 2개, 토요일 오후에 2개, 일요일은 최소 4
개 이상…. 이렇게 해서 당시 일본에 들어온 영화는 거의 다 봤습

초등학교 때 전학이 잦았고 청소년기를 일본에서 보내며 외톨이로 자라야 했던 소년 이건희는 어릴 때부터 기계를 죄다 뜯어보고 조립하는 재미에 푹 빠졌었다고 한다. 혼자서 뭔가를 골똘히 생각하는 버릇도 그때 생겼다. 위아래 사진 모두 청소년기 일본 유학 시절에 찍은 것이다.

니다."

총 편수가 얼마나 됩니까.

"일본에서 소학교 때 3년간 본 시간을 편수로 계산해보니까 1200~1300개 되겠습니다."

요즘도 그렇게 보십니까.

"요새는 비디오테이프가 발달해서 그걸로 봅니다. 지금 제 침실이 서재고 식당이고 잠자는 장소지만, 방바닥의 3분의 1은 테이프로 꽉 차 있습니다."

근사한 영화사를 하나 차리시지요.

"제가 이런 환경에 안 태어났더라면 아마 영화사를 하거나 감독을 하거나 했을 겁니다."

이 회장이 평소에 입버릇처럼 말했던 '입체적 사고'의 의미는 무엇이었을까. 글 '영화 감상과 입체적 사고'는 이렇게 시작한다.

"입체적 사고란 다양한 사고와 많은 경험, 새로운 발상, 스스로 고민하는 과정에서 나온 것으로 불교에서 말하는 '깨친다'는 개념과 비슷하다. 경영이 무어냐고 묻는 사람들이 많은데 그럴 때마다 나는 '보이지 않는 것을 보는 것'이라고 답한다. (…) 그리고 자기중심으로 보고 자기 가치에 의존해서 생각하는 습관을 바꾸라고 권한다. 한 차원만 돌려 상대방의 처지를 생각하면 모든 것이 다르게 보인다. 그런 의미에서 오늘날처럼 모든 환경이 초음속에 비견될 정도로 급변하는 상황에서는 동일한 사물을 보면서도 여러 각도에서 살펴보는 '입체적 사고'가 우리 모두에게 필요하다.

입체적 사고가 습관이 되면 일석이조가 아니라 '일석오조'가 가능하다. 나무를 심을 때 나무 한 그루만 심으면 그 가치는 몇십만 원에 지나지 않지만 숲을 이루면 목재로서뿐 아니라 홍수 예방, 공해 방지, 녹지 제공 등 여러 효과를 거두게 되고 재산 가치도 커진다. 나무를 심더라도 숲을 생각하는 것, 이것이 입체적 사고이자 소위 일석오조인 것이다.

과거에는 일석이조만 해도 성과가 높다고 인정받았다. 이제는 최소한 일석오조는 되어야 살아남을 수 있다. 변화의 폭이 넓고 달라지는 시기에 단품이나 단일 업종만 갖고는 세계시장에서 살아남기 어려운 것처럼 단일 목적만으로는 환경에 대응하기 어려워진다. 더구나 선진 국가를 뒤쫓아가는 처지인 우리로서는 한 가지 목적, 한 가지 효과만 생각해서는 결코 그들을 따라잡을 수 없을 것이다. 이미 몸에 밴 평면적 사고의 틀을 단숨에 바꾸기는 어렵다. 주변에서 쉬운 것부터 찾아 사물의 본질을 생각하고 다각적으로 분석하는 훈련이 필요하다."

그러면서 영화 보기가 입체적 사고를 키우는 데 도움이 된다고 말한다.

"조금은 특이하게 들리겠지만 영화 감상법을 권하고 싶다. 영화를 감상할 때는 대개 주인공에게 치중해서 보게 된다. 주인공의 처지에 흠뻑 빠지다 보면 자기가 그 사람인 양 착각하기도 하고 그의 애환에 따라 울고 웃는다. 그런데 스스로를 조연이라 생각하면서 영화를 보면 아주 색다른 느낌을 받는다. 나아가 주연과 조연뿐 아니라 등장인물 각자의 처지에서 보면 영화에 나오는 모든 사람의 인생까지 느끼게 된다. 거기에 감독, 카메라맨의 자리에서까지 두루 생각하면서 보면 또 다른 감동을 맛볼 수 있다.

그저 생각 없이 화면만 보면 움직이는 그림에 불과하지만 이처럼 여러 각도에서 보면 한 편의 소설, 작은 세계를 보게 되는 것이다. 이런 식으로 영화를 보려면 처음에는 무척 힘들고 바쁘다. 그러나 그것이 습관으로 굳어지면 입체적으로 보고 입체적으로 생각하는 '사고의 틀'이 만들어진다. 음악을 들을 때나 미술 작품을 감상할 때 또 일할 때에도 새로운 차원에 눈을 뜨게 된다."

손욱 전 삼성종합기술원장은 이건희 회장이 장애인 공장인 무궁화 공장을 세울 때 이런 영화적 상상력에 대해 말한 것을 기억하고 있었다.

"회장이 어느 날 장애인들을 위한 장애인 전용 공장을 지어보라고 했습니다. 세계에서 가장 좋은 공장을 세워 성공 모델을 만들면 많은 기업이 따라 할 것이라면서 말이지요. 그것이 바로 수원 삼성전자 단지 바로 옆에 있는 '무궁화 전자'입니다. 이곳은 지금도 세계 각지에서 벤치마킹을 위해 찾습니다. 프로젝트팀은 몇 달 동안 전 세계를 돌며 세계에서 가장 뛰어난 장애인 공장을 견학하고 연구하여 기획안을 마련했습니다. 마침 (회장의) 도쿄 방문 일정 중에 보고하는 자리가 마련되어 나도 비서실의 일원으로 참석할 수 있었습니다. 담당 팀장은 자신들이 돌아본 세계의 유명 공장들의 현황과 상세설계안을 보고했습니다. 보고를 다 들은 회장은 몇 가지 보완 지시를 내렸습니다.

회의가 끝난 후 팀원들은 깜짝 놀란 표정으로 내게 다가오더니 '회장님이 장애인 공장에 대해 공부할 리가 전혀 없으실 텐데 어떻게 저렇게 족집게처럼 집어낼 수 있느냐, 혹시 비서실에서 미리 검토해 따로 보고한 것이라도 있느냐'고 했습니다. 나도 궁금하긴 마찬가지여서 나중에 회장님께 직접 물어볼 기회가 있었습니다. 그랬더니 이런 답이 돌아왔습니다.

'자네들은 장애인이 나오는 영화도 본 적 없나. 알다시피 장애는 선천적 장애와 후천적 장애가 있지. 둘은 완전히 다르고. 이 각각을 다룬 영화도 다 다르지. 영화를 볼 때 한 번 봐가지고는 몰라. 장애인의 처지에서 보고 그의 절친한 친구 입장에서도 또 가족 입장에서도 보고 이렇게 다양한 시각에서 영화를 보면 볼수록 볼 때마다 느낌과 깨달음이 다르지.'"

"나는 사람 공부를 제일 열심히 한다"

고인과 친했던 고 홍사덕 전 의원은 고교 시절 고인에 대해 "늘 깊은 생각에 빠져 있었는데 '생각'이라기보다 '묵상'에 가까웠다"고 했다. 홍 전 의원이 생전에 한 인터뷰에서 한 말이다.

"건희는 어쩌다 입을 열면 싱거운 소리를 잘했는데 더러는 충격적일 만큼 독특한 시각과 발상을 내비쳤다. 그런 말을 앞뒤 설명도 없이 '본체'만 툭툭 던졌다. 그것들이 제각기 연결돼 하나의 얼개를 이루었다. 여러 구조물이 공학적으로 긴밀하게 서로 연결돼 거대한 건물을 지탱하듯, 한 가닥의 실만 잡아당기면 실타래 전부가 풀려나오듯,

그와 얘기해보면 음악이나 미술에서 화두를 열어도 기업 경영, 국가, 인류에 관한 주제로까지 자연스럽게 이어졌다. 그는 북 같은 친구였다. 작게 두드리면 작게, 크게 두드리면 크게 울려오는 북. 그것은 묵상과 직관의 힘이었다."

그러면서 홍 전 의원은 "고인의 독특한 '세상 보기의 안목'에 종종 압도됐었다"며 이 회장 책에 삽입된 '내가 만나본 이건희 회장'이란 글에서 이렇게 말한다.

"시골 서점에 있는 책을 모조리 섭렵했던 내가, 그래서 꽤나 거들먹거렸던 내가 순식간에 그에게 압도당한 것은 세상을 보는 그의 독특한 안목 때문이었다. '미국 차관을 많이 들여와야 미국의 이해관계 때문에 우리 안보가 튼튼해진다'거나 '공장을 지어서 일자리를 많이 만들어내는 게 어떤 웅변보다도 애국하는 길'이라거나 '이익을 내지 못하는 기업은 사실상 나라를 좀먹는 존재'라는 등등 내가 상상도 하지 못했던 분야에 대해 그는 특유의 싱거운 표정으로 샘솟듯 이런저런 얘기를 들려줬다. 어떤 때는 내가 한참을 궁리해야 비로소 말뜻을 겨우 알아들을 정도였다.

나를 압도한 요소에는 그 밖의 것들도 있었다. 그는 이미 고교 시절에 일본 말을 우리말처럼 구사했고, 현인과 남인수를 단군 이래 최고 가수로 숭앙하던 나에게 해리 벨라폰테의 카네기홀 리사이틀 실황 LP 판을 들려줌으로써 그 분야에도 새로운 지평이 있음을 깨닫게 했다. 와세다대학에 다니다가 방학을 맞아 돌아왔을 때 그는 다시 한 번 나의 기를 죽여놓고 갔다. 손수 운전으로 드라이브를 즐기던 우리가 제2한강교(지금의 양화대교)에 닿았을 때다. 내가 그에게 '이게 우리 기술로 만든 다리다. 대단하재?' 했더니 건희 왈 '이눔아, 생각 좀 하면서 세상을 봐라. 한강은 장차 통일되면 화물선이 다닐 강이다. 다리 한복판 교각은 간격을 좀 길게 잡았어야 할 것 아이가?'라고 말하는 것 아닌가. 실로 괴이한 두뇌의 소유자였다."

하지만 뭐니 뭐니 해도 홍 전 의원을 가장 압도한 것은 고인의 사람 보는 안목이었다고 한다.

"건희는 종종 '나는 사람에 대한 공부를 제일 열심히 한다'고 했는데 이 엉뚱한 말에 실인즉 무서운 의미가 담겨 있음을 나는 나중에서야 알게 되었다."

홍 전 의원의 이런 증언은 이 회장이 단순히 아버지 사업을 이어받은 재벌 2세가 아니라 어렸을 적부터 경영자의 안목을 갖기 위해 뼈아픈 노력을 했다는 것을 느끼게 해주는 증언이다.

생전에 이 회장을 겪거나 만난 사람들은 이 회장의 집념과 끈기가 거의 초인적 수준이었음을 경험한 사람이 많은데 이는 홍 전 의원도 마찬가지였다.

"(건희의) 애벌레 시절(어렸을 때 – 필자 주)의 버릇 가운데 나비(성인)가 되고 나서도 고스란히 남아 있는 게 하나 있다. 그것은 다름 아닌 '고집'이다. 나는 지금까지 그가 입 밖에 낸 말을 주워 담거나 바꾸는 것을 본 적이 없다. 시시하게는 콧대 높은 여학생과의 데이트를 놓고 걸었던 내기에서부터 크게는 사업 구상에 이르기까지 그의 말과 행동은 문자 그대로 일수불퇴一手不退였다. 인사에서도 마찬가지여서 아버지(호암)를 하느님만큼이나 존경하면서도 아버지로부터 노여움을 사서 물러났던 사람들 중 여럿을 다시 재기용했는데 이는 그의 사람을 쓰는 고집 덕분이었다."

이 회장의 이런 고집과 집념이야말로 삼성을 초일류 기업으로 만들겠다는 취임 초 약속을 수많은 어려움 속에서도 끝까지 밀고나가 결국 현실화시킨 동력이 아니었을까.

한편 이건희 회장의 어릴 적 기억을 말해주는 또 다른 한 사람의 증언이 있는데 서울대사대부중, 사대부고 동창인 조태훈 건국대 명예교수다. 그는 2018년 1월 병상에 누워 있는 이 회장에게 보내는 장문의 글과 사진을 온라인에 공개해 화제가 된 적이 있다. 여기에는 중학교 시절 이 회장의 인간적 면모가 드러나 있다. 그의 글 중 일부다.

"서울대사대부중 2학년 초 어느 날 한 아이가 전학을 왔다. 일본에서 초등학교를 마치고 중학교를 다니다가 왔다고 했다. 얼굴이 뽀얗고 유난히 눈이 크고 동그란 아이였다. 그 아이는 우리 반으로 와 바로 내 뒤에 앉았다.

나와 같은 경상도 사투리를 썼는데, 틈만 나면 일본 만화책을 보는 점이 특이했다. 삼성 이병철 씨의 아들이라고 했다. 당시 우리는 삼성이 무엇을 하는 곳인지도 모르던 시절이었다. '이병철'이란 이름은 몇 손가락 안에 드는 부자로 들어본 적이 있는 정도였다. 당시는 친구들 사이에서 도시락 반찬이 좋으면 인기가 높았던 시절이었다. 도시락을 싸오지 못하는 애들도 있던 시절이었다. 멸치조림, 계란말이, 소고기 장조림 반찬은 귀했다. 전학 온 아이는 반찬이 좋았고, 우리와는 반찬을 매개로 쉽게 어울리게 되었다. 건희와의 인연은 이렇게 시작되었다.

중학교 2학년 아이들은 장난기를 주체할 수 없는 개구쟁이일 수밖에 없었다. 건희는 특히 둘이 서서 겨루다가 한 팔로 상대방 목을 졸라 누르면서 항복을 받아내는 놀이를 좋아했다. 나와는 호적수였다.

서울대사대부중은 서울 동대문구 용두동에 있던 서울대 사범대학과 같은 울타리 안에 있었다. 학교가 끝나면 장충동 건희 집에 자주 놀러도 갔다. 처음 갔을 때 희한한 것을 보았다. 2층에 있는 건희 방으로 올라가기 위해 1층 복도를 지나가는데 거실 한가운데에 초록색 융단으로 윗부분 전체를 감싼 아주 큰 탁자 같은 게 놓여 있었다.

도대체 저것이 무엇을 하는 책상이냐고 물었다. 아버님이 치시는 당구대라고 했다. 당구대로 무엇을 하는지는 전혀 상상이 되지 않았다. 건희 방에는 일제 장난감들이 많았다. 어디서도 볼 수 없었던 진기한 명품에 혼이 빠져 땅거미가 짙어져와도 집에 갈 생각조차 나지 않을 지경이었다. 그럴 때면 건희는 '집에 가지고 가서 놀다가 학교로 가지고 오면 된다'고 했다. 가끔 귀하디 귀한 일제 연필과 지우개를 주기도 했다.

서울대사대부고 시절에는 난생처음 축음기를 듣게 해준 친구가 건희였다. 마할리아 잭슨의 LP판을 틀어주면서 설명도 해줬다. 건희 말에 따르면 잭슨은 백인들의 독무대였던 카네기홀 무대에 오른 최초의 흑인 여가수로 인종차별이 극심했던 미국에서 노래로 차별의 벽을 뚫었을 뿐 아니라 전 세계 음악 애호가들의 심금을 울려줬다면서 인종, 신분, 국경을 초월하게 하는 대단한 것이 바로 '문화의 힘'이라고 했다.

그 당시 종로의 화신백화점은 전국 방방곡곡에서 밀려드는 인파로

북새통을 이루던 관광 명소였다. 건희는 '백화점은 저래야 하는 것'이라고 하면서 '백화점은 단지 물건을 파는 곳이 아니고 사람들이 모여들고 교류하는 장이 되어야 한다'고도 했다. 그때 벌써 우리 또래의 보통 아이들과는 다른 안목과 통찰력의 싹이 보이기 시작했다고 할 수 있다."

두 사람은 이 회장이 와세다대학으로 유학을 가면서 십수 년간 연락이 두절된 채 완전히 다른 인생을 살았다고 한다. 조 교수는 서울대를 졸업하고 ROTC 3기로 임관되어 베트남 전쟁에 투입되었고, 제대하자마자 유학길에 올라 10년 동안 벨기에에서 공부했다. 그리고 귀국 직후 중앙일보 이사로 있던 이 회장과 재회한 후 이 회장이 부회장이 되면서 삼성 비서실 팀장으로 가게 된다. 다시 조 교수의 글을 인용한다.

"우리는 만나기만 하면 시간 가는 줄 모르고 얘기를 나누었다. 얘기는 주로 건희가 하였다. 느릿느릿 카랑카랑한 목소리로 쉼 없이 얘기했다. 나는 특히 건희의 눈과 눈빛을 좋아했다. 맑고 형형한 광채를 뿜어내는 눈을 바라보며 잠깐잠깐 추임새만 넣어주면 거미줄이 풀려나오듯 얘기가 술술 이어졌다. 일본과 미국에서 유학 생활을 하고 귀국해 가장 힘들었던 것은 회장인 아버님 시간에 맞춰 아침 일찍 출근하는 일이었다고 했다. 체질화된 올빼미가 미칠 지경이었다고 했다.

미국 유학 중 '한비韓肥(한국비료)' 사건이 터져 빨리 귀국하라는 연락을 받고 한밤중에 비가 억수같이 쏟아지는 일본 하네다공항에 내렸는데 트랩 아래에 일본 미쓰이三井물산에서 차를 가지고 마중을 나와 있었다고 했다. 도대체 어떻게 자기가 온다는 걸 알고 나왔는지 여전히 수수께끼라고 하면서 기업의 정보 수집력이 그 정도는 되어야 한다고도 했다. 경리나 판매는 가만히 놔둬도 잘 굴러가는 것이니까 최고 경영자는 법무, 홍보, 정보와 같은 기능에 각별한 신경을 써야 한다고 했다. 그는 1977~1978년에 벌써 이런 생각을 가지고 있었다."

업이란
무엇인가

PART 3

다양한 앵글로
업을 바라보다

이건희 회장은 생전에 경영을 '종합예술'이라고 했다.

> "경영은 종합예술이다. 뛰어난 영화 뒤에 명감독이 있듯이 훌륭한 경영 뒤에는 탁월한 경영자가 있다. 급변하는 환경에 대응하여 기업을 발전시키는 주체는 사람이며 그중에서도 가장 중요한 이가 바로 경영자다."

여기까지 들어보면 지극히 당연한 말처럼 들린다. 하지만 그가 생각하는 이상적인 경영자의 자질에는 중요한 조건이 하나 붙어 있다.

바로 '시대 변화를 얼마나 민감하게 읽을 수 있으며 이를 조직 구성원들에게 설득력 있게 전파할 수 있느냐'는 것이다.

이건희 회장은 우선 시대별로 요구되는 경영자 모습이 다르다고 했다.

"1960, 70년대에는 경리에 해박한 인재가 경영자로 성장했다. 만들기만 하면 팔리는 시대였기 때문에 수입을 꼼꼼하게 관리하는 것이 경영의 요체였다. 1980년대 경제가 발전하고 업체 간 경쟁이 치열해지면서 싸게 만들고 많이 파는 능력이 중요해지자 경영자도 생산과 판매 부문에서 많이 나왔다. 1990년대 들어서는 기술과 상품을 개발하고 기회를 선점하는 전략이 중요해지면서 기술과 전략 부문 출신들이 부상하게 되었다. 21세기형 경영자는 스스로 변화를 일으키고, 유연한 조직 문화를 창조하며, 변화에 대한 뚜렷한 방향을 제시하고 조직 내에 전파해야 한다는 점에서 철학자적 경륜이 요구된다."

여기서 눈길이 가는 대목은 마지막 대목이다. 스스로의 변화도 힘든데 이걸 직원들에게 설명하고 설득하기 위해 철학자적 경륜까지 필요하다고 했으니 그가 생전에 왜 그렇게 집요하게 사색과 공부에 몰두했는지 고개가 끄덕여진다.

고인은 말에 그치지 않았다. 실천하고 행동했다. 현실에 안주하거나 만족하지 않고 늘 위기의식을 갖고 변화하는 바깥세상과 주파수

1988년 7월 23일 전국경제인연합회가 주최한 최고경영자 세미나에서 강의하는 이 회장.

를 맞추기 위해 엄청나게 공부했다. 그리고 직원들에게 발신할 지속적인 메시지를 생각해내고 언어화했다.

그렇게 해서 내건 대표적 화두가 바로 '업業의 개념'이다. 7·4제가 몸을 바꾸는 것이었다면, 업의 개념은 머리를 바꾸는 것이라고 할 수 있겠다.

스승이 제자에게 화두를 던지듯

한자와 일본어 투가 섞여 있다는 느낌을 주는 '업業의 개념'이란 말은 이 회장이 만들어낸 단어로 보인다. 그의 생전 어록을 읽다 보면 어디에서도 접할 수 없는 독특하고 창의적인 단어나 조어를 툭툭 만날 수 있는데 이 말도 비슷하다.

'업의 개념'이란 무슨 뜻일까. 언뜻 생각하면 '일의 본질이 무엇이냐'는 질문일 것 같지만 이 회장이 생각한 것은 그런 평범한 수준이 아니었다.

현명관 전 비서실장이 신라호텔 경영을 맡고 있던 시절을 돌아보는 회고담이다.

"전무로 일하면서 관리 업무를 총괄할 때였습니다. 이건희 부회장이 갑자기 전화를 걸어오더니 '리버사이드호텔이 매물로 나왔는데 매수를 검토해보라'는 거였습니다. 첫 대화이자 갑작스러운 전화였습니다.

지시받은 대로 해당 호텔의 영업 전망, 신라호텔과의 시너지 효과 등에 관한 검토 작업에 들어갔습니다. 그런데 부정적으로 판단되는 내용이 많았습니다. 우선 일본인 단체 관광객을 주로 받는 곳이어서 격이 맞지 않았습니다. 건물과 땅 주인 간에 갈등이 깊어 채권·채무 관계도 복잡했고요.

내부도 방, 복도, 화장실 크기, 부대시설 등에 문제가 있어 대규모로 수리를 한다 해도 어렵겠다는 판단이 들었습니다. 비서실과 의논해 봤는데 마찬가지 의견이었습니다. 최종적으로 '부정' 의견을 냈고 호텔 매입 건은 결국 백지화됐습니다."

그런데 얼마 후 이학수 비서실 재무팀장으로부터 "회장 말을 대신 전합니다. 경영진이 호텔업의 특성을 제대로 알고 있는 것 같지 않다는 말씀이셨습니다"는 말을 들었다고 한다. 다시 현명관의 말이다.

"고개를 갸우뚱할 수밖에 없었습니다. 호텔업이란 게 고객을 최고 서비스로 편안히 모시는 거 말고 또 뭐가 있을까 하는 의문이 들었기 때문이지요. 그러면서 마치 불가佛家의 스승으로부터 화두를 받은 제자라도 된 것처럼 회장의 말씀을 곱씹어봤습니다. 가만히 앉아 생각만 하다가는 답이 안 나오겠기에 우선 호텔 선진국 일본을 들여다보기로 했습니다. 도쿄에서 호텔 경영자를 두루 만나고 전문 잡지를 내는 편집장을 만나보니 서서히 감이 오기 시작하더군요.
호텔업을 서비스업이라고만 생각하는 것은 학자나 직원, 고객 입장에서 바라보는 시각이었습니다. 경영자 입장에서 생각해보니 호텔업은 부동산업과 유사한 면이 많았습니다. 호텔 경영에 절대적인 영향을 미치는 게 위치 아닙니까. 처음엔 대개 5년에서 7년 정도 적자를 보지만 시간이 갈수록 인적 네트워크가 생기고 무엇보다 부동산 가치가 높아져 영업 적자를 부동산 가격 상승으로 커버할 수 있다는 것을 알게 됐습니다. 리버사이드호텔이 강남과 강북이 맞닿은 요지에 있다는 점에서 회장이 부동산업 측면에서 관심을 두고 있었으리라는 것을 그때서야 짐작할 수 있었습니다."

호텔업은 장치산업

이건희 회장은 평소 사고의 유연성과 입체성을 강조한 대로 하나의 업종도 매우 다양한 앵글로 바라봤다. 호텔업에 대해 부동산업이라는 관점 외에 '장치산업'이라고도 했다. 거대한 기계 설비가 필요한 석유화학이나 중공업에나 해당하는 장치산업이 호텔업과 얼른 연결이 안 될 것 같지만 회장은 "호텔에 들어가는 비품이 1300개 정도가 된다. 이걸 얼마나 잘 갖춰놓았느냐에 따라 성패가 좌우된다는 점에서 장치산업"이라고 했다. 호텔업을 이런 식으로 바라보면 단순히 서비스를 잘해야 한다는 추상적인 접근에서 한발 더 나아가 서비스의 구체적이고 명확한 형태가 그려진다.

신라호텔의 한 전직 임원은 회장이 직접 신라호텔 내부를 챙긴 적이 있다면서 이런 일화를 전했다.

1997년 12월 1일 서울 신라호텔에서 열린 에세이집 《생각 좀 하며 세상을 보자》 출판기념회. 고인이 생전에 남긴 유일한 책이다.

"회장이 맏딸 이부진 사장에게 호텔을 맡긴 뒤 아예 석 달가량 호텔에 묵으면서 출퇴근을 했습니다. 그만큼 딸에게 무게를 실어주겠다는 의미도 있었지만 매우 디테일한 것까지 챙겨 일을 가르쳤다고 할 수 있습니다. 어느 날은 뷔페식당에서 음식을 먹다가 '수저가 너무 무겁다'는 지적을 했습니다. 그날로 이부진 사장은 '수저 박사'가 될 정도로 공부를 해서 적정한 무게의 수저를 찾아내려 애썼습니다. 회장은 또 방 안에 두는 비품 가운데 당장 바꿔야 할 것이 있다면서 플라스틱 휴지통을 모두 철제로 바꾸라고 했습니다. 호텔의 경우 화재가 제일 무서운 일이니 불에 약한 비품을 두면 안 된다는 거였죠."

미국 폴로가 한국 빈폴에 지다

이 회장이 '업의 개념'을 설파할 때 주목할 만한 것은 업을 바라보는 독특한 관점만이 아니다. 앞서 소개한 현명관의 말처럼 경영진에게 일종의 화두를 던짐으로써 스스로 답을 찾게 해 생각과 행동을 변화시키는 방식을 썼다. 막연하게 일을 열심히 하라거나, 성과를 많이 내라고 닦달(?)하는 게 아니라 직원들로 하여금 곰곰이 생각을 하도록 만든 것이다.

원대연 전 제일모직 사장 말에서도 그런 게 느껴진다. 원 전 사장은 1973년 삼성물산 봉제수출과에 입사해 45년간 섬유·패션이라는 한길만 걸었다. 그의 말이다.

"회장이 어느 날 전 사업 부문 책임자들에게 '업의 개념을 정립하라'고 해서 그제야 '패션업이란 무엇인가'를 탐구하기 시작했습니다. 그전까지만 해도 저는 타사 브랜드보다 값싼 제품을 많이 만들어 팔아 매출을 올리는 것이 최선이라고 생각했습니다. 섬유 봉제업은 가격 경쟁력을 잃으면 망하기 딱 좋은 업종입니다. 당시 삼성도 중국이든 동남아든 제작 단가가 싼 곳이면 어디든 달려갔으니까요.

그런데 패션업을 파고들어가 보니 정보기술IT 못지않은 '선진국형 고부가가치 문화 창조산업'이란 깨달음이 왔습니다. 그렇게 업의 개념을 세우니 비전이 달라졌습니다. 더 이상 사양산업이 아니라 문화 산업이라는 데 생각이 미쳤고, 무한한 가능성이 열려 있다는 자신감을 얻게 되면서 가격이 아닌 질로 승부를 내야 한다는 결심이 섰습니다. 회장이 제시한 '업의 개념'은 고인이 단순한 경영자가 아니라 본질을 탐구하는 사상가라고 느끼게 하는 대표적 메시지였습니다."

원 전 사장은 "그렇게 해서 나온 게 바로 '빈폴' 브랜드였다"고 했다.

2002년 한국 패션업계에서는 세계 의류업계를 놀라게 한 일대 사건이 일어난다. 미국 브랜드 '폴로'가 국산 토종 브랜드 '빈폴'에 1위 자리를 내준 것이었다. 게다가 '노^{NO} 세일'을 고수하며 폴로와 거의 같은 수준의 가격대를 유지해 이룬 성과였다. 이것은 앞서 말한 '업의 개념'에 대한 고민에서 비롯된 결과였다는 게 원 전 사장 말이다.

"당시 제일모직은 양量 경영에 치우쳐 매일 '재고를 어떻게 털어낼 건가'로 회의를 했습니다. 우수하다는 인재가 모여 기껏 고민하는 게 '얼마나 싸게 팔까'였으니 한심했다고 할 수 있지요.
회장이 강조하는 질質을 높이려면 어떻게 해야 하는가. 우선 컬러와 소재, 디자인, 생산 공정 모두를 해외 명품과 일일이 비교해 벤치마킹했습니다. 다들 원가가 많이 들어간다고 반대했지만 질 중심으로 가야 한다는 회장의 확고한 철학이 있었기 때문에 밀어붙일 수 있었습니다.

2년 정도 지나니까 시장에서 반응이 오더군요. 바로 그해 말 '노NO 세일'을 결정했습니다. 처음엔 직원 대부분이 반대했습니다. 그런데 첫해 생산량의 78%가 정가에 나가니 표정과 태도가 달라졌습니다. 그 후 매출이 죽죽 올라 2004년까지 무려 생산량의 85%를 정가에 팔았습니다. 그때는 65%만 정가에 팔아도 대박이라고 하던 시절이에요. 패션은 굉장한 고부가가치 산업입니다. 품질 개선이 이뤄지자 매년 폭발적인 성장을 이어갔습니다. 지금은 빈폴 명성이 예전만 못한 것 같아 아쉽지만, 어떻든 회장이 말한 업의 개념을 깊이 저 나름대로 숙고해 현장에 적용해 나온 대표적인 성과라고 할 수 있지요."

보험업의 생명은 모집인

2001년 7월호 〈신동아〉에 이형삼 기자가 쓴 '삼성의 힘, 이건희의 힘'이라는 기사에는 보험업을 바라보는 이 회장만의 독특한 생각이 소개된다. 기사 중 일부다.

"삼성생명 이수빈 회장이 1985년 미국에서 돌아와 동방생명(현 삼성생명) 사장으로 발령받았을 때 일이다. 당시 이건희 그룹 부회장에게 인사를 하러 갔더니 이 부회장이 '생명으로 가신다면서요? 보험회사는 모집인(설계사)이 전붑니다'라고 지나가듯 한마디 했다.

보험회사에서 근무한 적이 없는 이수빈 사장으로서는 그 말이 무슨 뜻인지도 몰랐거니와 당시 동방생명은 지금처럼 생명보험업계에서 수위를 달리지도 못했고 그룹 내에서 차지하는 비중도 미미했기 때문에 '경영 수업 중인 부회장이 보험에 대해 뭘 안다고 저러시나' 싶은 마음까지 들었다고 했다.

그런데 현장을 돌아다니며 눈여겨보니 과연 보험회사 경영을 좌우하는 것은 모집인들이었다. 그래서 이들을 파격적으로 대우해줬더니 2, 3년 후부터 실적이 급증하더라는 것. 계열사 돌아가는 형편을 소상하게 파악하고 있다가 단 하나의 문장으로 핵심 경영 전략을 귀띔해준 이건희 부회장을 이수빈 사장은 그 후부터 다시 보게 됐다고 한다."

비슷한 일화는 또 있다. 이 회장은 신용카드업 개념을 물장사에 비유하기도 했다. 1994년 1월 금융계열사 사장단 회의에서 불쑥 "신용카드업의 개념이 뭐냐"고 물은 뒤 누구도 선뜻 대답하지 못하자 "외상 관리업"이라고 한 것. 사장단이 이해하기 어렵다는 표정을 짓자 이 회장의 설명이 이어졌다.

"카드업은 외상값을 잘 받아야 한다. 아무리 영업을 잘해도 돈을 제때 받지 못하면 망하는 경우가 많다. 즉 채권 관리가 생명이란 거다. 실적을 올린다고 마구잡이로 회원을 모집하면 당장 경쟁사와의 외형 경쟁에서는 앞서나갈지 몰라도 나중에 가면 연체와 부실채권 양산으로 낭패를 겪게 된다."

손욱 전 원장은 당시 이 회장의 말을 생생하게 기억하고 있었다.

"카드업을 물장사에 빗대며 외상 관리가 핵심이라는 말을 들었을 때 정말 고개가 끄덕여졌습니다. 회장은 이렇게 다양한 분야에서 업의 개념을 설파했습니다. 그리고 생각할 거리를 많이 던져줬습니다. 어느 날은 안양골프장에서 골프를 치던 임원들끼리 골프장업의 개념이 뭔가 토론을 벌인 게 기억이 납니다. 코스를 잘 만드는 것은 기본이요, 향후 땅값이 오를 것까지 계산에 넣어야 한다는 점에서는 부동산업이고, 나무를 잘 키워 미래에 팔 수 있다는 점에서는 조경업이라는 상상력까지 확대됐죠. 이렇게 회장의 철학은 직원 한 사람 한 사람에게 생각의 씨앗을 뿌려 자신이 하고 있는 일의 본질을 고민하게 만들었습니다."

실제로 손 전 원장도 삼성종합기술원장을 맡으면서 업의 개념에 몰입했다고 한다.

"이전까지만 해도 기술원은 '연구가 전부'라고 생각했지만 '기술을 누가 쓸 것인가'라는 마케팅 개념을 집어넣으니 전혀 다른 관점이 나왔습니다. 당장 지금이 아니라 미래에 뭘 만들어 팔아야 돈을 벌 수 있을까, 그런 걸 연구하게 된 거죠. 기술원 인력을 통폐합해 바이오 연구팀을 만들게 된 것도 그런 배경에서였습니다. 회장이 내건 업의 개념은 모든 임직원들을 한 사람 한 사람 독립된 경영자로 키워냈다는 면에서도 매우 큰 의미가 있습니다."

이번에는 배종렬 전 제일기획 사장의 증언이다.

"'업'이라는 개념을 회장이 처음 말하기 시작한 건 1993년 신경영 선언보다 훨씬 전인 1989년으로 기억합니다. 회장은 매년 10월쯤 되면 관계사 사장들을 불러 저녁 식사를 하며 보고를 받고 얘기하는 시간을 가졌습니다. 10여 명의 사장이 돌아가면서 얘기하고 나면 새벽 1시가 넘어야 끝이 날 때가 많았습니다.

회의는 단지 사업 보고를 하는 자리가 아니라 회장의 경영 철학, 경영관, 인생관을 배우는 자리였습니다. 고인의 깊으면서도 넓은 지식과 생각에 탄복하지 않을 수 없었습니다. 명품 브랜드 구찌와 에르메스가 말안장에서 탄생했다는 얘기에서부터 개犬에 대한 이야기까지 화제가 정말 다양했지요.

주제도 하나에 집중하면 집요하게 파고들었습니다. 예를 들어 신라호텔 사장에게는 '접시는 몇 개이고 종류는 몇 가지인가?'라는 질문부터 시작해 옛날 여인숙에서 시작하는 한국 숙박시설의 역사, 일본 료칸의 역사, 서양 호텔 역사를 두루 꿰면서 호텔업의 본질을 설명했습니다. '호텔'이란 주제 하나만 갖고도 2시간 이상 얘기하곤 했으니까요. 회장은 인간, 생활, 삶의 모든 것을 비즈니스와 연계해 생각하는 분이었습니다."

업의 경계가
무너지고 있다

2021년 2월 15일 자 한국경제신문은 '팬데믹 1년, 국가 경쟁력을 다시 생각한다'는 기획기사에서 애프터 코로나 시대에 업業의 본질이 바뀌고 있다고 했다. 석유회사가 석유 사업을 접고 자동차 회사들은 자동차 회사로 불리는 걸 꺼리며, 유통 회사는 물건 파는 것보다 사람을 끌어모으는 데 집중한다는 것이다. 기사 중 일부다.

"현대중공업그룹은 '중공업' 이미지를 불식시키기 위한 대안을 고민 중이다. 인공지능AI, 로봇, 수소 등 신사업에 드라이브를 걸고 있지만 조선과 기계 업종을 중심으로 수십 년간 고착화된 기업 이미지가 한

계로 작용하고 있다는 판단이다. GS칼텍스, 현대오일뱅크 등 주요 정유사도 '탈脫석유'를 전면에 앞세우고 있다. 기존 석유 사업만으론 성장이 한계에 다다랐다고 판단, 대대적인 설비 투자를 통해 올해 대규모 화학공장을 가동할 예정이다. SK이노베이션, 에쓰오일은 정유 사업 비중을 줄이고 화학과 전기차 배터리 사업에 중점 투자하기로 했다. 현대자동차·기아는 사업의 본질을 자동차에서 '이동 수단'으로 완전히 재정의했다. 기아자동차가 사명에서 '자동차'를 뗀 것도 이때문이다. 정용진 신세계 부회장은 사람들을 끌어모으는 데 주력하겠다며 테마파크와 야구장이 자신들의 경쟁 상대라고 했다. 신세계는 SK야구단을 인수해 유통업에 대한 정의를 달리하기도 했다. (…) 쿠팡은 유통업을 '트래픽' 사업으로 이해했다. 쿠팡에 쇼핑은 사람들을 끌어들이는 '수단'에 불과했다. 구글이 검색으로, 카카오가 메신저로 사람들을 온라인에 끌어모았듯 쿠팡은 쇼핑으로 트래픽을 발생시켰다."

만들지 않는 제조업 시대가 온다

산업의 경계가 무너지는 지금은 산업 분류체계를 다시 써야 하는 시대다.

이건희 회장은 생전에 일찌감치 이런 지적을 했다. 그의 글 '만들지 않는 제조업'을 읽다 보면 지금 같은 4차 산업혁명 시대 언어와는 다소 시대 차가 있지만 미래를 내다보는 안목과 통찰이 느껴진다.

"앞으로는 산업 분류체계를 새로 설정해야 한다. 다양한 업종이 등장함에 따라 벌써 업종 간 구분이 모호해지고 있다. 그뿐만 아니라 산업 간 경계도 모호해지고 있는데 특히 2차 산업인 제조업과 3차 산업인 서비스업 간 경계가 허물어지는 현상이 두드러진다. 분명한 것은 산업의 주도권이 제조업에서 서비스업으로 바뀔 것이라는 사실이다. 이유는 세계 경제가 안정 성장기에 접어들고 제품과 기술의 라이프 사이클이 짧아지면서 제조업이 점차 매력을 잃고 있기 때문이다. 향후에는 기계, 전자, 화학 같은 제조업보다는 정보, 유통, 문화 같은 서비스업이 성장 산업으로 각광받게 될 것이다. 하드웨어 산업보다 소프트 산업이 더 유망하다는 얘기와도 맥락을 같이한다."

그러면서 GE나 IBM의 변화도 일찌감치 예견했다.

"현재의 제조업이 서비스 산업화하는 현상도 두드러질 것으로 보인다. 일례로 21세기 일류 컴퓨터 회사는 컴퓨터를 만드는 게 아니라 고객의 문제와 요구에 따라 컴퓨터 시스템을 설계해서 문제를 해결해주는 서비스만 담당할 것으로 전망되고 있다. 하드웨어는 외주를 통해 조달하면 되는 것이다.

2013년 10월 28일 신경영 20주년 만찬에 참석한 이건희 회장과 홍라희 여사.

우리가 제조업체로 알고 있는 주식 가치 세계 1위 GE나 컴퓨터의 대명사 IBM도 앞으로는 서비스 기업으로 분류될지 모르는 일이다. 실제로 GE는 단순한 제품 판매에서 벗어나 경영 기술을 판매하는 방향으로 모든 사업의 서비스화를 진행시키고 있다. 발전용 터빈 사업도 유지·보수와 운영 서비스 비중을 늘려 최근에는 서비스 부문 매출이 전체의 50%를 넘어섰으며 이익의 80%가 서비스 분야에서 발생하고 있는 것으로 알려져 있다. GE의 사례는 미래의 경쟁이 제품 만들기가 아니라 서비스 경쟁이라는 점을 잘 나타내주고 있다. 특히 제조업 위주로 성장해온 우리나라 기업들에는 앞으로 힘써야 할 분야가 무엇인지를 명확하게 제시해주는 대목이다."

업業의 변화에 집중하면 승부처가 보인다

이 회장은 하나의 업을 생각할 때 꼭 염두에 두어야 할 세 가지를 이렇게 꼽았다.

첫째, 사업을 영위하는 기본 정신과 목적은 무엇인지, 둘째, 사업을 하는 데 필요한 핵심 기술과 제품 특성 그리고 유통 구조상 특성은 무엇인지, 셋째, 관련 법규와 제도, 기술 개발, 소비자의 의식 변화 등 외부 여건의 변화는 어떤지 하는 것이다.

예를 들어 제약 사업이라고 할 때 ① 기본 정신 면에서는 '인류의

1997년 5월 12일 삼성자동차 부산공장을 방문해 시험차량을 시승하고 있다.

건강과 생명을 지키는 사업'이고, ② 기술적인 특성은 '화학·미생물학 등 기초과학은 물론 유전공학과 같은 첨단 기술이 필요한 사업'이며, ③ 사회 제도 면에서는 '정부 규제가 많은 사업'이라는 것이다.

여기서 눈에 띄는 것은 '규제'를 업의 본질에 넣고 있다는 점이다. 제약 사업은 생명을 다루는 사업이다 보니 규제가 당연히 까다로울 수밖에 없다. 어떤 규제가 얼마나 있고 어떻게 작동하는지 사전에 파악하지 않고 무조건 기술 개발에만 기댄다면 업 자체를 진척시키지 못하는 경우가 생길 수 있다. 흔히 '규제'라고 하면 없어져야 한다고만 생각하는데 규제 자체를 탓할 것이 아니라 처음부터 업의 본질에 넣고 일을 진행하라는 상상력이 신선하게 다가온다.

생전에 자동차 산업에 관심이 많았던 고인은 자동차업을 설명할 때도 앞의 세 가지 기준을 적용했다.

"흔히 '자동차업이 뭐냐'고 할 때 '네 바퀴를 축으로 하고 구동장치를 얹은 탈것(수레)을 제조하고 판매하는 업'이라고 한다면 틀린 말은 아니다. 하지만 자동차업은 이보다 더 큰 개념이다. 자동화된 대형 일관 체제를 갖추고 연구개발 시스템과 판매 네트워크를 기본으로 하며 '할부 금융과도 유관한 산업 또는 비즈니스'라고 정의 내려야 한다. 앞으로는 가솔린 연료가 없어지고 수소 연료나 전기로 움직이게 될 것이므로 수송업이 아니라 전자·전기업으로 바뀔 수 있다."

업의 개념을 생각할 때 이 회장의 말대로 '업의 변화'에 집중하면 에너지를 쏟아야 할 승부처가 어디인지 보는 눈이 길러진다. 이 회장이 남긴 어록 중에서 많이 회자되는 것 중 하나가 '시계 산업'에 대한 언급이다.

"시계 산업은 처음에는 고도의 기술이 필요한 정밀 사업이었지만 디지털화되면서 양산 조립업으로 변했다. 그러다 패션 산업으로, 최근에는 보석 산업으로 변했다. 시계가 정밀 산업일 때는 고도로 정밀화된 부품 조합 기술이 필요하고 양산조립업일 때는 빨리, 싸게 만드는 제조 노하우가 중요하다. 패션 산업일 때는 당연히 디자인이, 보석 산업일 때는 가공 기술과 브랜드 파워가 승부처가 된다. 시계 산업 주도권이 스위스에서 일본으로 갔다가 다시 프랑스로, 지금 스위스로 다시 오게 된 것도 다 그 때문이다."

이 회장은 계열사 사장들이 업의 개념에 맞지 않게 일할 때는 수익을 내도 오히려 야단을 쳤다고 한다. 손욱 전 원장 회고다.

"호텔신라가 계속 적자를 내다가 한 해 이익이 조금 났습니다. 임원이 자랑스럽게 보고를 했더니 회장이 그건 업의 본질이 아니라고 꾸짖어 깜짝 놀랐던 기억이 있습니다. 회장은 '삼성그룹에서 호텔업의 본질은 글로벌 스탠더드에 맞춰 세계 최고 수준으로 서비스를 끌어올려 삼성의 브랜드 이미지를 올리는 것'이라고 했습니다. 그러면서 '아무리 호텔에서 돈을 번다고 해도 삼성전자에 비하면 아무것도 아니다. 수익을 내겠다고 하면서 오히려 호텔 이미지를 실추시키는 것이야말로 손실'이라고 했습니다.
회장의 이런 꾸짖음의 의미는 계열사 사장들이 회장에게 보고할 정도가 되려면 수익이 얼마 났다는 차원에 머물 것이 아니라 그룹 전체의 생산성 차원에서 업의 본질에 대해 생각하라는 주문이었습니다."

생선 도미의 수율은 얼마

배동만 전 제일기획 사장은 호텔신라 관리이사 시절부터 제일기획 대표이사까지 20여 년간 회장과 자주 대면하며 경영 철학을 직접 들을 수 있는 기회가 많았다고 한다. 1993년 신경영 선언이 끝난 직후 일본 후쿠오카에서 일주일간 삼성그룹 각 계열사 관리본부장 회의가 열렸을 때에도 주제는 '업의 개념'이었다고 한다. 그의 말이다.

"당시 제주 호텔신라 투자 건을 갖고 회장께 보고할 때였습니다. 회장은 제게 반복적으로 '호텔업의 본질, 호텔업의 개념은 무엇인가? 어떤 과정을 거쳐 제주 투자 결정을 했는가?' 등의 질문을 던졌습니다. 그리고 매우 세세한 부분까지 짚어가며 설명을 했는데 심지어 초밥을 담을 때 쓰는 히노키(편백나무)를 예로 들며 나무 특성은 무엇인지, 부가가치는 얼마나 되는지 파고들어가며 묻고 이야기했습니다."

그는 신라호텔 일식당과 관련해 이 회장과 나눴던 대화를 기록해 보관하고 있었다. 여기에는 이 회장이 생전에 항상 강조하던 '업의 본질'에 대한 생각의 깊이를 알 수 있는 대목이 있다. 어느 날 일식당 운영과 관련해 불려가 생선 도미를 두고 회장과 나눈 대화다.

어디서 나오는 도미가 제일 맛있나.

"남해입니다."

왜 그런가.

"수압, 수온, 플랑크톤이 좋고 청정지역이라 그렇습니다."

몇 kg짜리가 먹기 좋고 스시로 만들기 좋은가.

"1.5kg 내외가 육질이 좋다고 합니다."

한 마리를 회로 만들면 수율^{收率}(불량률과는 반대개념으로서 높은 게 좋다. 반도체 공장에서 쓰는 단어를 회에도 쓴 게 재미있다 - 필자 주)이 얼마나 나오나.

"30% 내외가 될 겁니다."

회장이 묻는 말에 척척 답하던 배동만은 "칭찬을 잘 안 하는 회장이 '많이 아네' 하면서 칭찬해주니까 기분이 좋았다"고 했다. 이 대목에서 필자가 "제3자 입장에서는 도미라는 생선 하나 갖고 그렇게 깊은 대화를 나눌 수 있다는 게 신기하다"고 했더니 그는 "사실 주말마다 직원들하고 식재료 공부를 많이 하고 있었기 때문에 가능한 것이었다"며 이렇게 덧붙였다.

"회장이 말했던 호텔업에 대한 개념이 장착돼 있었기 때문이었죠. 호텔업을 깊게 고민해보니 식당 근무자들도 단순 노동직이 아니라 지식과 노동력이 결합한 인적 서비스업 종사자라는 생각이 들었습니다. 좋은 식재료를 사오려면 공부가 필수라는 생각에 재료 공부 모임을 따로 만들고 토론도 하고 했습니다.”

그런데 막힘없이 답을 이어가던 그가 회장의 다음 질문에서 말문이 막히고 말았다고 한다.

“갑자기 ‘열량은 얼마나 되나’ 하고 물으시는 거 아닙니까. 순간 머리가 하얘졌습니다. 결국 ‘잘 모르겠습니다’ 하면서 고개를 떨궈야 했지요.”

회장은 뭐라고 하시던가요.

“혀를 끌끌 차시더니 ‘자네는 일반 사람이 아는 정도의 상식만 있지, 호텔 책임자로서의 전문 지식은 없는 것 같네. 열량이 왜 중요한고 하니, 사람마다 건강 상태와 컨디션이 다르기 때문이야. 손님들에게 일일이 맞춤 서비스를 하려면 제일 중요한 걸 알고 있어야지’ 하는데 드릴 말씀이 없었습니다. 한마디로 손님들 개인별 취향을 다 알아두라는 거였습니다. 짠 걸 좋아하는지, 매운 걸 좋아하는지, 싱거운 걸 좋아하는지를 파악하는 것은 기본이요, 생일이나 결혼기념일은 언제인지, 심지어 비만인지 당뇨병 같은 지병을 앓고 있지는 않은지까지 담은 '고객 히스토리'를 만들어두고 거기에 맞는 서비스를 제공해야 한다는 거였습니다. 회장은 호텔·외식업이라는 업의 본질을 그렇게 꿰뚫어보고 있었습니다."

나를 향한 레이더를 고객에게로 돌려라

이건희 회장은 생전에 "고객을 중시한다고 말들은 많이 하지만 레이더가 고객을 향해 있어야 하는데 나를 향해 있다. 이걸 고객을 향해 돌려놓는 것이 바로 고객 중시(1993년 7월 19일 오사카 회의)"라고 했다.

나로 향한 레이더를 남을 향해 돌린다는 것은 쉬운 일은 아니다. 나^{ego}라는 것이 비워져야 가능하기 때문이다. 이 대목에서 생전에 회장이 선물 하나를 고를 때에도 얼마나 진정성을 갖고 상대방을 감동시키기 위해 세심하게 챙겼는지를 보여주는 증언이 있어 소개한다. 황영기 전 사장의 기억이다.

"회장은 어떤 사안이든 무심한 듯 말하지 길게 얘기하거나 지시하는 스타일은 아니었습니다. 하지만 고객을 감동시키기 위해서는 사소한 것 하나까지 꼼꼼하게 챙겼습니다. 1994년 영국에서 마이클 헤슬타인 부부를 만났던 때가 기억납니다. 마이클 헤슬타인은 당시 보수당

1995년 10월 전자레인지와 모니터를 생산할 영국 윈야드 복합단지 준공식에서 엘리자베스 2세 여왕과 함께 공장 가동 손잡이를 당기고 있다.

대표였는데 상당히 부자여서 10만 평 정도 되는 수목원이 있는 교외의 대저택에서 살고 있었습니다. 회장은 그 부부를 만나기에 앞서 무슨 선물을 하면 좋을지 비서팀이 연구해보라는 지시를 했습니다. 결국 남편 헤슬타인에게는 제일모직에서 만든 세계에서 가장 가벼운 양복 한 벌과 양복지, 부인에게는 와인을 선물하기로 했습니다.

그런데 이 와인 선물이 신의 한 수였지요. 마침 회장이 방문하기로 한 달이 부인 생일이 있는 달이었는데, 태어난 해인 1935년산 빈티지 와인 2병을 드린 거 같아요. 부인이 '오 마이 갓' 하면서 거의 기절을 할 정도로 놀라더군요. 자기 출생연도와 같은 거의 60년 된 와인을 한국의 삼성 회장이 일부러 찾아서 들고 왔으니 감동하지 않을 수가 없었겠지요. 우리 일행은 극진한 대접을 받았습니다."

그때 황영기는 이건희 회장에게서 '선물의 목적은 사람을 놀라게 하는 데 있구나'라는 것을 배웠다고 했다.

원점 사고가 먼저다

이건희 회장이 말했던 '업^業의 개념'은 어떤 사물이나 상황을 판단할 때 '본질'을 먼저 보려고 노력했던 '이건희 상상력'의 결정판이라고 할 수 있다.

그의 글 '먼저 숲을 보자'의 일부다.

"나는 일하고 챙기는 데 내 나름의 몇 가지 원칙과 습관이 있다. 먼저 목적을 명확히 한다. 보고를 받을 때도 보고의 목적과 결정해야 할 일을 분명히 한다. 다음은 일의 본질이 무엇인가를 파악한다. 본질을 모르고는 어떤 결정도 하지 않는다. 본질이 파악될 때까지 몇 번이고 반복해서 물어보고 연구한다. 나는 삼성의 임직원들에게 '업의 개념'에 대해 자주 이야기한다. '당신이 하는 일의 업의 개념이 무엇이냐'고 물으면 대부분 사람들이 당황한다. 대답할 준비가 되어 있지 않기 때문이다. 이는 자기가 하는 일의 본질이 무엇인지 깊이 생각해보지 않는다는 의미이다."

원점 사고 다음은 대소완급

이렇게 본질에 닿으려고 노력했던 상상력을 이 회장은 '원점原點 사고'라고 명명했다.

"모든 사물과 일을 대할 때 원점 사고를 갖고 새롭게 바라보아야 비로소 본질을 파악할 수 있다. 프로 골퍼들이 슬럼프에 빠지면 골프채 잡는 법부터 새로 시작하는 것도 이런 이유 때문이다. 일본 출장길에 들었던 혼다本田 회장 이야기는 원점 사고가 갖는 중요성을 새삼 일깨워준다. 혼다가 자동차 산업에 진출하려고 할 때 혼다 회장은 간부들을 모아놓고 최대한 원가를 낮출 수 있는 방안을 강구하라고 지시했다고 한다. 일주일이 지난 뒤 간부 대표가 '경쟁사인 도요타 자동차를 분해해 모든 부품마다 혼다가 더 싸게 납품받을 수 있는 가격을 적용해보니 1~2% 원가 절감이 가능하다'는 보고를 했다. 그러자 혼다 회장은 '자동차가 별것인가? 오토바이 두 대를 쇠파이프로 연결시키고 거기다 뚜껑을 덮은 것뿐인데…'라고 중얼거리며 회의장을 떠났다고 한다. 간부들은 큰 충격을 받고 처음부터 모든 것을 다시 검토했다. 과연 이 부품이 필요한지, 규격을 바꿀 수는 없는지 원점에서 생각한 결과 상당한 가격 경쟁력을 갖춘 자동차를 만들 수 있다는 결론에 도달했다는 것이다. '원점 사고'는 획기적인 개선과 대안 제시에 좋은 출발점이 될 수 있다. 오늘날처럼 변화가 일정한 궤도 없이 빨라지는 시대에 과거 지향적 사고는 후퇴와 실패를 의미한다. 일상생활에서부터 모든 것을 뒤집어 바라보는 원점 사고가 필요한 시점이다."

고인이 말하는 원점 사고를 하려면 숱한 가지치기를 통해 한곳으로 깊게 들어가야 한다. 이는 기존에 사람들이 옳다고 말하는 것들, 최선이라고 하는 기준들을 모두 '생각의 테이블'에 올려놓고 과연 이 생각이 맞는지를 곰곰이 따지는 행위라고 할 수 있다. 고인의 말처럼 '궤도 없는 변화'가 지배하는 지금 시대야말로 '원점 사고'에 대한 깊은 숙고가 필요한 시점 아닐까.

이건희 회장은 일의 목적과 본질이 파악되면 "숲을 먼저 보고 나무를 보려는 노력을 습관화시키라"고도 했다. 동서양의 주소 표기법 차이를 예로 들며 이렇게 말한다.

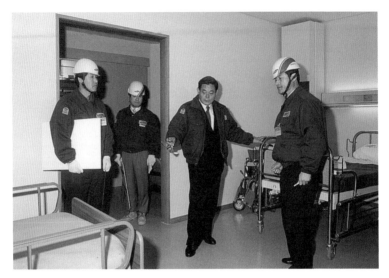

1993년 4월 12일 서울 강남구 일원동 삼성서울병원 건설 현장을 방문해 일일이 구체적인 지시를 내리고 있는 이건희 회장. 상주가 쉴 수 있는 휴게실을 마련하는 등 삼성병원의 장례식장 혁신은 이후 한국의 장례 문화를 일거에 바꿔놓았다.

"동양과 서양은 크게 다른 사고방식을 가지고 있는데 대표적인 예가 주소 표기법이다. 우리는 국가, 시·도, 시·군·구, 읍·면·동 순으로 전체에서 부분으로 접근하고 있다. 나는 이런 방식으로 문제에 접근 하는 것을 좋아한다. 일의 대소완급大小緩急을 구분하는 것도 매우 중 요하다. 일의 본질에 바탕을 두고 우선순위를 판단하는 것이다. 몇 년 전, 어떤 공장을 방문했을 때 건물은 한창 건설 중인데 조경 공사가 마무리 단계에 있는 것을 본 적이 있다. 공장을 세우는 것이 최우선 적으로 할 일인데 정원을 먼저 가꾸고 있다는 것은 쉽게 납득되지 않 는 일이다. 대소완급을 구분하지 못한 대표적인 경우다."

"나, 회장인데요…"

약간 분위기를 바꿔보자. 회장이 자신의 생활 속에서도 업의 개념을 실천했던 재미있는 에피소드가 있어 소개한다.

기외호 전 코리아헤럴드 사장은 1977년부터 1980년까지는 이병철 선대 회장 비서팀장을, 이건희 회장 취임 초기인 1989년부터 1991년까지는 이건희 회장 비서팀장을 맡았다.

삼성의 경우 비서실장은 비서실과 그룹 계열사를 총괄 관리하는 비서실의 수장이고, 비서팀장은 지근거리에서 회장을 보필하는 말 그대로 비서다.

이건희 회장은 취임 초 출근하는 날이 많지 않아 수시로 비서팀장을 자택으로 불러 업무 지시를 내렸다고 한다. 기외호 전 비서팀장은 당시 유일하게 회장을 일대일로 대면하며 대화를 나눴던 사람이라고 할 수 있다. 그의 말이다.

"회장은 계열사 사장들에게 모든 것을 맡겨놓고 집에서 혼자 골똘히 생각하는 시간이 많았습니다. 그때는 삼성그룹이 격동기도 아니었고 하던 사업도 별 차질 없이 운영되던 시절이었다고 할 수 있지요. 회장은 미래를 내다보며 삼성의 앞날을 깊게 고민했던 것 같습니다. 늘 오후 5시쯤이면 전화가 왔습니다. '나, 회장인데요, 별일 없으면 집에 들렀다 가소' 하시는 거예요. 서울 한남동 자택에 가면 홍라희 여사가 '오셨어요? 두 분 얘기 나누세요' 하고 자리를 비켜주시고, 회장님과의 독대가 시작됩니다. 회장님은 잠옷에 파자마 가운을 입고 슬리퍼에 양반다리를 하고 앉으시고, 부장인 저는 넥타이를 맨 정장을 입고 대화를 나누는 거였습니다. 속으로 얼마나 초긴장 상태였을지 한번 상상해보십시오."

대화는 빠르면 밤 12시, 늦으면 새벽 1, 2시까지 이어지는 날도 많았다고 한다.

무슨 이야기를 그렇게 많이 나눴나요.
"수많은 질의와 업무 지시가 떨어집니다. 삼성전자 얘기, 소니 얘기, 도쿄, 프랑크푸르트, 뉴욕 상황부터 정치 이야기, 사회 돌아가는 이야기에 이르기까지 종횡무진이었습니다.
대화라는 게 한 사람만 계속 이야기할 수는 없는 거 아니겠습니까. 회장이 오늘은 무엇을 물을지, 뭘 소재로 대화를 나눌지 예측할 수 없었지만 그래도 많은 이야기를 나눴다고 할 수 있지요. 어느 날은 제가 좀 안돼 보였던지 쓱 미소를 지으시면서 '삼성그룹 회장 시간이 얼마나 비싼지 아느냐, 영광으로 알아라' 이러시는 거예요. 속으로는 '저는 죽겠습니다' 말도 못 하고(웃음)."

술이라도 좀 하셨나요.

"그랬다면 좀 나았을 텐데 회장께서는 술을 전혀 못 하는 체질입니다. 공식 석상에서 외국인들과 와인 건배를 할 때도 미리 와인 색과 비슷한 음료를 컵에 담아놓았을 정도였으니까요. 술 대신 당시 제일제당에서 나온 '게토레이' 2리터짜리를 옆에 두고 계속 그걸 마시면서 대화를 나누셨어요. 하지만 담배는 줄담배를 피우셨습니다. 하루에 네 갑, 다섯 갑을 피우셨으니까 '체인 스모커'셨지요."

실제로 이 회장은 1988년 5월 〈신동아〉와의 인터뷰에서 주량을 묻는 질문에 "맥주 반 컵만 마시면 두드러기가 나고 근지럽기까지 하다. 의학적으로는 알코올을 소화하는 효소의 결핍증이라고 한다" 고 말하기도 했다.

비서에게 침실까지 보여주다

그러던 어느 날 기외호는 회장으로부터 뜻밖의 지시를 받는다.

"'비서팀장은 내 가면만 써도 누가 회장인 줄 모를 정도로 나와 생각과 행동이 똑같아야 된다. 그래야 제대로 보필할 거 아닌가, 내가 집에서 어떻게 해놓고 사는지 아는가? 나 없을 때 우리 집에 가서 침실도 보라'고 하시는 거예요. 저는 '그렇게 할 정도로 보필에 신경을 쓰

1990년대 언론에 공개한 자택 집무실. 강아지를 안고 있는 모습과 벽에 나란히 걸린 5개의
아날로그 시계가 눈길을 끈다.

라'는 뜻으로만 알고 넘겼는데 정말 하루는 느닷없이 '가봤느냐'고 물으시는 겁니다. 제가 머뭇거렸더니 '농담이 아니고 지시'라고 언짢 아하시는 표정이 역력해 그날로 바로 한남동 댁 회장 침실을 들어가 보게 되었습니다. 침실 벽에는 텔레비전이 세 대가 놓여 있었고 책장 은 물론 바닥에까지 각종 책과 자료들이 널려 있었습니다. 침대 네 모서리에는 미국, 일본에서 보내온 엄청난 영상 자료들, 각종 DVD가 마치 울타리라도 친 것처럼 삥 돌아 세워져 있었습니다. 정말 깜짝 놀랐지요."

방을 둘러보고 있는데 회장이 전화를 걸어왔다고 한다.

"'어떤가' 하고 느낌을 물어보시는데 솔직히 말씀드렸죠. '너무 어지 러워서 우선 정리를 좀 해야 되겠습니다' 했더니 '절대 손도 대면 안 된다. 내 나름대로 다 정리해놓고 있는 거라 남이 건드리면 내가 못 찾는다'고 하시더군요."

기외호는 당시 일화를 통해 "비서라는 업의 본질을 잘 수행하도 록 하기 위해 당신 본모습을 있는 그대로 다 보여주려 했던 순수한 성품과 진정성을 느꼈다"고 했다.

"'비서도 상사를 제대로 알아야 제대로 보필할 거 아닌가' 하는 회장 마음이 강하게 전달됐습니다. 사실 대그룹 총수가 그렇게까지 자신을 숨김없이 연다는 것은 말처럼 쉬운 일은 아니지요."

배종렬 전 제일기획 사장도 비서실 홍보팀장 시절 회장으로부터 홍보라는 업의 개념을 배울 수 있었다며 이렇게 말한다.

"어느 날 '홍보라는 게 뭔지 아나' 물어보시더니 '일본에 부탁해서 관련 책을 한 10권 보내라 하고, 미국 커뮤니케이션 관련 책도 구해서 다 공부를 하라'고 했습니다. 딱히 뭐라고 이렇다 저렇다 설명이나 지시는 안 하시면서도 '업의 개념을 파악하는 게 굉장히 중요하다'고 몇 번이나 말했습니다. 회장은 지시만 한 것이 아니라 스스로 실천하려 노력했습니다. 어떻게 해야 당신이 갖고 있는 뜻과 철학이 맨 아래 직원들에게까지 신속하고 정확하게 전달될 수 있을지, 또 직원들 뜻을 어떻게 하면 당신 쪽으로 올라오게 할 수 있을지를 늘 고민했으니까요. 그러면서 홍보라는 업의 개념을 이렇게 말했습니다. '홍보라는 것은 국내외 돌아가는 상황과 전반적인 흐름을 포착해 대외적으로 알리는 것도 중요하지만 회사 내부적으로는 윗사람의 메시지와 뜻을 정확하게 전달하고 직원들에게는 항상 긍정적인 반향을 불러일으키게 하는 것이 제일 중요하다. 이것이야말로 진정한 의미의 홍보다.'"

조직 내 언어를 통일시켜라

앞서 필자는 '업의 개념'이라는 자신만의 독특한 조어를 만들어냈던 이건희 회장의 언어적 상상력을 언급한 바 있다. 생전에 이 회장과 가까이 일했던 삼성맨들은 한결같이 "회장은 경청의 달인이었다. 당신 스스로는 말이 없고 눌변에 가까울 정도였다. 사람들 앞에 나서는 것도 싫어했다"고 전한다.

하지만 고인은 언어와 말의 위력을 누구보다도 깊이 알고 있었다. '마누라, 자식 빼고 다 바꾸자'라는 간단한 구호성 멘트가 상징하듯 사물이나 상황의 본질을 짧은 말로 축약해 사람들 귀와 마음을 사로잡았다는 점에서 탁월한 '카피라이터'였다고나 할까. 어떤 면에선 언어를 통일해 구성원들 생각을 결집시키고 의식을 바꾸려 했다는 점에서 뛰어난 선전선동가였다는 생각도 든다.

고인이 생전에 쓴 글인 '말의 위력'을 읽다 보면 그가 얼마나 독창적이고 함축적인 언어 개발과 메시지 발신에 몰두했는지가 느껴진다.

"나는 평소 임직원들에게 조직 내에서 사용하는 용어를 가급적 통일시키고 조직의 철학과 가치관이 함축돼 있는 독특한 용어를 개발하라고 말해오고 있다. 조직 내 언어인 용어는 경영 활동의 실행 수단이 될 뿐 아니라 그 조직의 질적 수준을 가늠케 한다고 보기 때문이다. 조직 내 용어를 통일하는 것은 개성을 무시하는 획일화와는 다른 차원이다. 용어를 통일하면 이심전심으로 뜻이 통하게 돼 의사소통에 드는 비용과 시간을 줄이고 오해를 막을 수 있을 뿐 아니라 조직의 비전과 경영 방침에 대한 공감대를 쉽게 형성해나갈 수 있다. 내 자신도 신경영을 추진하면서 직원들이 신경영에 대해 쉽게 이해할 수 있도록 비유와 예화 중심의 새로운 용어를 만들어내느라 고심했다. 용어는 시대 변화를 리드하고 때로는 한 사회나 조직의 철학을 대변하기도 한다."

그러면서 미국 월트 디즈니사의 예를 든다.

"고객 만족의 대명사처럼 인식되는 월트 디즈니에서는 독특한 자신만의 용어를 사용하고 있다. 그들은 종업원들을 (쇼) 출연진이라는 뜻인 '캐스트 멤버Cast Member'라고 칭함으로써 엔터테인먼트 산업에 종사하는 직원들에게 회사가 기대하는 바를 분명하게 나타내고 있다. 고객에 대해서는 집에 초대한 손님이라는 뜻의 '게스트Guest'라는 표현을 쓰고 있다. 회사 내 문서 작성을 할 때 이 단어가 문장 어디에 위치하든 반드시 대문자 G를 쓰도록 의무화함으로써 고객의 중요성을 조직 내에 확산시켰다. 나는 이 두 가지 용어가 오늘날의 월트 디즈니를 만들어낸 비장의 무기가 아닌가 생각한다."

실제로 삼성인들은 신경영 선언 당시 매일 아침 10분씩 회장의 육성이 담긴 TV를 시청했는데 이를 통해 최고 경영진에서부터 말단 사원에 이르기까지 통일된 용어를 쓰게 되었다고 한다. 용어 통일 자체가 신경영의 한 내용이기도 했다. 이를테면 '세기말 현상', '질 위주 경영', '복합화', '인프라', '스케일', '메기 이론', '예의범절', '에티켓', '만 명을 먹여 살리는 인재' 등등 보통 사람들은 한두 개만 들어도 머리가 아찔해질 말들을 삼성에서는 생산 현장에서도 가볍게 쓰게 되었다고 삼성맨들은 전한다.

2021년 1월호 〈월간조선〉이 공개한 이 회장의 육성도 같은 맥락의 말이다. 일부를 소개한다.

"삼성 중역들한테 방정식을 하나 만들어주면 좋겠어. (밖으로) 나가는 목소리는 하나여야 돼. 하드웨어, 소프트웨어, 인프라 등등 분야 합쳐서 틀을 딱 만들어놓고 얘기할 땐 거기에 자기 회사나 자기 직급에 따라 살을 붙여서 이야기하는 거지. 의사의 경우 해부학과 병리학 같은 기본은 다 같고 소아과나 내과 등등으로 나뉘는 것처럼 기본을 갖고 디테일은 자기가 만드는 거야. 임원이라는 사람들이 맨날 그저 '밤잠 안 자고 열심히 했습니다'라고 해서야 남들이 이해가 되냐고. 혼자 알면 소용없어. 다른 사람들을 설득해야지."

브랜드의 힘은
어디에서 오는가

서울대 서양사학과 박지향 명예교수는 칼럼(2021년 1월 21일 자 한국
경제신문)에서 이런 회고를 하고 있다.

"1982년 8월 박사 논문 준비차 영국 런던에 갔다. 유럽 대륙을 들러
도착했기에 수중에 영국 화폐가 없었다. 체어링크로스역에 내리자마
자 환전센터에 가 여권과 달러를 내밀었다. 쉰 살쯤 돼 보이던 뚱뚱
한 아저씨는 내 여권을 신기한 듯 보더니 '메이드 인 코리아 숟가락
과 포크는 봤지만 사람은 처음 본다'고 했다. 그만큼 한국은 먼 나라
였다. 1987년 2월 귀국할 때쯤 삼성 TV는 미국 전자 제품 매장 선반

밑바닥에 있었던 것 같다. 귀국 후에도 연구를 위해 1년에 한 번쯤 영국과 미국을 드나들었다. 그때마다 한국의 달라진 위상이 경탄스러웠고 한국을 세상에 알린 기업들이 고마웠다. 1990년대 어느 시점까지는 스스로를 좌파라고 믿었기 때문에 재벌에 대해 좋은 감정을 가질 리 없었지만 삼성에는 늘 고마움을 느꼈던 것 같다. 연구나 발표를 위해 외국에 나갔을 때 공항에서 시내로 향하면서 앞으로 직면해야 할 여러 어려움을 새기며 머릿속이 복잡하고 의기소침해 있을 때 눈에 들어오던 삼성 선전탑의 모습은 든든하고 위로가 됐다."

국내 상황은 늘 어지럽고 혼돈스러웠지만 밖에 나가보면 대한민국 글로벌 기업들의 활약 덕분에 '메이드 인 코리아'의 위상과 괄목상대한 성장을 체감했던 경험은 박 교수뿐 아닐 것이다. 필자 역시 해외 취재 중 미국 주요 도시에 현대차가 돌아다니고 러시아 모스크바 최고급 호텔에 소니가 아닌 삼성 TV가 놓여 있었을 때의 감격을 잊을 수가 없다.

박 교수의 선전탑 경험을 들으니 삼성이란 브랜드를 세계에 알리는 과정에서 보여준 이건희 회장의 상상력을 전하는 에피소드들이 있어 소개하려 한다.

대한민국 첫 뉴욕 맨해튼 타임스퀘어 광고

배동만 전 제일기획 사장은 뉴욕 맨해튼 타임스퀘어에 삼성이 옥외 광고를 하게 된 사연을 이렇게 전한다.

"대한민국이란 나라가 비로소 본격적으로 세계에 알려진 계기가 88 서울올림픽 아니었습니까. 나라國도 존재감이 없었는데 삼성은 오죽했겠습니까. 삼성이 본격적으로 세계를 향한 광고를 하자는 전략을 세운 게 1989년부터입니다. 1차로 혼신의 힘을 기울인 첫 작업이 1992년 1월 7일 점등식을 한 뉴욕 맨해튼 타임스퀘어 광고였습니다."

이 일의 배경에는 홍보라는 업의 본질을 꿰뚫은 '이건희 상상력'이 있었다는 게 그의 말이다.

"장소 선정 이유, 광고 콘텐츠, 비용과 반응, 효과 등이 포함된 종합 보고를 드린 바로 다음 날 서면으로 회신이 왔는데 실무진은 미처 상상하지 못했던 매우 구체적인 지시가 적혀 있어 깜짝 놀랐습니다."

어떤 내용이었나요.
"우선 광고에 들어가는 제품들이 너무 많으니 줄이라는 거였습니다. 하루 150만 명이 오가는 세계 최고 번화가에서 사람이 걷다가 흘깃

보는 옥외 광고판에 시선이 머무는 시간이 0.01초도 안 될 텐데 소개되는 제품이 너무 많으면 뇌리에 남지 않을 거라는 지적이었습니다. 뉴욕 타임스퀘어 광고란 게 당시 우리로서 웬만해서는 거머쥐기 힘든 기회였고, 막대한 비용(1000만 달러)이 들다 보니 하나라도 더 보여주고 싶은 욕심에 20여 가지 제품 이미지들을 넣었었는데, 회장은 통신 분야로 집중해 5, 6개 정도로 줄이는 게 좋겠다고 했습니다. 둘째로는 제품보다 로고를 알리는 게 더 중요하다고 했습니다. 실제 당시 여론 조사를 해보니 미국 내에서 삼성 브랜드를 아는 사람들은 4% 정도로 매우 낮았습니다. 'SAMSUNG'을 '쌤숭'으로 읽는 사람들도 많았고요. 하기야 '코리아'라는 나라가 있는지도 모르는 미국인들이 대부분이었으니 이런 상황에서 제품 광고만 하는 게 효과가 있겠습니까. 이걸 알았던 회장은 제품이 아니라 삼성 로고를 확대해 계속 고정시켜 보여주라고 했습니다."

그는 "수십 년 광고업에만 매달린 사람들이 긴 시간 골몰해서 올린 보고서에서 단박에 문제점을 지적하는 회장을 보며 난다 긴다 하는 '광고쟁이'들이 허를 찔렸다는 느낌을 받았다"며 "또 미국인들 입장에서는 들도 보도 못한 브랜드 광고가 맨해튼 한복판을 점령했다고 생각하면 자존심이 상할 수 있으니 '겸손하라'는 당부는 물론 당신 얘기가 틀릴 수도 있으니 반드시 미국 소비자와 전문가 의견을 충분히 들어보라는 말도 잊지 않았다"고 전했다.

1992년 세계 경제의 중심지 뉴욕 타임스퀘어에 삼성의 첫 네온 광고가 켜진 모습. 이후 삼성전자
는 세계 곳곳의 랜드마크에 삼성 브랜드를 알리는 대형 옥외광고를 시작한다.

삼성의 옥외광고가 일본 도쿄 시부야역 번화가를 밝히고 있다.

영국 런던 피카딜리광장에 들어선 삼성 옥외광고.

홍콩섬에 설치됐던 옥외광고.

중국 상하이 인민광장에 설치됐던 옥외광고.

그러면서 "뭔가 제안을 드렸을 때 긴 설명이 필요 없을 정도로 감感이 탁월한 분이어서 일하는 게 신이 났었다"고 한다.

"유럽에 축구 열풍이 대단하니 선수들 유니폼에 '애니콜' 광고를 했으면 좋겠다고 말씀드리니 즉각 시행하라고 하셨지요. 긴 설명이 필요 없었습니다. 처음에 맨유(맨체스터 유나이티드)와 리버풀에 제안을 했다가 거절당했는데 마지막에 '첼시'로 결정됐습니다. 5년 동안 1200만 달러를 주는 조건으로 선수 유니폼, 그라운드 펜스에 애니콜 브랜드를 광고하고 모델 선정 권한도 받았습니다. 이듬해 첼시가 유럽 축구에서 1등을 한 덕에 휴대폰 매출이 전년 대비 27%나 올랐습

이 회장이 2006년 광고 계약을 한 영국 프리미어리그 첼시 구단 대표와 기념촬영을 하고 있다.

니다. 광고를 만드는 과정에서 무선 사업팀과의 협업이 중요했는데, 회장이 결정한 사안이다 보니 다들 합심해 일사천리로 진행한 기억이 있습니다."

삼성 TV는 집의 품격을 떨어뜨린다

해외에 나가서 '삼성' 브랜드를 만나 뿌듯했던 또 다른 일로 공항 카트를 기억하는 사람들이 많을 것이다. 이것은 실무진이 아닌 전적으로 회장의 아이디어였다고 한다. 기외호 전 사장의 증언이다.

"아무리 물건을 잘 만들어도 브랜드 인지도가 없으면 소용없는 거 아닙니까. 1990년대 초반에 수출 협상을 하러 미국에 가면 속상할 때가 많았습니다. '삼성 TV가 소니에 절대 뒤지지 않는데 왜 안 사느냐'고 따지듯 물어보면 '거실에 소니 TV가 있어야 격이 올라간다. 아무도 모르는 듣보잡 TV를 갖다 놓으면 집 품격이 떨어진다'는 말을 듣기 일쑤였고 그 말에 상처도 많이 받았습니다.
그즈음 회장이 갑자기 비서실에 '전 세계 주요 공항 카트가 몇 개나 되며, 누가 만들고 있고, 카트에 붙이는 기업 광고는 어떻게 운영되는지 조사하라'는 지시를 내렸습니다. 삼성이 광고를 할 경우 비용은 얼마나 드는지, 직접 카트를 만들어 공급해줄 수는 없는지, 심지어는 카트를 가져다 분해해 삼성중공업이 만들 경우 시간과 비용은 얼마나 드는지까지 계산해 보고하라는 거였습니다.

공항에 가면 누구든 카트를 쓰지 않을 수 없지 않습니까. 30년 전만 해도 해외여행 다니는 사람은 어느 나라든 상류층이었고요. 회장은 여기에 착안한 거죠. 그리하여 마침내 세계적인 공항 곳곳에 삼성 로고가 붙은 카트가 돌아다닐 때 얼마나 기분이 좋았는지 모릅니다. 한때 전 세계 공항 카트의 70%에 삼성 로고가 붙었지요. 그야말로 삼성을 세계에 알린 대표적인 성공 사례였고, 그건 전적으로 회장 아이디어였습니다."

제품이 아닌 이미지를 팔아라

이건희 회장은 지금은 일반화된 기업 이미지 광고를 먼저 실천한 사람이기도 했다. 회장과 동갑내기로 1970년대 함께 일했던 손병두 전 호암재단 이사장은 2000년 7월호 〈월간조선〉에 기고한 글에서 다음과 같은 일화를 전한다.

"이건희 회장은 1970년대 중반 해외 사업 추진위원장으로 일하면서 처음으로 그룹 경영에 관여하기 시작했다. 중앙일보 기획실에서 삼성 비서실로 자리를 옮겨와 있던 나는 기획조정실 이사가 되면서 가

2006년 9월 뉴욕 맨해튼에 있는 삼성체험관을 방문한 모습.

까이에서 보좌하며 지켜보게 되었다. (…) 이 무렵 일이었다. 부회장이 기업 이미지 광고 제작을 지시했다. '이미지 광고'라는 개념 자체에 익숙지 않았던 우리들로서는 쉽지 않았다. 우리나라 역사 속의 세계적인 문화재들을 훑어보고 드디어 거북선을 배경으로 한 '기술의 삼성'이란 광고를 제작해 신문에 전면 컬러 광고를 냈다.

광고가 신문에 실리자 이 부회장은 '아주 잘됐다'며 격려해줬다. 그런데 이병철 회장이 집무실로 부르더니 '이걸 광고라고 만들었나'며 야단을 쳤다. 광고라면 상품 선전 광고가 전부인 줄 아는 '실리파' 이병철 회장에게 새로운 영역인 이미지 광고는 충격으로 다가갔던 모양이다. 변화를 추구하는 이 부회장과 옛것을 고집하는 이병철 회장의 완고함 사이에서 우리는 똑같은 사안으로 오전에는 이 부회장에게 칭찬받고, 오후에는 이병철 회장에게 불려가 꾸중을 듣게 됐다.

이건희 회장은 부친과는 대조적인 분이었다. 이병철 회장은 카리스마가 아주 강했다. 카리스마가 아니더라도 삼성그룹 창업주인 데다 연세가 많고 연륜이 오래된 분이어서 말하기가 조심스럽고 주눅이 들 수밖에 없었다.

이병철 회장 앞에서 잔뜩 주눅 들어 나온 후엔 이건희 부회장 방에 가서 풀었다. '회장님 앞에서 야단맞고 나왔습니다' 하고 보고하면 이건희 부회장은 우리를 다독거려주었다. 나이가 젊고 신세대다운 유연한 사고를 가졌기에 가능한 일이었다고 생각한다. 이병철 회장은 인사에 있어서도 인정사정없는 분인데, 그럴 때면 이건희 부회장이 우리에게 '아버지가 좀 심하게 한 것 아니냐'는 말을 하기도 했다. 아버지에게 직접 건의하지는 못했어도 우리의 푸념은 들어주었다."

그는 때로 "이 부회장 생각을 따라가기가 힘들었다"며 이런 토로도 했다.

"변화에 대해 너무나 빠르게 앞서갔기 때문에 밑에서는 생각을 읽기가 아주 힘들고 갈등을 느낄 때가 많았다. 업무 지시를 할 때도 자세한 설명을 하기보다는 추상적 개념을 던져주는 스타일이었다. 기업 이미지 광고를 지시할 때도 '제품 선전만 하는 시대는 지났다. 이미지 광고로 바꿔보라'고 하는 식이었다. 그 때문에 소화할 능력이 없으면 구체화하거나 접근하기가 어려운 면이 있었다."

최고의 웅변가를 불러 스피치 연습까지

육현표 삼성경제연구소 사장은 2003년부터 이 회장의 신년사 준비를 보좌하는 일을 했다. 그 과정에서 이 회장이 얼마나 커뮤니케이션을 중시하고, 또 이를 실천하기 위해 치열한 노력을 하는지를 지켜볼 수 있는 기회가 있었다고 한다. 그의 말이다.

"회장께서 신년사 원고를 완성하시면, 저희 같은 실무진이 반드시 해야 하는 후속 작업이 있었습니다. 대한민국 최고의 웅변가라고 불리는 사람을 섭외해 원고를 읽게 하고 녹음을 하는 거였죠. 한번은 웅변학원을 운영하는 분을 찾아가기도 했습니다. 그분이 읽은 원고 녹음 테이프를 회장께 드리면 거실은 물론 화장실에서까지도 계속 틀어놓고 연습을 하신다고 했습니다. 사실 이런 노력은 오래전부터 한결같았습니다. '신경영 선언'을 한 해인 1993년 3월 '제2 창업 5주년' 기념식이 열렸는데 그 전날에 갑자기 잠실 체조경기장에 나타나 연단에 올라서시더니 준비한 연설 원고를 꺼내 읽으며 연습하는 모습을 봤습니다. '정말 대단하시다'고 감탄했던 일이 지금도 생생합

2011년 삼성 신년 하례식 자리에 선 이건희 회장.

니다."

신년사와 관련해 배종렬 전 제일기획 사장은 "단어 한 자 한 자에도 대단한 정성을 기울였다"면서 이렇게 전한다.

"취임 초기에는 제가 신년사 초안을 썼는데, 회장은 몇 개월 전부터 '그룹 전체를 어떤 식의 모습으로 어떻게 끌고 갈지에 대한 방향'을 담고 이걸 어떻게 포장할지에 대한 고민으로 가득했습니다. 항상 연설문 뒷부분에는 직원들의 가슴을 뛰게 하는 메시지가 꼭 있어야 한다고도 했습니다. 원고 작성을 위한 세세한 지시도 많았습니다. 반드시 키워드와 메시지가 있어야 하며, 전에 썼던 키워드들을 똑같이 쓰면 안 되고 간결해야 한다고 했습니다. 준비하는 입장에서는 당연히 쉽지 않았죠. 대략 초안을 가지고 가면 '읽어보라' 하고 가만히 들으시다 '(원고) 놓고 가라' 하세요. 이후 당신께서 몇 번씩 다시 읽어보시고 '이렇게 저렇게 고쳐봐라' 하세요. 한 서너 번 그런 과정을 거쳐서 어느 정도 다듬어지면 새로운 용어도 넣고 메시지도 담은 뒤 완성됐다 싶으면 본격적인 연습에 들어갑니다. 녹음도 해서 직접 들어보면서 어디서 띄어야 하고, 어디를 강조해야 할지 일일이 표시까지 하면서 연습하셨습니다."

무대 공포증이 있었음에도

취재 과정에서 알게 된 사실이지만 이건희 회장은 사실 '무대 공포증'을 가진 게 아닌지 느껴질 정도로 대중 앞에서 연설하는 것을 싫어했다고 한다. 기외호 전 사장 말이다.

"이 어른이 평소에는 엄청 눌변 아닙니까. 단상 위에 서서 이야기하는 것 자체를 싫어해 실무진 입장에서 난처할 때가 많았습니다. 1973년 미국과의 합작 법인으로 설립된 삼성코닝은 하버드 비즈니스스쿨에서도 다룰 만큼 매우 성공한 합작 케이스였습니다. 1988년에 경북 구미공장을 착공하는데, 착공식에 코닝 회장은 물론 정부 고위 관계자들도 대거 참석하기로 돼 있었고 당연히 회장님 축사도 예정돼 있었습니다. 그런데 행사 전날 밤에 갑자기 전화를 하셔서 축사를 안 하시겠다는 거 아닙니까. 제가 너무 놀라며 '회장님, 안 됩니다. 미국에서는 코닝 회장이 직접 날아와 하는데 답사를 안 하시면 큰일 납니다'라고 거듭 말씀드렸지만 끝까지 못 하겠다고 하시는 겁니다. 결국 다른 계열사 사장님이 대신 했습니다."

갑자기 전날, 마음이 바뀐 이유가 뭐였을까요.
"사전에 필경사를 시켜서 숨을 쉬고 떼어 읽는 대목까지 큰 글씨로 표시해 연습을 하셨는데 당신이 결국 만족하지 못한 겁니다. 노태우 대통령 시절엔 삼성종합화학 기공식이 있었는데 대통령까지 참석하는 행사라 회장이 당연히 축사를 하기로 했었습니다. 어느 날 댁에 갔더니 홍라희 여사님과 두 분이 맹연습을 하고 계시더군요. 그런데 행사 임박해서 밤중에 전화가 걸려왔습니다. 도저히 못 하시겠다는 거예요. '제발 하시라'고 통사정을 하겠다는 마음으로 달려갔는데 연습하시느라 땀범벅이 되신 모습에 오히려 제가 놀라 더 청하지 못하고 그냥 되돌아 나왔던 기억이 있습니다."

2011년 평창 동계올림픽 유치 활동 때 기자들의 질문에 답하고 있다.

학교 일진을
때려눕혔던 건희

인형무 변호사

인형무 변호사는 이건희 회장과 서울대사대부중, 사대부고 동창이다. 삼성그룹이 초창기 전자업을 시작하고 반도체를 시작할 때부터 법무팀장으로 삼성과 인연을 맺었다. 생전에 이건희 회장과 친했던, 이제는 고인이 된 홍사덕 전 의원과 서울대사대부고 동창으로 함께 고교 생활을 보냈다.

현재 생존 인물 가운데 중·고등학교 때 이건희 회장을 가장 가까이에서 접하고 친하게 지낸 인물이다. 그를 직접 만나 고인의 고등학교 시절 이야기를 들을 수 있었다. 그는 당시의 고인을 추억하면서 어릴 적 친구 사이로 돌아간 듯 이 회장을 '건희'로 불렀는데 친근하게 들려 그대로 살린다.

이 회장을 언제 처음 만났는지요.

"저는 경기도 파주에서 초등학교를 졸업하고 서울대사대부중에
입학했는데 일본에서 중학교 1학년까지 다니던 건희가 2학년 말
에 전학을 와 같은 반이 되었습니다. 한국말이 좀 어색했습니다.
일본말은 당연히 유창했고요. 처음에는 가깝지 않았는데 3학년
때도 같은 반이 되면서 가까워졌습니다."

당시 회장의 모습은 어땠나요.

"가장 큰 특징이라고 한다면 굉장히 과묵했다는 거였습니다. 사실
남자 고등학생들이니 얼마나 혈기왕성하고 다들 까불 때입니까.
근데 뭐랄까, 굉장히 묵직했다고 할까? 그런 친구였습니다.
그리고 체구가 단단했습니다. 그땐 전쟁이 끝나고 얼마 안 됐을
때여서 비리비리하게 마른 녀석들이 많았는데 건희는 아주 건강
하고 잘생긴 귀공자 같은 타입이랄까, 하여튼 보통 사람하고는 분
위기가 다른 그런 스타일로 느껴졌습니다."

주로 어떤 대화를 나눴는지 기억이 나시나요.

"어느 날 건희가 먼저 말을 걸어왔습니다. 자기 집에 한번 가자고
하더라고요. 학교에서 장충동 건희 집까지 걸어간 기억이 있습니
다. 건희는 일본 얘기를 많이 했습니다. 나와는 완전히 다른 세계

이야기여서 신기하게 들었던 기억이 있습니다. 그때부터 짬이 나면 가끔 보자고 해서 빵도 사 먹고 그랬습니다. 어느 날은 '점심이나 먹자', 또 어느 날은 '저녁이나 먹자' 이런 식으로 제안을 해왔습니다."

인 변호사는 이건희 회장이 하숙집을 구해준 일도 있었다고 했다.

"'어차피 하숙하는 입장이니 우리 집이 있는 장충동 아래 하숙집을 구해 지내면 어떻겠냐' 해서 1년 동안 지냈습니다. 그때 장충동 아래에는 하숙집들이 많았거든요. 같은 반 친구로 고향이 경북 영주인 홍사덕(훗날 국회의원)도 함께 한방을 썼습니다. 처음에는 하숙비를 우리가 냈는데 나중엔 건희가 많이 내줬습니다. 지나고 나서 느낀 건데, 그런 것까지 각오하고 우리에게 말한 것 같았습니다. 가난했던 우리 두 사람에게는 고마운 일이었지요.

휴일이 되면 셋이 자주 점심, 저녁을 같이 먹었습니다. 설렁탕집도 가고 선짓국 잘하는 집도 가고 그랬습니다. 우리는 주로 옛날 얘길 많이 했습니다. 건희는 주로 일본 얘기를 많이 했고 사덕이와 나는 6·25 피난 시절에 겪었던 일을 많이 이야기했고. 셋이 거의 형제처럼 지냈습니다. 건희도 외로웠던 것도 있었던 거 같고, 사덕이나 나도 시골 촌놈들이라 처지가 비슷했고요. 지금 생각해

보면 셋이서 중학교, 고등학교 수준을 넘어서는 높은 수준의 토론을 많이 한 것 같습니다. 제 고향은 북쪽이고 사덕이는 경북 영주인데, 어느 날은 건희가 '북쪽에서 온 놈하고 남쪽에서 온 놈하고 대결 한번 해보라'는 농담도 했던 기억이 납니다."

대결이라면?

"아니, 무슨 힘 자랑 하는 대결이 아니고(웃음), 나도 중학교 때 문예반장을 하고 고등학교 때는 교지도 발간해서 문학에 관심이 많았는데 사덕이도 글재주가 많은 친구였습니다. 이런 우리 두 사람을 인정해준 사람이 바로 건희였습니다. 건희는 공부도 잘했지만 책도 두루두루 많이 읽었습니다. 운동도 잘했습니다. 고등학교 때 레슬링반이었다는 것은 잘 알려진 사실이죠. 일본에서 초등학교 다닐 때 역도산을 보면서 레슬링을 좋아하기 시작했다고 하더라고요. 럭비 같은 단체 스포츠보다는 씨름이나 레슬링 같은, 개인이 하는 스포츠에 더 취미가 있었어요."

인 변호사는 이 대목에서 고인이 학교 '일진'을 때려눕힌 일이 있었다며 이런 일화를 소개했다.

"레슬링을 한다고 해서 꼭 싸움을 잘한다고 할 순 없는데 건희는 싸움도 자주 한 건 아니지만 한번 붙으면 지지 않았습니다. 어디든 남자 학교에는 깡패 기질이 있는 아이들이 있기 마련이잖아요. 레슬링반에 특히 질이 나쁜 애들이 있었습니다. 상대와 붙어서 싸움을 해서 이겨야 한다는 그런 아이들 말이죠. 어느 날 건희가 제일 센 놈하고 붙었습니다. 자기를 괴롭히는 아이들이 아니라 친구들을 괴롭히는 아이들을 참고 보고 있다가 저쪽에서 먼저 싸움을 거니까 나선 거죠. 말로 되지 않으니까 폭력은 폭력으로 처치할 수밖에 없다고 생각한 겁니다. 권투나 레슬링 같은 그런 게 아니고 한마디로 난투극 같은 격렬한 싸움이었어요. 자기보다 키도 크고 덩치도 좋은 놈들이었는데 건희가 다 때려눕혔습니다. 코피 흘리고 여기저기 얼굴이 터질 정도로 심하게 다쳤는데 친구들이 다 건희 편이어서 다시는 덤비는 일이 없었지요. 그때 건희가 때려눕힌 아이 별명이 '백곰'이었는데 주먹이 워낙 세서 학교를 다 휘젓고 다녔어요. 마침내 대적할 사람이 건희밖에 없다고 생각했는지 한번 붙자고 한 거였습니다. 그런 '백곰'이 한 방에 건희한테 지고 나니까 애들이 건희 별명을 '백곰'으로 붙여줬어요. 얼굴도 하얗고 체구도 단단하고 말수도 적으니까 딱 어울렸죠(웃음)."

그는 "건희가 삼성의 셋째 아들이라든지, 부잣집 아들이라는 소문은 있었지만 절대 본인이 티를 내지 않아 의식하지 않았다"고도 했다.

"그때는 무슨 재벌이고 그런 거 생각할 시기도 아니었고 알지도 못했어요. 삼성이 그때 현대그룹 생기기 전에 생겨서 이름은 났지만 우린 그때 그런 걸 생각할 때가 아니었으니까 그냥 평범한 사람으로 봤죠. 본인도 티를 안 냈고."

가족들도 본 적이 있었나요.

"물론입니다. 5분 거리에 하숙집이 있었으니 몇 번 가볼 기회가 있었지요. 모친 박두을 여사는 자주 뵀지만 부친 호암 회장은 거의 뵌 적이 없었습니다. 모친께서 참 좋으셔서 밥도 차려주시고 참 따뜻하게 대해주셨습니다."

생전의 고인은 어떤 사람이었나요.

"공부도 그랬지만 뭐든지 한번 시작하면 끝장을 보는 성격이었습니다. TV랑 영화를 굉장히 좋아했는데 밤새워 보고 그랬습니다. 머리도 좋았지만 한번 잡으면 끝까지 파고드는 사람, 뭘 해야 되겠다고 마음먹으면 기어코 해내고야 마는 집념이 대단히 강했습니다. 또 새로운 걸 찾아내고 발견해 창출하는 능력이 뛰어났다는 점에서 천재였다고 할 수 있을 겁니다. 장난감을 갖고 놀더라도 그게 어떻게 해서 만들어졌는가를 연구했으니까요."

순간, 잠시 목이 잠기는 듯 인 변호사는 말을 잇지 못했다. 살짝
눈동자에 눈물이 어리기도 했다. 그러더니 이렇게 말을 맺었다.

"고인은 너무도 많은 다양한 분야에서 업적을 남긴 분입니다. 기
술에 해박했다는 점에서 공학자이기도 했고, 본질을 탐구했다는
점에서 철학자이기도 했으며, 역사와 인간에 대해 관심이 많았다
는 점에서 문화인류학자이기도 했습니다. 한민족에 대한 자부심
도 대단히 강했고요. 이 회장만 생각하면 눈물이 납니다. 고인의
인품과 상상력, 철학에서 배운 것이 너무 많습니다."

기술 경영으로
미래를 준비하다

PART 4

빨리가 아니라 먼저다

경제와 공학, 역사학을 넘나들며 '통섭'의 관점에서 국가 발전의 키워드를 '기술력'으로 풀어내고 있는 김태유 서울대 명예교수는 2021년 6월 13일 자 매일경제 신문과의 인터뷰에서 이렇게 말한다.

"4차 산업혁명 시대는 강한 자가 아니라 빠른 자가 독식하는 세상이다. 일단 승자가 되면 전리품 규모가 국가 단위를 넘어설 정도로 어마어마하고, 시장에 대한 독점적 체제도 반영구화한다. 나라 빚을 늘려서라도 미래 투자에 나서야 한다. 4차 산업혁명 성공 여부는 산업 기술에 얼마나 투자할지, 과학기술자들을 얼마나 양성하고 신산업을

2004년 반도체 30년 기념 사인판에 '새로운 신화 창조'라는 글귀를 쓴 뒤 서명하고 있다.

얼마나 많이 육성할지에 달렸다. 기술에 투자하면 빚은 나중에 이윤으로 회수된다."

팍스 테크니카 시대 예견

기술이 지배하는 '팍스 테크니카 시대'라고들 한다. 총성 없는 미·중 전쟁도 결국 기술 전쟁이다. 미국 바이든 행정부는 2021년 3월 국가 안보 전략지침을 발표하면서 "과학기술에 재투자함으로써 다시 세계를 주도해 미국이 새로운 규칙과 관행을 수립해야 한다"며 "양자

컴퓨팅과 인공지능^{AI}이 경제, 군사, 고용은 물론 불평등 개선에까지 도움을 줄 것"이라고 했다. 이어 과학기술정책실^{OSTP} 실장을 장관급으로 격상하고, 유전학자 에릭 랜더 MIT 교수를 실장에 내정해 화제가 되기도 했다.

중국 정부도 2021년부터 시작하는 제14차 5개년 계획에서 양자기술을 중심으로 한 AI와 반도체 기술 개발을 중요 분야로 꼽았다. 시진핑 중국 국가주석은 2021년 5월 30일 베이징 인민대회당에서 중국 내 최고 과학자, 엔지니어, 연구원 3000여 명을 모아놓고 "과학기술 혁신이 국제 전략 게임의 주요 전쟁터가 됐다"며 '과학기술 자립자강'을 강조했다.

이건희 회장은 일찍이 '팍스 테크니카' 시대를 예견했다. 그는 글 '야구공의 실밥'에서 이렇게 말한다.

"선진국들은 과학기술을 국가 안보 차원에서 다루고 있다. 과학기술이 부족하면 경제 식민지가 될 뿐 아니라 국가 안보마저도 남의 손에 의존할 수밖에 없다. 19세기가 군사력, 20세기가 경제력의 시대였다면 21세기는 기술패권주의 시대라고 할 수 있다."

이건희 회장은 생전에 남긴 책에서 유난히 '기술'에 대한 철학을 강조했다. 그의 트레이드 마크와도 같았던 '기술 경영'에 고인이 얼마나 집중했는지를 엿볼 수 있는 대목이다. 그가 생각하는 기술 경영이란 건 무엇이었을까.

우선 고인의 기술관부터 짚고 넘어가보자. 흔히 사람들은 기술 경영이라고 하면 최첨단을 먼저 떠올리는데 고인은 이와는 약간 다른 생각을 했다(글 '남다른 기술로 승부' 중).

"기술이 하루가 다르게 변하다 보니 기술이라고 하면 시대를 앞서가는 최첨단만 생각하게 된다. 그러나 기업 경영에서는 첨단 기술만 중요한 것은 아니다. 세계 1등 기업이라고 반드시 세계 최고 기술을 가진 것은 아니기 때문이다. 기술 경영을 제대로 하려면 기술이 무엇인지, 왜 필요한지에 대해 먼저 생각해봐야 한다.

나는 기술 경영의 요체를 끊임없는 첨단 기술에의 도전도 있지만 남과 다른 차별성을 확보하는 것이 중요하다고 생각한다. 예를 들어 모두가 연필깎이를 쓸 때 혼자만 손으로 능숙하게 깎는다면 이것도 훌륭한 기술이다. 또 세계 최고 호텔이 되려면 첨단 전산 시스템이 필요할 것이다. 하지만 아무리 전산 시스템이 훌륭해도 프런트 직원이 고객 이름 철자 하나만 잘못 입력해도 그 고객에 대한 정보는 무용지물이 되고 만다. 내가 아는 어떤 호텔은 도어맨부터 시작해 모든 직원이 자기들끼리만 통하는 신호로 단골인지 아닌지, 고객 취향이 어떤지를 주고받는다."

결국 아무리 최첨단 기술이라도 그걸 다루는 사람이 중요하다는

2010년 1월 미국 라스베이거스 'CES 2010' 참관 장면.

말을 하고 있는 것이다. 이는 한때 도요타자동차의 부품 재고관리 혁신 방식으로 세계 경영학계의 칭송을 받던 '간판 방식'에 대한 언급에서도 이어진다.

"한참 동안 사람들 입에 오르내리던 도요타자동차의 '간판 방식'이라는 것도 알고 보면 간판이라는 조그만 카드를 가지고 부품과 재고의 흐름을 조절하는 것이다. 서구 기업들이 막대한 돈을 들여서 정보 시스템을 구축할 때 일본 기업들은 간단한 카드 하나로 정보를 교환함으로써 경쟁 우위에 섰다. 나는 기업 경영에서 생산, 연구개발뿐 아니라 판매, 경리, 노무관리 등 투입물을 산출물로 바꾸는 모든 경영 활동이 기술이 될 수 있다고 생각한다. 박사급 고급 인력들이 장기간 연구해서 개발한 첨단 기술뿐 아니라 호텔 직원과 도요타자동차 직원들의 차별화된 숙련 기능도 훌륭한 기술이 될 수 있는 것이다."

여기서 간판이란 우리가 흔히 떠올리는 가게 간판이 아니라 일종의 카드다. 필요한 부품을 생산라인 간판에 써 붙이는 '간판 방식'은 동일본 대지진 전까지만 해도 생산 현장의 효율성 혁신을 가져온 도요타의 대표적 생산 방식이었다.

이건희 회장의 기술관은 알기 쉽게 한마디로 표현하자면 '남들이 생각하지 못하는 것을 생각하는 것'이었다.

"기초 연구가 부족하고 자금도 충분치 않은 우리 기업들이 세계 일류 첨단 기술기업들과의 경쟁에서 승리하기에는 많은 어려움이 있다. 하지만 차별화된 기술을 가질 수 있다면 세계시장에서 우리 몫을 제대로 차지할 수 있으리라 본다. 언젠가 젊은이들에게 큰 인기가 있다는 '맥가이버'라는 TV 프로그램을 본 적이 있다. 주인공이 아무런 첨단 장비 없이도 훌륭하게 문제를 해결하는 내용이었던 것으로 기억한다. 마치 맥가이버처럼 누구도 생각하지 못했던 기발한 발상이 지금 우리에게 필요한 기술이 아닌가 생각한다."

기술 경영에서 가장 중요한 자원은 시간

그렇다면 기술 경영에서 가장 중요한 자원은 무엇일까. 이 회장은 '시간'이라고 했다.

"과거에는 기업을 경영하려면 돈, 사람, 설비, 기술이 필요했다. 그러나 지금은 시간이 새로운 경영 자원으로 부각됐고, 이것을 어떻게 활용하느냐가 기업 경영에 요체가 되었다."

고인은 글 '시간 경쟁력'에서 이를 다시 새롭게 설명한다. 우선 간단명료하면서도 쉽게 다가오는 '시간의 역사'에 대한 언급이 흥미롭다.

"시간이라는 개념을 생각해보자. 먼 옛날 원시시대에는 해가 뜨면 낮이고 해가 지면 밤이라는 두 가지 시간 개념만 존재했을 것이다. 그 후 농경사회에 들어와 농산물을 생산하고 소비하는 생활 패턴이 정착되면서 하루 세 끼를 먹는 아침, 점심, 저녁이 사람들이 느끼는 시간 개념이 되었다. 그러다가 교역이라는 개념이 도입되면서 하루를 12등분한 십이간지十二干支라는 좀 더 세분된 시간 개념으로 발전했고, 이어 산업사회를 맞이하여 교역 범위나 빈도가 넓어지고 높아지면서 현재와 같은 하루 24시간이라는 시간 개념을 갖게 된다."

그런데 정보화 시대가 되면서 시간의 가치는 또 완전히 달라진다고 말한다.

"시, 분, 초 단위는 그대로지만 주어진 시간 안에 필요한 활동을 하지 않으면 기회를 잃고 마는 시대가 정보화 시대다. 경영 컨설팅, 법률 자문은 시간 단위로 가격이 매겨지고, 증권 거래, 선물 거래는 찰나에 가격이 바뀐다. 시간의 가치가 극적으로 커지고 있는 것이다. 예전 같으면 며칠에 걸쳐 해야 할 정보 처리를 1초 안에 할 수 있는 시대가 된 것이다.

초 단위 시간 개념도 의미가 없어질지 모르는 일이다. 이미 컴퓨터 성능을 비교할 때는 10억 분의 1초인 나노^{nano} 초를 다투는 시대가 아닌가. (…) 과거의 기업 경쟁이 가격과 품질 경쟁이었다면, 앞으로는 시간 경쟁력이 승부를 좌우할 것이다. 바쁘게 돌아가는 삶 속에서 시간 단위가 갖는 가치가 점점 높아지기 때문에 고객이 원하는 바를 경쟁업체보다 빨리 만족시켜주는 쪽이 우위에 서게 되는 것이다.

서울-부산 간 기차 요금은 비행기 요금보다 저렴하지만, 도쿄-오사카 간 신칸센 요금은 같은 구간 비행기 요금과 비슷하다. 공항까지 오고 가는 시간을 감안하면 신칸센이 비행기보다 빠르기 때문이다. 이처럼 제품이나 서비스의 가치를 결정하는 데 있어서 고객의 시간 낭비를 얼마나 줄여주는가 하는 것이 중요한 요소가 되고 있는 것이다."

먼저, 제때, 자주

앞서 언급한 김태유 교수는 "4차 산업혁명 시대는 강한 자가 아니라 빠른 자의 시대"라고 했는데 이건희 회장은 이미 20여 년 전에 '속도'에 주목했다. 그런데 고인이 강조했던 건 '빨리'가 아니라 '먼저'였다.

"그동안 우리는 자본이나 기술이 턱없이 부족한 상태에서 시간이라는 경영 자원을 적절히 활용해 짧은 기간 내에 고도성장을 이룩하는 신화를 만들어냈다. 남들이 쉬고 있을 때 더 열심히 일함으로써 빨리 성과를 낼 수 있었다. 우리 건설업계가 해외에서 햇불을 켜놓고 밤샘 공사를 한 것은 유명한 이야기다. 공기 단축과 돌관 작업突貫作業(장비 외 인원을 집중적으로 투입하여 한달음에 해내는 공사-필자 주)은 한국 건설업체의 트레이드 마크로 정평이 나 있다.

반도체 산업이 세계 정상으로 발돋움하게 된 것도 남들은 2년이나 걸리는 공장 건설을 반년 만에 끝낼 수 있었기 때문이다. 우리가 '빨리 경쟁력'을 확보하게 된 것은 남다른 근면과 그것을 촉발한 헝그리 정신 덕분이었다.

그러나 이제는 '빨리'만으로는 안 통하는 세상이 됐다. 국제 경쟁이 치열해지면서 우리의 빨리 경쟁력을 후발 개도국이 답습해 추격해오고 있다. 우리 자신 또한 빈곤에서 벗어난 마당이라 과거와 같은 근면성을 계속 유지하기가 어려워졌다. 그렇다면 지금부터는 시간 경쟁력을 질적으로 한 단계 높이는 것이 필요하다. 바로 '빨리'를 기회를 선점하는 '먼저'의 개념으로 전환해야 한다."

그렇게 해서 내건 캐치프레이즈가 '먼저, 제때, 자주'다.

"나는 삼성의 제2 창업을 선언하면서부터 기회 선점 경영을 특별히 강조해왔다. 신경영 1기 3년 동안에는 질質 중심 경영을 강조해왔지만 신경영 2기부터 '먼저, 제때, 자주'의 스피드 경영을 강조해오고 있다. 반도체 사업이 그 좋은 모델인데, 내 자신이 타이밍의 중요성을 강조하면서 남보다 먼저 개발하고 생산하기 위해 시간과 피나는 싸움을 벌여왔다.

아직도 우리나라 전체적으로 볼 때는 먼저라는 개념이 희박한 상태에 있다. 하지만 반도체를 비롯한 몇몇 분야에서는 세계시장 선점의 가능성이 보인다. 반도체 분야에서는 세계 최초로 256메가 D 램, 1기가 D 램을 개발했고 CDMA 분야에서는 모토로라보다도 먼저 상용화 기술을 개발했다.

앞으로 기업 경쟁의 승패는 시간 자원을 누가 더 먼저, 누가 더 빨리 활용하느냐에 달려 있다고 할 수 있다. 그 하나로《손자병법》의 싸우지 않고 이긴다는 상지상上之上 전략을 경영에 도입하면 남보다 먼저 기술과 제품을 개발하고 시장을 선점할 수 있지 않을까 생각한다."

제록스의 삼고초려

그렇다면 어떻게 해야 싸우지 않고 이길 수 있을까. 우선은 남의 기술을 사오는 것도 중요하다고 했다.

"자체 개발만이 능사가 아니다. 필요할 때는 기술을 사오는 것도 전략이다. (…) 다만 잊지 말아야 할 것이 있다. 그저 돈 주고 물건 사오듯 할 것이 아니라 그 기술을 익혀서 내 것으로 만들겠다는 진지한 자세와 열의가 있어야 한다는 것이다. 배울 때에는 머리를 숙여서 겸손하게 가능한 최대치를 끌어낼 수 있도록 적극성을 보여야 한다. 배우는 처지에 있는 사람이 스스로 뛰지 않거나 심지어 귀찮아하며 '내가 오너인데' 하는 값싼 자존심만 내세운다면 앞선 기술을 가질 자격이 없다."

'제록스의 삼고초려'란 글에서는 이런 에피소드도 소개되고 있다.

"창업 이래 독점적인 지위를 누리며 복사기의 대명사로 군림하던 제록스는 1980년대 들어 캐논이라는 새로운 경쟁자를 맞아 90%를 유지하던 시장점유율이 한때 37%까지 떨어지는 위기를 맞은 적이 있다. 결국 제록스는 세계 최고라는 자만심을 버리고 후발 업체인 캐논을 삼고초려했다. 캐논에 찾아가 원가를 낮추고도 세계적 품질을 유

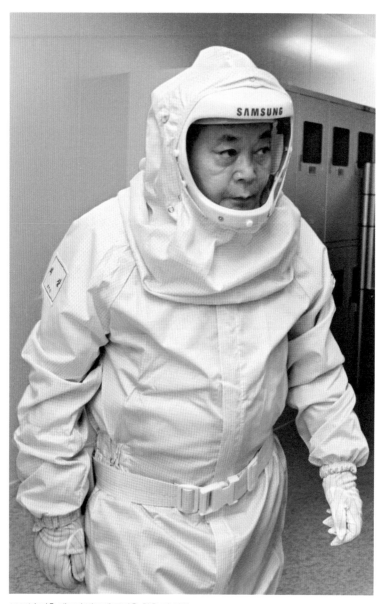

2004년 기흥 메모리 반도체 공장을 찾은 이 회장.

지할 수 있는 비결을 배운 것이다. 벤치마킹이라는 새로운 용어를 탄생시킨 이 프로젝트를 통해 제록스는 과거의 경쟁력을 회복하였고, 마침내 시장점유율을 80%대까지 끌어올릴 수 있었다.

1991년에 회사에서 혁신 운동을 한다고 하기에 우선 분야별로 전문가를 모아서 일본, 미국의 선진 기업부터 샅샅이 둘러보라고 하면서 이제부터라도 최고 기업을 목표로 설정하고 그들에게 배워야 한다고 했다.

그리고 혁신 운동의 성과가 '전년 대비 몇 % 개선' 식으로 채워진다면 아예 보지도 않겠다고 선언했다. 이렇게 해서 시작한 것이 'APRO-S$^{Ace\ Professional-Samsung}$'라는 이름의 경영 혁신 운동이었다. 지금도 회사별로 선진 기업을 꾸준히 벤치마킹하고 있다. 그중 하나로 삼성조선은 미국, 일본, 덴마크 회사들과 매년 수차례 기술 교류회를 갖고 있다.

제록스 같은 초일류 기업도 삼고초려의 고통을 감내하고 후발 업체한테 배우는데 우리라고 못 할 이유가 어디 있는가. 신라호텔 요리사에게 세계 최고급 레스토랑에서 식사를 하고 분위기를 맛보도록 권하는 것도 최고를 모르고는 최고가 될 수 없기 때문이다. 또 최고가 아니더라도 우수한 기업, 우리보다 못한 기업에서도 배울 게 있는 것이며, 망한 기업에서도 타산지석의 교훈을 얻을 수 있다."

이 회장은 기술을 사올 때는 돈을 아끼지 말아야 한다고도 하면서 이번에는 일본 회사 도레이의 경우를 예로 들고 있다.

"도레이가 뒤퐁으로부터 나일론 기술을 들여오기 위해 자본금보다 더 많은 기술료를 냈던 것은 일찍이 기술에 대한 선견지명이 있었기 때문이다. (…) 일본은 1970년대부터 1990년대 초까지 총 370억 달러를 미국 등 외국 기업에 기술료로 지급했다. 기술을 도입할 때는 파는 쪽에서 요구하는 금액을 다 주는 것이 유리하다. 100만 달러를 요구하면 100만 달러를 아낌없이 다 주라는 것이다. 그래야 그들의 실패 사례까지 덤으로 배울 수 있다. 몇 푼 아끼겠다고 기술료를 반으로 깎으면 틀림없이 그들은 10만 달러어치밖에 가르쳐주지 않는다. 삼성이 반도체 사업을 시작해서 1983년에 64킬로비트 D 램을 개발하고 10년 만인 1992년 64메가 D 램을 세계 최초로 개발할 수 있었던 것도 기술료를 그들이 원하는 것보다 더 주었고, 기술자를 영입할 때도 급여를 당시 삼성전자 사장보다 3배나 주면서 기술자의 자존심을 한껏 세워주었기 때문이었다."

변화를 선점하는 안목

이건희 회장은 섬유(제일모직)나 설탕(제일제당)에 집중됐던 삼성의 핵심 역량을 전자 쪽으로 옮겼다. 취임 직후 제2 창업을 선언하면서 '관리의 삼성'을 '기술의 삼성'으로 바꿀 것이라며 더 이상 투입과 산출에 집중하는 리더십은 안 된다고 했다. 1993년 1월 사장단 회의에서 한 말이다.

"지난 3년간 불경기가 왔기 때문에 경기 사이클상 호경기가 올 것이다. 모든 자금과 인력을 기술 투자에 집중하라. 그동안에는 삼성의 기술력이 약했기 때문에 팔고 싶어도 팔 것이 없었고 구색도 안 맞았다. 호경기가 오지 않아도 기술 투자는 경영에 계속 남는 것이다. 언제 해도 해야 되는 것이고, 하면 할수록 좋은 것이다. 늪에서 빠져나가겠다는 절박한 생각으로 해보자."

이어 조목조목 구체적인 지시를 내린다.

"중장비의 경우 유압기 정도의 소극적인 국산화로는 안 된다. 각종 수입 부품을 세밀히 분석해서 적극적으로 국산화하라. 지게차의 경우 현재 국산화율이 70%인데 95%까지 대담하게 올려라. 이런 노력이 없으면 영원히 국제 경쟁력을 가질 수 없고 언제 회사 문을 닫느냐 하는 것만 결정할 일이 남게 된다. 공해 문제로 전기 동력의 중요성이 커지고 있다. 전기 부문 국산화 등 이것저것 자꾸 저지르고 키워라. (…) 상용차를 국산화하는 과정에서 적자가 났다고 너무 신경 쓸 일 아니다. 경영을 잘못했다고 사기 죽을 필요 없다. 어떤 면에선 용기 있고 잘한 것이다. 향후 몇 년간 적자를 감수하더라도 기술이 축적·발전되고 더 이상 일본에 의지하지 않을 정도가 될 수 있도록 국산화에 더 신경 쓰라."

이 회장의 기술 중시 선언은 어떤 면에서는 기존 리더십에 대한 단절을 의미했다. 그것은 곧 아버지와 함께 일했던 사람들, 아버지 리더십에 익숙했던 사람들과의 단절이기도 했다. 조용상 전 일본삼

이건희 회장의 기술 중시 경영은 선대 호암 회장 때부터 시작된 것이었다. 1년 4개월 공사 끝에 1987년 개원한 삼성종합기술원은 훗날 미래 기술 개발과 인력 양성의 산실이 됐다. 기술 추구 정신을 한마디로 표현한 '무한탐구'를 쓰고 있는 호암 회장(위 사진), 1986년 종합기술원 기공식에 호암과 함께 참석한 이건희 당시 부회장(아래 사진 맨 오른쪽).

성 대표이사의 말을 곱씹어보면 이런 분위기가 느껴진다.

"돌이켜보면 부끄러운 마음이 들긴 하지만 저는 오리지널 '관리 출신'이란 프라이드가 강했습니다. (삼성 내 관리 담당 임원 배출의 산실인) 삼성물산이 먼저고 반도체나 전자는 '세컨드 컴퍼니' 정도로 생각했습니다. 그런데 이 회장이 취임하면서 그룹 중심 업종을 물산이 아닌 전자로 택했습니다. 관리부서의 힘을 빼고 전략, 마케팅, 영업 부문에 힘을 실어준 거죠. 세계적인 기업을 만들려면 세계적 수준의 보상을 해야 한다면서 몇백만 달러씩 들여 이 분야 인재를 데려오고 파격적인 포상을 했습니다. 기존 질서에 익숙해 있던 사람들 중에는 당연히 배 아파하는 이들도 있었습니다."

슈퍼컴퓨터를 도입한 사연

박정옥 전 에스원 대표는 삼성전관(삼성SDI 전신)에서 종합연구소장, 삼성 비서실에서 기술팀장 등을 역임하면서 삼성의 기술 발전을 함께한 산증인이다. 순간 수상 방식 브라운관을 직접 개발한 엔지니어이기도 한 그는 삼성의 성장 원동력은 이 회장의 기술 중시 경영이었다고 단언한다.

"회장은 '기술, 기술'을 외쳤지만 직원들이 잘 따라오지 못하고 있다며 답답해하셨습니다. 그러자 어느 날 아예 비서실에 기술팀을 따로 만들었습니다. 품질안전팀, 전산팀, 연구개발팀 등으로 흩어져 있던 조직을 통폐합해 기술자들을 한곳으로 모은 거죠. 이때 진대제, 송문섭, 장준호 등 미국 스탠퍼드대 출신의 막강 멤버들이 모여들게 됩니다."

그는 이 회장의 신경영 선언 2년 전인 1991년부터 비서실 기술팀장으로 일했다.

"회장은 무엇보다 일본을 따라잡기 위한 실천 사항을 정리하라고 지시했습니다. 기술 수준을 빨리 선진화하기 위한 평가와 예측을 강화하고 생산성을 조목조목 따져본 뒤 선택과 집중 전략을 폈습니다. 말로만 한 것이 아니라 행동으로 보여준 거죠."

그러면서 이 회장의 대표적인 실천 사례로 1992년 슈퍼컴퓨터 도입을 들었다.

"당시 국내에 있던 슈퍼컴퓨터는 기상청에 하나, 무슨 대학교에 하나 두 대밖에 없었습니다. 슈퍼컴퓨터를 들여오려면 설치 비용만 80억 원이 넘고, 전산실을 만드는 데만도 15억 원이 들 정도로 막대한 돈

256메가 D램 – 삼성전자 세계최초 개발!

한민족 세계제패

「월드베스트정신」으로 해냈습니다

세계일류를 향한 집념의 10년–
이제, 뭍에서도 물에서도
세계 1위를 이룩한
삼성전자의 긍지입니다.
우리 한국의 긍지입니다.

WORLD BEST

WORLD FIRST

WORLD WIDE

삼성전자

삼성전자가 세계 최초로 개발한 256메가 D램의 의미를 알리기 위해 1994년 12월 낸 신문 광고.
구한말 당시의 태극기를 내세워 D램 시장에서 일본을 제쳤다는 자신감을 표현했다.

이 필요했습니다. 기술 응용에 필요한 컴퓨터 시뮬레이션을 하려면 꼭 필요한 장비였지만 그렇게 큰돈이 들어가니 엔지니어들이 말을 못 하고 있었어요. 이런 상황에서 회장이 선뜻 도입을 결정하니 사람들이 얼마나 놀랐겠습니까.

막상 슈퍼컴퓨터를 들여오자 회장은 특별한 지시나 주문도 없이 '삼성종합기술원에 갖다주라. 갖다주면 잘 갖고 놀 것이다'라고만 하셨습니다. 그런 모습은 직원들에게 최대한 자율성을 주겠다는 생각으로 받아들여졌습니다. 어떻든, 당시 슈퍼컴퓨터가 들어오면서 시뮬레이션을 통해 반도체 소자의 전자회로 해석부터 항공기 구조 해석까지 할 수 있게 되어 삼성의 기술 경쟁력을 확 높일 수 있었습니다."

박정욱은 이 회장이 아예 1991년 3월부터는 신임 임원들에게 기술 중시 경영 교육을 시키기도 했다고 전했다.

"기술을 경영의 핵심 요소로 인식해야 한다면서 '비非기술자는 기술을 알고, 기술자는 경영을 알아야 한다'고 했습니다. 낙후된 기술 수준을 조기에 선진화하는 것, 이게 경영의 최우선 과제이며 이것이야말로 기술 중시 경영이라면서 말이지요. 그리고 기술자들을 끊임없이 독려했습니다. '99.999%에 만족해서도 안 되고 100%여야 된다. 99%까지 왔으니까 다 왔다고 하는 사람들은 오히려 프라이드가 없는 사람들이다. 자존심이 있으면 그럴 수가 없다'면서 삼성의 기술자로서 자부심을 가져야 한다고 수차례 당부했습니다."

그는 이 회장이 칭찬이나 질책보다는 '더 나아가라'는 것을 강조했던 주마가편走馬加鞭형 리더 스타일이었다고도 했다.

"1992년도에 1사 1품에 대한 보고가 있었습니다. '한 가지라도 세계 시장을 석권할 수 있는 초일류 상품을 만들라'는 회장님 말씀에서 시작된 것이었지요. 각 사별로 보고가 다 끝난 후에는 '각 사업본부가 1개 이상 전략 과제를 만들라'는 새로운 지시가 떨어졌습니다. 그러다 보니 당초 19개였던 과제가 65가지로 늘어났지요. 당시 보고를 모두 들으셨던 회장께서 질책보다는 추가를 하거나 수정을 통해 아이디어를 발전시켜준 일이 지금도 생생합니다."

디지털 기술에 적응하지 않으면 살아남지 못한다

이 회장의 1사 1품 확대는 다양한 성과로 이어졌다고 한다.

"과거 비서실에는 기술상이라는 것이 있었는데, 대상大賞은 반도체가 독식하고 있었습니다. 그러다가 회장의 1사 1품 확대 지시가 있었던 1992년에 처음으로 통신 분야가 TDX 교환기로 대상을 받았습니다. 이런 분위기에 힘입어 삼성코닝의 퓨전 글라스, 삼성전자의 완전 평면 TV와 같은 세계 최초 제품이 탄생한 거죠. 그로부터 딱 10년 뒤 '보르도 TV'가 세계시장을 석권하게 된 것도 다 그런 배경이 있었죠. 1사 1품 정책이 빛을 발하면서 그룹 체질이 완전히 기술 중시로 바뀌었다고 할 수 있습니다."

박 전 대표는 "미래를 내다보는 회장의 안목을 생각하면 '귀신이었다'라고밖에 표현할 수 없다"며 이렇게 덧붙였다.

"요즘 벤처업체마다 개발자 확보 경쟁이 치열한데 이미 30년 전인 그 시절에 '소프트웨어 개발 인력 1만 명 육성'을 내걸었습니다. 사람을 어떻게 뽑으라는 구체적인 지시까지 했는데 '전공을 수학이나 전자, 통계에 제한하지 말고 철학 전공자도 좋다. 그 사람 적성과 맞기만 하면 된다'거나 '남자만 한정하지 말고 여자도 뽑아라, 고루한 생각과 편협한 시각으로 개발자 1만 명 육성은 불가능하다'고 했습니다."

이건희 회장은 그 당시부터 일찍이 디지털 마인드로 무장된 사람이었다는 게 그의 말이다.

"1991년도부터 '디지털을 경영학적 상식으로 여기고 개념을 파악해야 한다'는 주문을 했습니다. 중앙일보 임원들을 모아놓고는 '종이가 없어진다는데 준비는 하고 있는가?'라고 물었던 일도 있었습니다. 당시에는 디지털 개념을 소개한 서적조차 전무한 시절이었습니다. 유일한 책이 연세대 박규태 교수라고 전자공학 분야 원로가 쓴 《디지틀 공학》이었는데 '디지털'이 아닌 '디지틀'로 제목이 나올 정도로 생소한 개념이었죠. 이건희 회장이 하도 기술, 기술을 강조하니 제가 그 책을 구해 교육을 시켰던 기억이 있습니다. 그로부터 정확히 10년이 지난 시점에서 디지털이 꽃을 피웠으니 그 정도 안목이라면 '귀신급 레벨' 아닌가요."

고인은 실제로 생전에 "디지털 기술에 적응하지 못하면 개인도 기업도 국가도 살아남지 못할 것"이라고 했다. 20여 년 전에 쓴 글 '디지토피아'는 박 전 대표 말대로 미래를 보는 회장의 '귀신급 레벨의 안목'을 느끼게 한다. 글 중 일부를 인용한다.

"디지털 문명이 우리 생활에 끼치는 영향은 실로 엄청나다. 과거에는 물건을 사려면 시장에 가야 했고, 골프 연습을 하려면 골프장에 가야 했다. 이제는 이런 상식이 흔들리고 있다. 컴퓨터 화면에 떠오르는 물건들을 구경한 다음 선택 키만 누르면 시장에 가지 않고도 물건이 배달되어 온다. 실내에서 스윙만 해도 푸른 잔디 위를 날아가는 흰 공을 볼 수 있다. 집에 있어도 회사에서 일어나는 모든 업무를 체크할 수 있고, 업무 결과는 통신망을 통해 보내면 된다.

지금까지 갖고 있던 시간과 공간에 대한 개념도 바꾸어야 한다. 다가올 미래에는 가짜가 진짜처럼 느껴지는 가상의 세계에 살게 될 것이다. 얼마 전부터 우리 사회에 불고 있는 인터넷 열풍은 그것을 가능하게 하는 대표적 수단이다. 미래는 디지털이 만드는 유토피아, 즉 '디지토피아Digitopia'라 단언해도 좋을 듯하다.

그러나 이는 반드시 핑크빛 '디지토피아'만을 의미하지는 않는다. 지금 세계 각국은 자국의 디지털 기술과 제품을 세계 표준으로 만들기 위해 치열한 각축전을 전개하고 있다. 세계 유수의 전자업체들도 서로 편을 달리하여 다국적 연합군을 구성하고 생사를 건 기술 개발, 제품 개발 경쟁을 벌이고 있다. 우리에게 디지털 사회는 엄청난 재도약의 기회를 가져다줄 것이 틀림없지만 자칫 잘못하면 그나마 1만 불 소득을 가능케 한 산업 시대의 경쟁력마저 무용지물로 만드는 위협이 될 수도 있다.

과거 산업 시대의 우리 경제 발전 전략은 선진국으로부터 사양산업을 인수하고 기술을 이전받아 모방하는 것이었다. 그러니 기술 격차가 20년 이상 나는, 영원히 뒤쫓아가는 후발국일 수밖에 없었다. 그러나 다행히 디지털 분야는 아직 미개척 상태이고 비교적 선진국과 기술 격차가 그리 크지 않은 분야이므로 우리가 하기에 따라서는 디지털 선진국 진입도 불가능하지는 않다고 본다. CDMA 등 디지털 분야에서 몇 가지 세계를 선도하는 기술은 이러한 전망을 더욱더 밝게 해준다.

1998년 승지원에서 미래학자 앨빈 토플러와 대담하고 있다. 가운데는 통역을 맡았던 황영기 전 삼성증권 사장. 이건희 회장은 생전에 넓고 깊은 해외 인맥으로 유명했다. 개인적인 친분을 넘어 해외석학이나 선진국 최고 기업들의 주요 최고경영자CEO들을 수시로 초청해 자문하고 조언을 들었다.

기회는 변화를 선점하고 맞이할 준비가 되어 있을 때 찾아오고 주어진다. 우리도 디지털 시대의 승자가 되기 위해서는 지금부터 디지털 산업을 국가 전략산업으로 선정하고 그 육성에 국력을 집중해나가야 한다."

이 회장은 평소에 "근거 없는 두려움과 이기주의 때문에, 또는 현실성이 없다는 이유만으로 건전한 제안과 건의를 무시해서는 안 된다"면서 기술자들의 의견을 존중하고 대우해주어야 한다고 했다. 기술자를 단순히 '장이'로 치부하는 문화가 되어서는 새로운 패러다임이 지배하는 사회에 적응할 수 없다는 거였다.

글 '퇴계학의 재조명'을 통해 조선 중기 퇴계학을 현재 시점에서 다시 보아야 한다고 역설한 것도 같은 맥락이다.

"조선 중기 학자 퇴계 이황 선생은 국력을 키우기 위해 오늘날의 고속도로 개념인 신작로新作路를 전국에 걸쳐 동서로 다섯 개, 남북으로 세 개씩 만들 것과 집집마다 소를 두 마리씩 기를 것을 조정에 건의했다. 당시 조정의 모든 대신들은 한결같이 반대했다. 큰길을 내면 오랑캐가 쳐들어오기 쉽다는 소극적이고 패배주의적인 이유에서였다. 만일 그때 조정이 퇴계 선생의 제안을 받아들였다면 우리 역사가 크게 달라졌을지도 모를 일이다.

큰길을 내려면 대형 건설·토목 장비가 필요하고, 그런 장비를 만들기 위해서는 강한 쇠를 많이 쓰게 되니까 철강업이 발달했을 것이고, 그 결과 병기를 만들 능력이 생겨 임진년에 시작된 전쟁에서 일본에 초전부터 그토록 무참히 당하지는 않았을 것이다. 철기가 발달하면 국토 개발과 함께 영농 기술도 발전하게 되니 농업 생산량이 증대했을 것이고, 수송 수단이 발달하고 큰길을 따라 물자 수송이 원활해져 경제가 크게 발달했을 것이다. 소를 기르게 되면 사료 생산과 저장법뿐 아니라 우생학, 수의학 등이 발달하면서 인간과 동물의 공생이라는 공동체 원리가 사회 전반에 자리 잡았을 것이다. 더구나 소를 많이 기르려면 사람들이 말을 타게 되고 쉴 곳을 위해 그늘이 필요하니 식목도 하게 되었을 것이다. 말과 소가 소득을 가져와 목축업이 부흥할 뿐만 아니라 전시에는 기마병을 만들어서 전투력이 높아졌을 것이다."

이 회장은 이어 "한 국가가 일류가 되기 위해서는 부富와 강强만 갖고는 안 되며 그 사회를 지탱하는 지도적 원리가 있어야 한다"며 "특히 새로운 세기로 넘어가는 시기에는 지각 변동에 비유될 정도의 변화가 닥치는 만큼 이를 수용할 수 있는 새로운 패러다임이 요구되는데 아직도 우리 사회는 사농공상士農工商의 서열 의식이 뿌리 깊어 안타깝다"고도 했다. 그러면서 신新사농공상론을 펼친다.

"우리는 기술 개발에 많은 투자를 하고 있고 경제 발전이 필요하다고 하면서도 은연중에 기술자를 '장이'로, 상인을 '장사꾼'으로 가벼이 여기고 있다. 아직도 사농공상士農工商의 서열 의식이 뿌리깊기 때문이다. 이러한 사고방식에서 하루빨리 벗어나지 않으면 우리는 기술과 경제가 주도하는 국제사회에서 더 이상 발돋움하기가 어려워진다. 국제사회에서는 기술이 뛰어난 나라가 큰소리치며 떵떵거리고 있고, 장사 잘해서 돈 많이 번 나라가 경제는 물론 정치까지 주도한다.
퇴계 선생 역시 이 시대에 살아 있다면 '신新사농공상'을 얘기했을 것이다. 그런 가정이 실현됐다면 사士는 수준 높은 이론으로 든든한 받침이 되어주고, 농農은 풍성한 수확으로 국민의 힘이 되어주며, 공工은 좋은 기술로 사람들이 편히 살아가는 물질적 환경을 만들어주고, 상商은 깔끔한 매너로 국제사회를 멋지게 리드해나가지 않았을까."

한편 박정욱 전 대표는 기술 경영과 관련해 이 회장의 인간적인 모습도 전하고 싶다고 했다.

"회장은 손님이 있는 경우만 제외하고 팀장들에게 언제든 방에 들어와 '거짓말 말고 있는 대로 느낀 대로 이야기해달라'고 했습니다. 하지만 많이 하진 못했습니다. 돌이켜보면 따뜻하고 정이 많은 분이었습니다. 특히 기억에 남는 건 해외 출장 갈 때 인사를 드리러 가면 꼭 와이프 선물을 챙겨오라고 1000달러, 2000달러를 주셨습니다. 그런데 조건이 하나 붙었죠. '전자 제품 중에 가장 탐나는 것으로 사고 그 이유를 내게 설명하라'는 거였습니다. 귀국해서 사온 선물을 보여드리면 '잘했다'라든지 '이 제품은 더 알아보라'는 강평을 하기도 했습니다. 선물 살 돈을 주시면서도 그냥 하시는 게 아니라 인심도 쓰시고 일도 시키고 한 거죠(웃음)."

모두가 이기는
지혜를

이건희 회장은 '전자업의 개념'이 제당이나 섬유 사업처럼 대규모 설비가 필요한 장치산업이 아니라 수많은 부품의 조합이 필요한 '조립산업'이라는 데 주목했다. 그러면서 강조한 것이 중소 부품업체와의 협력관계였다. 대기업과 중소기업 관계를 도덕적 시각이 아니라 '업의 개념'적 측면에서 생존의 문제로 받아들인 것이다. 그의 글 '2인 3각'의 일부다.

"양산 조립을 주축으로 하는 현대 산업사회에서 협력회사의 역할을 제외하고 대기업의 경쟁력을 논할 수가 없다. 우선 대기업이 독자적으로 제품을 완성한다는 것이 현실적으로 불가능하다. 자동차의 경우 부품이 2만 개, VCR는 800~900개인 것을 감안하면 제품 하나에 70~80% 이상은 중소기업에서 생산되는 부품에 의존할 수밖에 없다. 완성품이 소비자에게 전달될 때까지 거치는 수많은 공정 중 상당 부분도 협력회사가 맡게 된다. 만약 어느 한 곳에서 불량품이 발생하면 그동안 투입한 부품, 노동력, 자금 등 자원에 막대한 손실이 발생한다. 지금까지 많은 대기업들은 중소기업을 하청下請업체라 부르며 마치 상전이 하인을 대하듯 해왔다. 지금도 환갑이 넘어 보이는 중소기업 사장이 대기업의 새파랗게 젊은 사원이나 간부에게 거래대금을 받기 위해 굽실거리는 장면을 가끔 볼 수 있다. 중소기업을 공존·공영의 동반자가 아닌 원가 절감의 대상으로만 인식해온 것도 사실이다.

이런 수직 관계에서 비롯된 일방적 거래는 대기업에도 커다란 손실을 가져왔다. 마지못해 납품 가격을 인하하고 낮은 마진을 감수해야 했던 중소기업들은 '검사에만 안 걸릴 정도로 적당히 넘어가자'라는 생각에 빠지게 되었다. 또 품질 향상에 대한 동기부여가 적었기 때문에 불량률이 높아졌고 납기 지연을 당연하게 여겼다. 결국 대기업은 품질에 대한 고객의 신뢰라는 자산과 당장 손에 잡히는 원가 절감을 맞바꾼 셈이 된 것이다."

협력업체와의 관계를 말할 때 이 회장이 만들어낸 말이 '구매의 예술화'다. 신경영 선언 때 한 고인의 육성이다.

2012년 베트남 사업장을 방문해 직원들과 함께한 모습.

"올해(1993년)만 해도 삼성그룹 총 구매액이 9조8000억 원, 품목 수는 52만5000개, 구매업체 수는 1만9000개에 달한다. 제조 원가에서 차지하는 원자재비 비율이 삼성전자는 60~70%이고 신세계가 75%, 물산이 99%다. 전체 원가의 평균 50~60%를 협력업체에 의존하는 상황이니 사업의 성패는 구매 단계에서 이미 결판이 난다고 해도 과언이 아니다.

종합상사나 백화점의 경우는 대기업의 생존권 자체를 중소기업이 쥐고 있다고 봐야 한다. 중소기업 사장들을 존중해줘야 삼성에 대한 충성심이 생기고 물건도 잘 만들자고 생각할 것 아닌가, 갑甲으로 여겨지는 삼성이 갑질을 안 하고 잘해주면 더 감동하지 않겠나. 구매를 예술 수준으로 끌어올려라."

삼성은 조달청에 버금가는 큰손

'구매의 예술화'와 관련해서는 기외호 전 사장의 증언이 생생하다. 그는 비서팀장을 하다가 신경영 선언이 선포되기 직전인 1992년 삼성전자 구매 담당 임원으로 자리를 옮기면서 '구매의 예술화'를 현장에서 실행하는 일을 진두지휘하게 된다. 그의 말이다.

"1993년의 경우 삼성전자는 해외에 2000여 개, 국내에는 무려 3000

여 개에 달하는 '협력회사'가 있었습니다. 이들 회사로부터 부품과 설비를 매년 수조 원씩 사들였으니 조달청을 넘어서는 대한민국 제일의 큰손(?)이었다고 할 수 있겠지요. 품목 수만 5만 개가 넘었습니다."

그는 이 대목에서 조립과 장치산업의 차이를 더 짚고 넘어가야 한다며 이렇게 부연했다.

"기존에 삼성의 주력 사업이었던 모직이나 제당, 또 포스코 같은 철강 기업은 원당, 원모, 철광석 같은 원재료를 투입해 완제품인 설탕, 섬유, 철강을 만드는 산업입니다. 어마어마한 설비가 필요하지요. 이런 장치산업은 예를 들어 총 생산량이 1만 톤이라고 할 경우 불량률이 1%라고 할 때 불량품만 버리면 됩니다. 하지만 전자 같은 조립산업은 부품 하나, 재료 하나하나가 완성품의 품질을 좌우합니다.

휴대폰만 봐도 아무리 다른 걸 다 잘 만들어도 버튼 만드는 중소기업이 불량품을 납품하면 휴대폰 자체가 불량이 되는 이치이지요. 자동차도 엔진이 아무리 좋다고 해도 기름이 새거나 창문이 잘 닫히지 않으면 차 자체가 불량품 아닙니까. 조립과 장치산업은 이처럼 업의 개념이 완전히 다릅니다. 시장에서 배추 한 포기 사봤을 리 없을 이건희 회장이 '구매의 예술화'를 꺼내든 것은 이처럼 업의 개념에 대한 확실한 이해에서 출발한 것이라고 할 수 있겠지요."

일의 격을 높여라

이 회장은 왜 군이 구매라는 말 앞에 '예술'이란 말까지 붙였을까. 기외호의 추측은 이렇다.

"그만큼 구매 담당자 한 사람 한 사람이 자기 일에 대한 격을 높여야 한다는 뜻이라고 생각합니다. 물건을 사는 구매부서는 어떤 회사든 갑甲의 입장입니다. 크든 작든 비리가 생길 소지가 있고, 비리까지는 가지 않더라도 '내가 당신네 회사 물건을 사주는데'라는 식으로 목에 힘을 줄 수 있는 자리입니다. 회장은 이런 문화를 바꾸려면 구매 담당 직원들의 품격과 능력이 한 차원 높아져야 한다고 생각했습니다. 예술에는 영혼이 들어가는 것 아닙니까. 각자 자기 본업에 영혼을 불어넣는 구매 예술가가 되어 멋지게 한번 해보라는 의미로 받아들여졌습니다."

여기서 잠깐, 손욱 전 원장을 만났을 때 '구매'라는 업의 본질에 대해 들은 말이 기억나 소개하고 싶다. 그의 말이다.

"1979년인가 이탈리아에서 온 한 구매 전문가가 삼성이 만드는 압축기 3분의 1을 사겠다고 했습니다. 우리로서는 빅딜이었습니다. 그 사람은 일본 마쓰시타와도 협상 중이라고 하면서 삼성과 경쟁을 붙여

한 푼이라도 더 싸게 사려고 했습니다. 너무 터무니없이 싼 가격을 요구해 '안 된다'고 하자 완전히 다른 제안을 했습니다. 자기가 압축기 원가 구조를 분석해보니 제일 많이 차지하는 게 구리라면서 삼성이 사는 것보다 30% 싸게 공급하는 회사를 소개해주겠다는 겁니다. 구리 말고 다른 원자재도 글로벌 소싱을 통해 지금보다 더 싸게 조달해주겠다면서 말이지요."

손 전 원장은 당시 그의 말보다 그가 내민 노트에 눈길이 갔다고 한다.

"노트를 들여다보니 압축기 가격, 원가 구조, 부품·소재 가격은 물론 관련 글로벌 소재 기업 리스트가 죽 망라돼 있더군요. 이 모두를 조합해낸 가격 시뮬레이션도 다 적혀 있었고요. 아, 이 사람은 우리보다 삼성을 더 잘 알고 있구나 싶어서 충격을 받았습니다. 당시 우리는 그저 '깎아달라, 안 된다'며 입씨름을 벌이던 수준이었거든요."

손 전 원장으로서는 치밀한 원가 분석을 통해 글로벌 업체들의 부품 생산 및 조달 방법을 훤히 꿰면서 상대를 쥐락펴락하는 구매 전문가를 처음 본 것이었다. 협상은 결렬됐지만 구매라는 게 그 어떤 분야보다 과학적인 분석이 필요한 분야라는 걸 절감했다고 했다.

장인의 예술화, 용역의 예술화

이건희 회장은 '구매의 예술화'를 '용역의 예술화', '장인의 예술화'란 말까지 확장시켰다. 불량품을 줄이기 위해서는 협력업체 사람들을 잘 대해주고 대금 결제를 빨리 해주는 걸 넘어서 아예 자금과 기술까지 제공해 이들의 수준을 한 차원 끌어올리라는 거였다. 1993년 도쿄 회의에서 한 말이다.

"내가 평소 말해온 '5가지 Why'가 무엇인가? 사물의 근원을 찾아내는 것이다. 왜 불량이 나는가? 조립 불량인가, 부품 불량인가, 납땜 불량인가? 파고들어가면 알 수 있다. 이익이 당장 나지 않아도 좋다. 종업원, 작업반장, 협력업체까지 다 모아서 개선 방법을 찾아라. 상품에 대한 지식으로 무장해 협력업체를 교육시키고 자금과 기술력을 제공해 관련되는 수십 개 협력회사를 높은 차원으로 끌어올리는 것이 우리가 하는 조립업이라는 업의 개념이다. 부품을 만드는 수십, 수백 개 협력업체를 잘 키우는 일, 이것이 바로 '장인의 예술화'이다. 협력업체를 등쳐서 싸게 사는 것, 잔재주 부리는 것, 우리만 덕 보자는 것은 '예술'이 아니다. 협력업체가 살아갈 수 있도록 기술도 키워주고, 자금도 도와주는 게 예술이다."

그러면서 일본 기업들보다 마진을 더 주라고도 한다.

2006년 삼성물산이 시공한 두바이의 초고층 빌딩 부르즈 두바이 건설 현장을 찾아 직원들을 격려하고 있다.

"일본 수준으로 불량률을 낮출 수 있다면 적자가 나도 좋으니 협력 업체에 10억~20억씩 선금을 줘도 좋다. 샤프나 산요보다 마진을 더 주라. 그렇게 해서 삼성 제품이 시장에서 샤프 제품과 같은 값을 받을 수 있다면 그게 바로 샤프가 타도되는 것이다. 쓸데없이 '샤프 타도' 떠들어봐야 좋을 게 없다. 지금 샤프가 우리한테 부품도 안 팔려고 하지 않는가. 조용히 실력을 키우면 될 것을 '타도하겠다'고 목소리를 높여서 상대방이 경계하고 담을 쌓도록 만드는 건 어리석은 짓이다."

떡이 된 휴대폰을 단박에 고친 우에다

이건희 회장이 역점 사업으로 추진했던 일본인 고문 활용은 '용역의 예술화'를 말이 아닌 행동으로 보여준 상징적인 일이었다고 한다. 다시 기외호의 말이다.

"1991년으로 기억하는데 당시 삼성전자 휴대폰은 통화 중에 수시로 끊기고 상대방 목소리도 잘 들리지 않아 삼성 임원들도 쓰기 꺼릴 정도였습니다. 게다가 키패드Key-pad(문자와 번호판)가 지금처럼 터치 패널식이 아니라 버튼식이었는데 좀 쓰다 보면 일부 버튼은 누르면 다시 올라오지 않는 문제까지 나왔습니다. 업계 용어로 '떡'이 되는 거였죠. 버튼 속에 있던 스프링 탄력이 떨어지면서 생기는 문제였습니다. 해외에서도 '버튼에 문제가 많다'는 클레임이 오기 시작했습니다."

그가 경기도 변두리에 있던 납품업체 공장을 헐레벌떡 찾아갔더니 업체 사장은 도리어 "우리가 성의가 없거나 원가 절감하려고 나쁜 재료를 써서 그렇게 된 게 아니다. 밤을 새워가며 고쳐보려 해도 되지 않으니 정말 죽을 노릇"이라며 울다시피 하소연하는 것 아닌가. 정말 난감한 상황이었다. 그때 기외호의 뇌리를 스치는 한 사람이 있었다고 한다.

"무거운 마음으로 회사로 돌아오는데 불현듯 일본인 고문으로 와 있던 우에다 씨 생각이 났습니다. 일본 회사 퇴직 후 삼성으로 건너와 일하고 있었는데 금형, 사출성형 전문가였습니다. 급히 그를 불러 현장에 급파(?)했더니 아니나 다를까, 바로 원인을 파악해 해결책을 내놓는 것 아니겠습니까. 업체 사장과 직원들은 만세를 불렀습니다. 우에다 고문은 고졸이었는데 서울대 공대 나온 기술자들도 해결하지 못했던 것을 단박에 해결했던 겁니다. 하기야 일본 공장에서 그런 유의 시행착오를 수없이 경험했던 사람이니 어찌 보면 당연한 거였습니다."

그는 이 밖에도 많은 부분에서 일본인 고문들의 도움을 받았다고 회고했다.

"휴대폰 겉면이 소니 것처럼 반짝반짝 윤이 나지 않는 문제도 이유를 알지 못해 전전긍긍했는데 결국 일본인 기술자들이 해결했습니다. 선진 기술과 현장 경험의 노하우가 그토록 귀하다는 걸 여러 번 깨닫는 순간들이 있었죠."

그러면서 이건희 회장이 왜 그렇게 큰 비용을 들여 일본인 고문들을 영입했는지를 새삼 깨달을 수 있었다고 한다.

"다들 기억하다시피 당시 전자산업을 선도했던 나라는 미국도, 독일도 아니고 일본이지 않았습니까. 세계 최고 산업 현장에서 산전수전 다 겪은 기술자들이니 얼마나 노하우가 많았겠습니까. 처음에는 일본인 고문들을 활용하라는 회장 지시를 마뜩지 않아 하는 사람들도 있었습니다. 집과 차를 주고 기사에 비서까지 붙여주려면 엄청난 비용이 들어가는데 돈이 아깝다, 말이 안 통해 거추장스럽다는 분위기도 있었지요. 하지만 앞서 키패드 불량 사례에서 보았듯이 도저히 우리 실력으로 안 되는 문제 한 건만 해결해도 그 사람들 채용한 본전을 뽑는 거 아니겠습니까. 중소기업 입장에서 무슨 재주로 일본인 기술자를 데려다 쓸 수 있겠습니까. 회장은 바로 그런 애로사항들을 삼성 같은 모기업이 해결해주어야 한다는 거였습니다. 기술 경영의 확장이라고 할 수 있겠지요."

중소기업인력개발원 설립

이건희 회장은 중소기업들을 위해 아예 교육기관을 세우는데 바로 경기도 용인 문수봉 산자락에 있는 중소기업인력개발원이다. 매년 전국의 중소 벤처 소상공인들이 찾아와 교육을 받는 연수시설인데 대규모 빌딩에 잔디구장까지 갖췄다.

건물 입구 비석에는 '중소기업인의 열망과 이건희 회장의 뜻이 함께하여'라는 글귀가 새겨져 있다. 이 회장의 지시로 삼성이 만들어 중소기업중앙회에 기증한 것이다. 연수원 추진 시작부터 관여한 이상대 전 삼성물산, 삼성엔지니어링 부회장 말이다.

"회장은 중소기업들이 장기적으로 국제 경쟁력을 가지려면 역시 사람을 키워야 한다면서 직접 연수원을 만들어 중소기업중앙회에 기증하겠다고 제안했습니다. 중앙회 입장에서야 당연히 오케이였죠. 회장은 우선 시설 면에서 삼성 연수원보다도 더 좋아야 한다고 했습니다. 그래서 우리 팀은 해외 연수원 시설을 둘러보는 벤치마킹 출장을 많이 다녔습니다. 회장은 짓고 나서 나 몰라라 하지 말고 삼성인력개발원이 교육뿐 아니라 건물 운영까지 맡으라고 했습니다."

김기문 중소기업중앙회장은 이건희 회장 별세 다음 날인 2020년 10월 26일 언론 인터뷰에서 "창문 틀부터 칠판 하나까지 삼성 연수원과 똑같은 것으로 꼼꼼하게 챙기셨다"고 회고했다.

드디어 연수원 준공식을 하던 날, 현장 호응은 굉장했다고 한다. 이상대 전 부회장은 "수백여 명이 '이건희, 이건희'를 연호하며 서로들 달려가 '회장님 고맙습니다' 인사하느라 왁자지껄했다"며 "회장님도 너무 기분이 좋아 보였다"고 했다.

이날 개원식에서는 이건희 회장에게 가위가 전달되지 않은 상태에서 테이프 커팅식이 진행되는 작은 '의전 실수'가 있었는데, 이 회장이 환하게 웃으며 손가락으로 가위 모양을 하면서 커팅하는 시늉을 해 좌중에 웃음이 번졌다고 한다.

다시 이 전 부회장 말이다.

"회장은 이후 삼성스포츠센터를 만들어 중소기업 간부들과 삼성 간부들이 만나 함께 운동하고 대화하는 소통의 장을 만들라고까지 했습니다. 중소기업의 애로사항뿐 아니라 삼성을 어떻게 생각하는지를 알아야 한다면서 말이지요."

1994년 12월 경기도 용인에서 열린 중소기업개발원 기공식과 1997년 4월 개원식에 모두 참석한 이건희 회장.

2002년 중기중앙회는 이건희 회장에게 감사패를 전달한다. 이 회장은 "중소기업한테 패를 받기는 처음"이라며 기뻐했다고 한다.

새끼 거북에게 배우는 지혜

평소 동물 다큐멘터리를 즐겨 보았던 고인은 글 '새끼 거북에게 배우는 지혜'에서 "파이를 독점하는 이기주의는 일시적으로는 득을 보는 것 같지만 장기적으로는 모든 것을 잃는다"면서 협력해서 파이를 더 키워 나누는 상생의 지혜가 필요함을 강조하고 있다.

"어미 바다거북은 산란기가 되면 바닷가로 올라와 500개에서 많게는 1000개의 알을 낳는다. 모래 속 깊이 구덩이를 파고 한 번에 100개가량을 낳은 뒤 모래를 끌어모아 덮는 식으로 10여 차례에 걸쳐 낳는 것이다. 그럼, 새끼 거북들은 어떻게 이 모래 속에서 빠져나올까. 100마리나 되는 새끼들이 뒤엉킨 상태일 텐데 어떻게 그 좁은 구덩이를 빠져나올 수 있을까.

동물학자들이 관찰한 결과 역할 분담과 협력을 통해 빠져나온다는 것이 밝혀졌다. 구덩이에서 막 깨어난 새끼들 중 꼭대기에 있던 녀석들이 천장을 파내고, 가운데 있는 것들은 벽을 허물고 밑에 있던 새끼들은 떨어지는 모래를 밟아 다지면서 다 함께 구덩이 밖으로 기어 나오더라는 것이다. 또 실험하면서 알을 한 개씩 묻어놓았더니 27%, 두 개씩 묻어놓았을 때는 84%, 네 개 이상 묻어놓았을 때는 거의 100%가 알에서 나와 구덩이 밖으로 탈출했다고 한다. 이처럼 새끼 거북들은 협력을 통해 구덩이에서 대탈출을 하는 데 성공한다."

고인의 상상력은 기업 경영에 대한 더 넓은 비전으로 확장된다.

"오늘날 세계의 흐름 역시 반목과 대립에서 벗어나 경쟁자에게도 내 것을 주고 협력함으로써 더 큰 것을 얻는 방향으로 가고 있다. 그러나 국내 사정을 돌아보면 우리는 아직도 좁은 테두리의 소모적 상쟁에서 벗어나지 못하고 있다. 파이를 키우기보다 얼마 되지도 않는 파이를 나누는 데 귀중한 시간과 정력을 소비하고 있다. 나눌 몫이 적다 보면 피를 나눈 가족도 이기적인 갈등을 겪고 대립하게 마련이다. 아직 우리는 파이를 더 크게 키우는 일에 힘을 쏟아야 하는 단계에 있다. 대승적 차원에서 서로 양보하고 화합하는 상생의 길이 장래 더 큰 몫을 가져다주는 지름길이 될 것이다."

이 회장은 기업 활동이란 것이 기본적으로 경쟁의 세계이지만, 경쟁이란 게 남을 시장에서 몰아내는 게 아니라면서 이렇게 덧붙인다.

"기업 경쟁의 본질은 어디까지나 자기가 성장하고 이익을 내기 위한

2005년 6월 태국 삼성전자, 삼성전기 사업장 방문 모습.

것이지 경쟁 기업을 시장에서 몰아내는 게 아니다. 더구나 우리 기업들은 세계적인 경쟁력을 갖춘 다국적 기업들과 국내 시장에서 일대일로 맞서야 하는 상황에 처해 있다. 자칫하면 우리 기업 상당수가 언제든 무너질 가능성이 있다. (…) 기업 활동은 경쟁하면서도 공존하고 발전할 수 있는 여지가 얼마든지 있다. 역사의 흐름이나 사회 발전 흐름으로 보더라도 반목과 대립의 시대는 지났다. 완승하거나 완패하는 게임, 모든 것을 얻거나 잃어버리는 게임보다는 모두가 이기는 상생의 지혜를 발휘해야 한다."

이건희 회장은 직원들에게 중소기업들을 하청업체가 아닌 '협력업체'라 부를 것을 주문했는데 이 용어를 고인이 만들어냈다는 것은 잘 알려지지 않은 사실이다. 고인이 책에서 한 말이다.

"삼성이 국내에서 처음으로 하청업체가 아닌 협력업체라는 용어를 사용하기 시작한 것도 바로 중소기업의 중요성을 조직 내에 널리 인식시키려는 의도에서였다."

이와 관련해 배종렬 전 제일기획 사장은 이렇게 말한다.

"실제로 회장님은 자기 나름대로 전문용어를 많이 만들었어요. 커뮤니케이션을 심플하게 하려면 '서로가 빨리 말을 알아들어 상황을 장황하게 설명하지 않아야 한다'면서 삼성에서만 통하는 용어들을 만들었는데 한 100여 가지가 되는 것 같아요. 상생이란 말도 지금은 너도나도 쓰지만 당시에는 생소한 단어였습니다."

이건희 회장은 파천황이었다

야마자키 가쓰히코

야마자키 가쓰히코山崎勝彦 씨는 일본 니혼게이자이신문 서울 특파원으로 일할 때 호암과 인연을 맺은 뒤 17년간 교류했고, 이건희 회장과도 깊이 교유해온 사람이다. 1959년 와세다대 정경학부를 졸업하고 니혼게이자이신문에 입사한 후 도쿄 본사 사회부장, 오사카 본사 편집국장을 지냈다.

필자는 지금으로부터 10여 년 전인 2010년 호암 탄생 100주년을 계기로 그가 펴낸 호암 평전 《크게 보고 멀리 보라》 출간 일로 서울에 온 그를 인터뷰한 적이 있다. 그는 2020년 이건희 회장 별세 직후에는 삼성 사내보와도 장시간 인터뷰를 한 적이 있는데 어디에도 공개된 적은 없다. 그의 회고는 이건희 회장의 취임 초기부터 이 회장이 한국 산업사에 끼친 영향과 역할, 사상가와 철학자로서의 면모, 또 고인을 향한 인간적인 그리움이 모두 담겨 있는 귀중한 자료로 보인다. 문장은 필자가 임의로 다듬었다.

우선 선대 회장님인 호암 이병철 회장과 처음 만나게 된 계기를 말씀해주십시오.

"1970년 3월 말 서울 특파원으로 부임하면서부터였습니다. 경제 신문 기자였으니만큼 경제에 매우 관심이 많았기 때문에 당연히 만나고 싶고 또 만나야 하는 사람이었죠.

부임한 다음 달 중순이었던 것으로 기억합니다. 부임 인사도 할 겸 인터뷰 요청을 했습니다. 그랬더니 흔쾌히 응해주셨습니다. 당시 주로 계셨던 곳이 중앙일보 구사옥 건물 4층인가였던 것 같습니다. 거기 있던 회장실로 처음 찾아뵙게 되었습니다."

이건희 회장님과는 그때 처음 만났다고 들었습니다.

"예. 당시 회장실 앞에 방이 하나 있었어요. 그 방으로 들어가보니 '이쪽으로 오십시오'라고 안내해주셨던 분이 이건희 부회장이었습니다. 호암을 뵙고 돌아가는 길에 이 부회장과 선 채로 이런저런 이야기를 나누었습니다. 잘 부탁드린다는 인사를 하고 돌아왔습니다."

그는 당시 제일 궁금했던 것이 호암 이후 삼성의 후계 구도였다고 했다.

"신문기자이니 누구를 만난다고 하면 사전 준비를 합니다. 삼성에 대해서도 어느 정도의 사정은 알고 있었습니다. 당시 (선대) 회장님도 연세가 있으셨고 당연하게도 후계 문제가 있었습니다. 삼성이 어떻게 이렇게 큰 기업으로 성장할 수 있었는가도 물론 큰 관심사였지만 누구에게 물려줄 것인가 하는 것은 당연히 저도 궁금한 사안이었습니다. 아들이 세 분 있다는 것을 잘 알고 있었기 때문에 장남이 물려받겠지 생각했었는데 분위기가 그렇지 않았습니다. 호암께서는 언젠가 제게 '장남도, 차남도 아니고 3남을 생각하고 있다'고 하셨습니다. 그래서 이 부회장을 처음 뵌 순간, 이분이 차기 회장이 되겠구나 생각했습니다."

이건희 회장과의 재회는 몇 년 뒤 호암이 별세했을 때 이뤄졌다고 한다.

"신문사 사장을 대신해 제가 조문을 갔었습니다. 빈소에 갔을 때에는 아무도 없었고, 이 부회장 혼자 앉아 계셨습니다. 조의를 표하고 돌아서는데 '잠깐만요' 부르시더니 저를 별실로 안내하셨습니다."

무슨 말씀을 하셨나요.

"'부모님들이 그러셨듯 앞으로도 잘 부탁드립니다'라고 하셨습니다. 저는 '불사이군不事二君', 즉 한 임금을 섬기면 그다음 대代는 섬기지 않는다는 철학을 갖고 있었기 때문에 호암 별세 이후 삼성과는 관계가 끝이겠구나 생각했습니다. 그랬는데 그렇게 말씀을 하시니 '도와드릴 수 있는 부분이 있으면 최대한 돕겠습니다. 편하게 말씀주십시오'라고 답하고 도쿄로 돌아왔습니다. 당시 이 부회장이 상당히 긴장하고 계시다는 걸 느꼈습니다. 아버님의 갑작스러운 별세로 무거운 중압감에 짓눌려 있다는 게 느껴졌습니다."

그는 그로부터 한 달 뒤 일본에 온 이 회장으로부터 저녁 초대를 받았다고 한다.

"도쿄 오쿠라호텔 지하 식당에서 일식을 사주셨는데요. 직원들 앞에서 첫 연설을 어떻게 하는 게 좋을까 등 여러 질문을 하셨습니다. 저는 마음을 있는 그대로 내보이면서 하고 싶은 말을 솔직히 하시라고 조언했습니다. 그런 모습을 절대 나쁘게 보는 직원들은 없을 거라면서 말이지요."

1993년 신경영 선언 직전엔 교토에서 만난 적도 있다고 했다.

"제가 오사카 본사 편집국장으로 일할 때였습니다. 교토에 있는 유명한 음식점에 초대받아서 식사를 함께한 적이 있는데 '가까운 시일 내에 재미있는 일이 있을 것'이라고 하셨습니다. '언제 무슨 일입니까'라고 여쭈었더니 '그건 정확히 모르겠지만 곧 반드시 뉴스거리가 될 만한 일이 있을 테니 기대하고 있으라'고 하셨습니다. 다름 아닌 프랑크푸르트에서의 신경영 선언이었습니다. 소식을 듣고 정말 깜짝 놀랐습니다. 그때 말씀하셨던 것이 그거였구나 하고 나중에 이해했던 기억이 납니다. 그즈음에 뵌 이 회장님은 경영에 자신감을 가지신 듯 보였습니다. 이제 당신이 전면적으로 앞에 나서겠다는 결단을 내리신 것 아닌가 하는 추측이 들었으니까요. 호암 회장님이 돌아가시고 5, 6년 정도 많은 것들을 축적하신 듯했습니다. 신경영 선언 이후에는 거의 뵙지 못했습니다."

그 후 선대 회장님 별세 10주기 때인 1997년에 한국에서 다시 만나셨다고 들었습니다. 어떤 말씀을 나누셨나요.

"행사가 끝난 뒤 대기실 뒤편에 마련된 사무실에서 잠깐 뵈었습니다. 너무 반가웠는데 부축을 받고 들어오셔서 약간 놀랐습니다. 회장님 혼자만의 몸이 아니니 건강하셔야 한다고 말씀드린 기억이 있습니다."

삼성이 글로벌 기업으로 성장한 결정적인 계기는 무엇이라고 생각하시나요.

"앞을 내다보았던 이건희 회장의 선견지명이 오늘날의 삼성을 만든 것이라고 생각하고 있습니다."

이건희 회장께서는 일본 재계 인사들과도 가까우셨는데요, 혹시 떠오르는 분이 계신가요.

"캐논의 미타라이 회장님과 가깝게 지냈던 것으로 알고 있습니다. 언젠가 미타라이 회장을 만났을 때 여러 이야기를 나눈 적이 있습니다. 미타라이 회장님은 이건희 회장님이 매우 뛰어난 경영자이며 미래를 내다보는 안목이 대단하신 분이라고 높게 평가했습니다."

회장님의 삼성 경영을 일본식 경영과 비교했을 때 차이점이 있다면요.

"'오너의 결단은 하늘의 목소리'라는 게 역시 삼성의 경영 방식이죠. 일본은 모두 합의제 방식으로 이사회에서 결정하는 것이 일반적인 방식입니다. 그래서 시간이 걸리고 결산이 늦어지거나 합니다. 반면, 삼성은 뭐든 빨리 결정이 나고 하겠다고 정하면 전력을 다해서 몰두했지요. 삼성의 강점은 바로 여기에 있다고 봅니다."

그는 이 대목에서 삼성전자의 초창기 시절을 들려주었다.

"삼성전자가 설립된 것이 1969년이지요. 제가 서울 특파원으로 부임하기 1, 2년 전입니다. 본사가 옛날 반도호텔 앞에 있었는데 8층짜리 건물로 기억합니다. 그 건물 안 작은 방 입구에 삼성전자 공업주식회사라고 세 개의 별 이미지가 있는 간판이 걸려 있는 걸 봤습니다. 그러고 나서 얼마 뒤 경기도 수원에 막사 같은 건물이 덩그러니 한 동이 세워졌고, 거기에서 TV를 조립하고 일본 산요전기로부터 기술 공여를 받아서 TV를 조립하기 시작했습니다. 부산에서는 일본 NEC로부터 기술을 배워서 형광등을 만드는 공장을 세웠고요. 저도 가본 적이 있는데요, 아주 작은 공장이었던 것으로 기억합니다. 이렇게 처음에는 기술 측면에서는 대부분 일본으로부터 배운 것들이었습니다. 거리가 가깝고 오가기 편리하고, 당시만 해도 한국에는 일본어를 잘하는 사람이 많이 있었습니다. 당연히 일본도 협력했습니다."

그는 그런 분위기를 만드는 데 호암의 존재감이 결정적이었다고 했다.

"이병철 회장님은 일본에서 많은 존경을 받았습니다. 발이 대단히 넓었지요. '식사합시다'라는 회장의 초대를 받아 가면 일본의 대기업, 큰 회사 대표님들이 계셨던 적이 많았습니다. 선대 회장님은 계절마다 일본에 오셨는데 시간을 허투루 쓰신 적이 한 번도 없었습니다. 정말 많은 일본인들과 친분을 쌓으며 많은 공부를 하셨어요.

이건희 회장님은 그런 선대 회장을 이은 분이고, 당신 스스로 기계를 다루는 걸 좋아하기도 했고 기술을 매우 중요하게 생각해 그걸 경영에 접목한 분이셨죠. 앞서 캐논의 미타라이 회장님이 이건희 회장님의 선견지명이 대단했다고 하는 말씀을 소개했는데 이를테면 액정 생산 방식을 고를 때 LCD 방식과 PDP 방식 중에서 정확하게 LCD 방식을 택해 삼성이 크게 도약할 수 있었다면서 이건희 회장님은 기술에 대해서도 정말 잘 아시는 분이라고 크게 감동을 받았다고 하셨던 기억이 납니다."

2010년 선대 회장님 탄생 100주년 때에도 한국에 오신 적이 있는 것으로 아는데요. 그때도 이건희 회장님과 만나셨나요.

"네. 어디에선가 식사를 대접해주신 것으로 기억합니다. 이미 자신감이 넘치시던 상태였습니다. 해외 임원 회의를 통한 신경영 선언이나 7·4제 도입 같은 기발한 일들을 할 수 있는 일본인 경영자는 없습니다. 의식 개혁은 역시 그런 충격을 줘야만 가능한 것 같습니다. 저는 회장님께 푹 빠져 있었습니다."

이건희 회장님은 한마디로 어떤 분이셨나요.

"인간적인 매력이 대단히 큰 분이었다고 생각합니다. 저는 인간의 좋은 자질이란 무엇인가에 대해서 세 가지로 생각하고 있습니다. 그중 첫째가 한자로 심침후중深沈厚重입니다. 깊게 가라앉는다, 두텁고 무겁다는 것을 뜻하는 한자 네 개를 나열한 것인데 항상 당당하고 침착한 상태를 표현한 것입니다. 중국에 이런 말이 있는지 없는지는 잘 모르겠지만 저는 이것이 인간의 1등 자질이라고 생각합니다.

두 번째 좋은 자질로는 일본어에 호방뇌락豪放磊落이라는 표현이 있습니다. 문자 그대로 매우 당당하고 결단력이 있으면서 행동은 다이나믹하며 소소한 일은 일절 신경 쓰지 않는 대담한 사람들이 갖는 자질입니다.

마지막으로 3등 자질은 총명재변聰明才辯입니다. 머리가 비상하고 변辯, 즉 말이 뛰어나다는 것입니다.

언뜻 최고 학교를 나왔다고 하면 이런 자질들을 갖고 있을 것이라고 생각할 수 있습니다만 학력과는 상관이 없다고 봅니다. 이건희 회장님은 심침후중하고 호방뇌락까지 겸비하신 분입니다. 두 자질을 다 갖고 계시기 때문에 복선적인 인물이라고 정의할 수 있지 않을까 합니다. 동시에 매우 매력적인 이단, 일반적으로 찾아보기 힘든 인격자라고 할 수 있겠습니다. 혼돈한 상태를 깨뜨려 새로운 세상을 만드는 파천황破天荒적인 분이기 때문입니다. 회장님은 단호한 결단력과 실행력이 있는 대담한 분이셨습니다. 정말 보기 드문 위대한 경영자라고 생각하고 있습니다."

그는 "경영자 이전에 철학자, 사상가적 성향이 강한 분이었다"며 이렇게 덧붙였다.

"출근도 안 하시고 주로 자택에서 일하셨던 것도 멋 부리면서 유유자적하거나 회사에 나가기 싫어서 그런 것이 아니었다고 생각합니다. 깊게 생각하고 몰두하고 싶으셨던 겁니다. 그런 성격의 사람은 혼자만의 시간이 중요합니다. 삼성의 성장은 그런 고독한 시간 속에서 태어난 결실이라고 봅니다."

회장님이 한국을 생각하는 마음에 대해 듣거나 느낀 적이 있으신가요.

"회장님이 삼성그룹을 이끌어오신 일은 나라를 생각하지 않으면, 국가의 이익을 우선시하지 않으면 할 수 없는 일이었습니다. 이런 마음은 호암 회장님도 마찬가지였습니다. 호암으로부터 직접 들은 이야기입니다만, 자주 이런 이야기를 하셨습니다. '저와 제 가족이 살아가는 데 필요한 돈은 제일제당과 제일모직, 이 두 기업으로 충분히 마련했습니다. 더 이상은 필요가 없습니다. 그러니까

나머지 사업은 전부 나라와 국가를 위한 것입니다.'

이건희 회장님께도 '삼성을 경영하면서 왜 나라를 생각할 수밖에 없는지' 여쭤본 적이 있었습니다. 그랬더니 '현재 삼성이 차지하고 있는 한국에서의 위치를 감안하면 나라를 생각하지 않을 수 없습니다'라면서 '납세액, 수출액 모두 삼성이 기둥과 같은 역할을 하고 있고, 경영이란 것이 나라를 벗어나서는 존재할 수 없는 것이기 때문에 당연한 겁니다'라고 답해주셨습니다. 호암이나 이건희 회장님이 나라를 생각하는 마음은 정말 진심이었습니다. 두 분 모두 애국하는 심정으로 기업을 일구겠다는 마음이 지극히 컸던 분들이었습니다."

미술과 기술이
만나다

PART 5

경영에 미술을 더하다

최근 공개된 '이건희 컬렉션'의 규모와 내용을 접한 미술인들은 대한
민국의 문화적 수준을 그야말로 세계 일류로 도약시킨 계기가 될 것
이라고 입을 모은다. 삼성가와 거래했던 한 미술상의 말이다.

"기증된 미술품 중에는 제가 팔았던 작품들도 포함돼 있어 마음이 여
러 갈래로 복잡했습니다. 그 작품을 얻기 위해 동분서주하며 마음을
쓰던 저의 지난 일도 생각났고, 또 신중에 신중을 거듭해서 구매해
자식처럼 아꼈던 이 회장의 심정이 느껴졌기 때문이지요. '이건희 컬
렉션'은 정말 세계적인 겁니다. 스티브 잡스나 빌 게이츠가 이런 문

화적 식견을 가졌다고 들은 적이 있나요? 이번 일은 기업인의 품격과 대한민국의 문화적 국격을 메이저리그급으로 끌어올린 사건이라고 평가합니다. 이 회장은 사업과 예술의 혼연일체를 통해 진정으로 세계 일류가 되려고 했던 분이었다는 것을 다시 한 번 느꼈습니다."

싸구려 '메이드 인 코리아'를 세계 일류 반열로 끌어올리는 과정에서 이 회장의 문화에 대한 기여는 삼성의 성장과 함께했다는 것이 미술계 관련자들의 공통된 증언이다. 세상을 놀라게 한 이건희 회장과 삼성의 미술품 기증은 또 다른 '이건희 정신'을 느끼게 한다.

고인은 그 엄청난 이른바 '이건희 컬렉션'을 어떻게 수집했을까. 생전의 그를 접해본 문화계 사람들은 "우리 문화재는 우리가 가져야 한다는 사명감이 내면 깊숙이 깔려 있었다"고 말한다.

수집 활동에 '애국정신' 있었다

호암미술관, 삼성미술관 리움 설립과 개관을 주도하며 1976년부터 1995년까지 20여 년간 삼성가의 명품 컬렉션을 주도한 이종선 전 호암미술관 부관장은 2006년 펴낸《리 컬렉션》이란 책에서 이렇게 적고 있다.

국립현대미술관이 공개한 이건희 컬렉션 기증품 가운데 희귀작으로 꼽히는 이중섭의 '흰소'. 일제 강점기를 살았던 작가가 암울했던 상황에 절망하지 않고 이를 뚫고 나가겠다는 의지를 담은 걸작이다.

"삼성가가 국보급 문화재 160여 점을 소장하고 있는데 이는 일반에게는 잘 알려지지 않았던 '국보 100점 수집 프로젝트'에 따른 것이었다. 이건희 회장의 수집 철학은 명품을 목표로 하되 일류를 모으는 것이었다. 일류가 아니면 살아남지 못한다는 그의 제일주의와도 연결되는 대목이다. (…) 이 무렵 시중에서는 '좋은 물건은 모두 삼성으로 간다'고 할 정도로 고미술은 물론이고 근현대 작품에 이르기까지 다양한 분야의 명품들이 속속 둥지를 틀었다.

운보 김기창과 우향 박래현 부부의 대작 30여 점이 일거에 수집되기도 했고, 원각사 벽화 원본과 거의 동일한 소정 변관식의 보덕굴 대작도 들어왔다. 국전 초대 대통령상을 수상해 유명해졌던 유경채의 유작 수십 점, 박수근 대작 '소와 유동遊童', 이중섭의 대표작 '소' 시리즈도 이때 들어왔다. 수화 김환기의 점묘 대작, 평생 소품만 고집했던 장욱진의 주옥같은 작품들도 이 시기에 집중적으로 매입했다. (이 시기는) 비교적 미술 시장이 활황을 보였던 1970년대 후반부터 1990년 중반까지 마음만 먹으면 좋은 작품을 얼마든지 구입할 수 있었다. 그러나 단순히 시장이 좋고 매물이 끊이지 않는다고 해서 명품들을 수집할 수 있었던 것은 아니다. 운도 따랐지만 이렇게 수준을 높일 수 있게 된 데에는 무엇보다 타의 추종을 불허하는 이건희 회장의 결심과 추진력이 밑받침되었기에 가능했다. 한 개인이 국가 보물을 100점 넘게 갖고 있는 경우는 일본에도 없는 그야말로 전무후무한 일이다. 돈이 있다고 해서 누구나 국보를 수집할 수 있는 것은 아니다. 쉽지 않은 경로를 통해 어렵게 우리 국보를 사들이거나 우여곡절 끝에 해외로 유출될 뻔한 우리 보물들을 지켜냈다는 시각으로 볼 때 (회장의) 수집 활동에는 '애국정신'이 있었다."

명품을 금고에 넣고 혼자 보면 뭐 하나

역시 호암과 리움 미술관에서 일했던 김재열 전 부관장의 증언도 비숫하다. 그의 말이다.

"이건희 회장님이 부회장이던 시절로 기억하는데 밤중에 혼자 훌쩍 호암미술관 전시작들을 둘러보고 올라가신 적이 몇 번 있었습니다. 미술품에 대한 애정을 느낄 수 있게 하는 대목이지요. 컬렉터들은 좋아하는 작품에 대한 주관과 선호가 뚜렷합니다. 고미술품도 누구는 도자기, 누구는 서화, 금속 하는 식으로 좋아하는 것들이 정해져 있지요. 하지만 고인은 장르를 불문하고 우리 고미술 자체를 사랑했습니다. 여기에는 우리 것에 대한 자부심과 자긍심이 깔려 있었습니다. 우리 고미술품의 아름다움과 격조는 어디에 내놓아도 자랑할 만하다면서 국민들은 물론 외국인들에게도 널리 알리고 싶어 하셨지요. '국보 100점 수집 프로젝트'를 세우고 리움 미술관을 설립한 것도 그 때문이라고 할 수 있지요. '명품을 개인 금고 속에 넣어놓고 있으면 뭐 하나, 한데 모아 보여줘 우리 미술의 진정한 가치를 전 세계에 알려야 한다'는 말씀을 여러 번 하셨으니까요."

고인은 집무실에 작은 도자기 전시관을 만들기도 했다고 한다.

"당신을 만나러 오는 외국인들에게 우리 도자기의 아름다움을 알려야 한다며 집무실 책상 맞은편에 시대별로 대표적인 도자기들을 전시하기도 했습니다. 한번은 중국계 미국인이었던 사디SADI(삼성이 만든 디자인학교) 교장이 '회장님이 다녀오라고 했다'며 호암미술관에 온 적이 있었습니다. 박물관 투어를 마친 그의 입에서 '삼성이 하는 디자인의 바탕은 결국 한국 미술이었다'는 말이 나오더군요."

이건희 회장은 미적인 상상력을 제품 생산에서 구현하기 위해 임원 교육을 시키기도 했다고 한다. 다시 김 전 부관장 말이다.

"한번은 저더러 '한국 고미술이 왜 훌륭한가'를 주제로 비서실 임원들을 상대로 교육을 하라고 했습니다. 경영 마인드에 미적인 것들이 더해지면 사고의 지평이 훨씬 넓어지고 부드러워진다면서 말이지요. '이익만 생각하는 계산적인 사고만 중요한 게 아니고 시적詩的이나 미적인 감성이 필요해지는 세상이 올 테니 그걸 준비해야 된다'고도 하셨습니다. 하지만 교육은 별로 호응이 없었습니다. 그도 그럴 것이 지금으로부터 30~40년 전이었으니 회장의 그런 생각이 스며들기가 힘들었지요."

이건희 회장은 생전에 "문화는 든든한 부모와도 같다"고 했다. 그의 책에서 인용한다.

"사실 우리 문화는 세계 여러 나라 문화에 견주어도 결코 손색이 없다. 일본의 '구다라나이'는 형편없다는 뜻이다. 그런데 이 '구다라'는 바로 백제百濟를 말한다. 구다라나이의 본래 의미는 '백제가 없는', 즉 '백제의 정신이 깃들지 않은 물건은 시시하다'는 뜻이었다. 조선시대의 문화유산들을 보아도 우리 민족은 문화적 자긍심을 가질 만하다. (…) 과거에 우리가 무엇 무엇을 세계 최초로 발명했다느니, 서양보다 몇백 년이나 앞섰다느니 하는 것도 그 나름대로 의미가 있지만 바로 오늘 우리 문화의 색깔이 있는가, 세계에 내세울 만한 우리 문화의 정체성은 과연 무엇인가 하는 것이 더 중요하다. (…) 문화적 특성이 강한 나라의 기업은 든든한 부모를 가진 아이와 같다. 기업 활동이 세계화할수록 오히려 문화적 차이와 색깔은 점점 더 중요한 차별화 요소가 된다. 전통 문화의 우수성만 되뇐다고 해서 우리 문화의 정체성이 확립되는 것은 아니다. 보통 사람들이 하루하루 살아가는 일상이 정말 '한국적'이라고 느낄 수 있을 때 문화적인 경쟁력이 생기지 않을까 한다."

대를 이은 문화재 지키기

이종선 전 부관장은 이 회장의 컬렉션에 '애국정신'이 깔려 있다고 했는데 이 대목에서 짚고 넘어갈 점은 이런 고인의 내면은 아버지 호암 이병철 회장으로부터 물려받은 것이라는 점이다. 호암은 한국인들이 먹고살기에 급급해 문화재라는 개념조차 없던 시절에 작품을 수집하고 박물관을 세웠다.

사실 박물관을 세우는 일은 기부와 나눔을 생각하지 않으면 할 수 없는 일이다. 집에서 보고 즐기는 호사가 아니라 '소통을 전제로 하는 공개'와 '상업적인 판단이 배제된 윤리'가 중요하기 때문이다. 지금이야 미술관, 박물관을 운영하는 기업들이 많지만 1982년 문을 연 호암미술관의 개관은 기업이 박물관을 운영하는 첫 신호탄이었다.

호암의 문화재 수집은 언제부터 무슨 계기로 시작됐을까.《호암자전》에는 이렇게 적혀 있다.

"나의 미술품 수집은 33세 때로 소급된다. 대구에서 삼성물산의 전신이라고 할 삼성상회를 설립해 양조업을 주 사업으로 확장해가던 시기였다. 서書에서 시작해 회화에 끌리고 신라 토기, 조선백자와 고려청자를 거쳐 불상을 포함한 철물, 석물, 조각, 금동상에 심취하게 되었다. 점수點數로는 2000여 점, 이 중에는 국보와 보물로 지정된 것이 50여 점 있다. (…) 민족 문화유산을 더 이상 해외에 유출시켜서는 안 된다. 나이가 들면서 이러한 사명감과도 같은 생각이 나를 더욱 미술 수집의 길로 이끌어갔다. (…) 10여 년 전 60세가 될 무렵부터 이들 컬렉션을 어떻게 후세에 남길 것인가를 이리저리 생각해왔다. 비록 개인 소장품이라고는 하나 우리 민족의 문화유산이기 때문이다. 영구히 보존해 국민 누구나가 널리 쉽게 볼 수 있게 전시하는 방법으로는 미술관을 세워서 문화재단 사업으로 공영화하는 것이

1980년 아버지와 함께. 부자지간에 온화하면서도 따뜻한 정이 느껴지는 사진이다. 당시 이건희 회
장의 나이는 서른여덟이었다. 단정한 양복 차림과 자신감 있는 표정에서 젊은 패기가 전해진다.

최상책이라는 결론에 이르렀다. (…) 일본만 해도 건평이 700평이나 되는 큰 규모의 유명한 이데미쓰미술관을 위시하여 전국에 개인미술관이 1500개나 있다. 우리는 국립박물관 외에 불과 한두 곳이 있을 뿐이다. 참으로 놀랍고 서운한 일이다."

호암이 우리 문화재를 지키려 애쓰는 모습을 가까이에서 지켜본 이가 있었으니 장남 이맹희 씨다. 그는 1993년에 펴낸 칼럼집《하고 싶은 이야기》에서 이렇게 말하고 있다.

"근 30년 전(1960년대) 일이다. 한때 나는 북한의 미술품을 국내로 반입하는 일을 한 적이 있었다. 당시 북한에서는 어떤 경로인지는 모르지만 상당수 고미술품들이 바깥으로 흘러나왔다. 남북이 첨예하게 대립하고 있을 때니까 전부 일본으로 실려갔다. 몇몇 경로로 이 사실을 알게 된 아버지는 무척 안타까워했다. 여기저기 탐문한 결과 북송선으로 유명한 (일본) 니가타 항구를 통해 흘러들어가고 있다는 것을 알게 되었고, 결국 그 물건들을 여러 가지 어려움을 겪으면서도 대부분 한국으로 가지고 올 수 있었다. 아버지가 미술품과 골동품을 수집한 것은 우리가 영구히 간직해야 할 문화유산이 엉뚱한 곳에서 훼손될는지 모른다는 안타까운 심정 때문이었다. 일본인들 손에 우리 것이 들어가서 영영 그들이 소유하게 된다거나, 옛 문화재에 대한 애정과 지식 없이 투기 대상으로 물건을 사 모으는 사람들 손에 들어가는 것을 제일 염려스러워했다. 그래서 하나둘 손에 들어온 물건들을 전부 호암미술관에 기증한 것이다. 곁에 있었던 우리는 그런 물건들을 하나도 개인적으로 소장하지는 못했다. 나뿐만이 아니라 누이나 건희, 세상 떠난 창희도 감히 탐내지 못했다. 모든 미술품과 골동품은 잘 간직하고 있다가 전부 미술관에 기증했다."

좋은 물건은 값을 따지지 말라

호암의 정신은 이건희 회장에게 고스란히 이어진 것으로 보인다. 김재열 전 부관장은 "해외에 나가 있는 문화재들을 꼭 한국으로 갖고 와야겠다는 의지를 표명하신 적이 여러 번 있었다"며 이렇게 전했다.

"아시다시피 우리는 수많은 전란과 식민지 시대를 거치면서 많은 문화재들이 반출되어 국내에는 사실 명품이라고 꼽을 만한 게 그렇게 많지 않습니다. 한국 문화재를 해외에 알리는 전시를 할 때마다 같은 작품들이 자꾸 나가는 이유도 그 때문입니다. 그런 상황에서 이건희 회장이 명품 문화재들을 되찾기 위해 얼마나 노력했는지 사람들은 잘 모릅니다. 고인은 '우리나라에 최고의 골동 미술품을 어떻게 해서든 빨리 모아놔야겠다'는 소명의식 같은 걸 갖고 있었습니다. '국보 100점 수집 프로젝트'라는 게 돈만 있다고 되는 것이 아닙니다. 문화

'이건희 컬렉션'인 겸재 정선의 '인왕제색도'(국보 제216호). 인왕산에 비가 내린 뒤 안개가 피어오르는 순간을 대담한 필치로 담은 진경산수화의 걸작으로 꼽힌다.

재 거래는 까다로운 법률적인 문제가 있기 때문에 외국에서 들여올 때도 상당히 애를 먹습니다. 회장님은 그 바쁜 와중에도 일일이 그런 것들까지 신경을 쓰셨습니다. 물건은 크리스티 경매 같은 공식 채널을 통해 사오기도 하고 중국이나 일본에 가서 개인이 소장한 것들을 접촉해서 사오기도 했는데 '좋은 물건은 값을 따지지 말라'고도 하셨습니다. 국보 제309호인 백자 달항아리도 보통 작품 가격의 배 이상을 주고 구입했습니다."

그런 점에서 이건희 회장은 선친과도 조금 달랐다고 한다(이종선 책).

"이병철 회장은 특정 분야에 쏠리거나 집중하는 경향을 보이지는 않았고 고려 불화를 역수입한 것에서 보듯이 애국적인 역할에 해당되는 일이면 주저하지 않고 수집 경쟁에 뛰어들었다. 그러나 너무 서두르거나 고가의 작품에 휘둘리지 않았다. 같은 물건이라도 비싸다는 소문이 나면 고민을 많이 했다. 이에 비해 이건희 회장은 값을 따지지 않고 별로 묻지도 않았다. 좋다는 전문가의 확인만 있으면 별말 없이 결론을 내고 구입했다. 그래서 리움 컬렉션에는 명품이 상당히 많다. 어느 개인도 이보다 많지 않다. 이 회장의 명품주의가 미술에도 적용된 결과라고 할 수 있다. 그의 명품주의는 '특급이 있으면 컬렉션 전체의 위상이 덩달아 올라간다'는 지론에 따른 결과였다."

김재열 전 부관장은 다음과 같이 부연했다.

"그렇게 해서 소장하게 된 '이건희 컬렉션'은 질과 양으로 비교가 안 됩니다. 우리나라 국보, 보물 지정 절차는 매우 까다롭습니다. 리움 미술관이 100여 점에 이르는 국보를 갖게 된 건 애초에 뛰어난 명품들을 전 세계에서 수소문해 들여왔기에 가능한 일이었습니다."

생전에 이 회장은 박물관의 원리를 통해 '합치는 것의 힘'을 말한 적이 있다. 바로 복합화의 원리다(책에서 인용).

"영국 대영박물관이나 프랑스 루브르박물관이 전시하고 있는 문화유산들이 박물관에 진열되지 않고 세계 여기저기에 흩어져 있다면 과연 그토록 큰 명성을 얻을 수 있을까. 우리는 5000년이 넘는 역사와 찬란한 문화를 자랑하면서도 세계에 내세울 만한 박물관이 없다. 국립박물관에 가서 여러 문화재들을 둘러보며 우리 조상들의 숨결을 느끼고 지혜를 엿볼 수 있지만 박물관을 나설 때면 무언가 허전한 느낌을 지울 수 없다. 상당한 양의 빛나는 우리 문화재가 아직도 국내외 여기저기에 흩어져 있는 실정인데 이것들을 어떻게든 모아서 국립박물관의 위상을 높이려는 노력이 부족하다는 느낌이 들기 때문이다. 물론 많은 문화재를 전쟁으로 잃었고 관리를 제대로 하지 못해 흔적 없이 사라진 것도 많지만 남아 있는 것만이라도 한데 모으려는 노력을 계속해야 하지 않을까. 이제는 사람뿐만 아니라 장점이 있는 것이면 무엇이든 자꾸 모아서 결합하려고 노력해야 한다. 소위 복합화複合化가 필요한 것이다. 멀티미디어라는 것도 따지고 보면 지금 있는 기능을 한꺼번에 모은 것이고, 거기에다 소프트웨어를 조금 가미한 것이다. 앞으로는 모으는 것 자체가 경쟁력이 될지도 모른다."

미국 가정집 스탠드로 쓰인 조선백자

김재열 전 부관장은 "해외에 반출된 우리 문화재가 어떤 대접을 받

앞뒤에 매화와 대나무를 철화 안료로 그려넣은 백자 철화매죽문 항아리(보물 제1425호).

고 있었는지를 상징하는 에피소드가 생각난다"며 이런 이야기를 전하기도 했다.

"백자 철화매죽문 항아리白磁鐵畵梅竹文立壺라고 나중에 보물 제1425호로 지정된 것을 리움 미술관이 들여온 적이 있습니다. 조선시대 때인 16~17세기경에 만든 늘씬한 백자 항아리인데 철화鐵畵(철 성분이 들어 있는 채색 물감) 안료로 정면에는 매화나무, 뒷면엔 대나무가 그려진 멋진 작품이지요. 처음에 이 물건을 샀을 때 바닥이 뚫려 있는 상태였습니다. 사정을 알아보니 일제강점기 때 반출된 것이 미국 가정집까지 흘러들어갔는데 집 주인이 밑바닥을 깨서 전기 스탠드로 썼다는군요. 나중에서야 귀한 물건이란 걸 알고 경매에 내놓았다는 겁니다."

문화는
든든한 부모와 같다

가난했던 시절, 우리나라에서는 문화재 도굴이 횡행했다. 앞서 소개한 이맹희 자서전에는 호암이 도굴꾼들로부터 문화재를 사서 원 주인인 사찰에 돌려주었다는 사연이 소개되고 있다.

도굴된 문화재 돌려준 호암

"지금이야 그런 일이 많이 줄어들었지만 도굴범들이 판을 치던 시절이 있었다. 아버지는 겉으로 드러내지는 않았지만 도굴범들의 폐해에 대해서 퍽 안타까워했다. 도굴 행위도 물론 불법이지만 그들이 도굴한 물건들이 상당수 일본으로 흘러가는 것에 대해 더 마음 아파했다. 1960년대 중반 무렵인 걸로 기억하고 있다. 누가 대구 동화사 석탑에서 도굴한 국보급 문화재를 가지고 와서 아버지께 보여드린 적이 있었다. 그것은 그걸 사라는 뜻이었다. 아버지는 그 사람들이 원하는 대로 돈을 주었다. 당시 돈으로 150만 원 정도였던 것 같다. '저 물건은 내가 사지 않으면 결국 일본으로 건너간다.' 이게 한숨 섞인 아버지의 말이었다.

그로부터 약 6, 7년이 흐른 뒤 아버지는 동화사 주지스님을 초청해 만나신 적이 있었다. 그 자리에서 그 국보를 돌려주었다. '이 귀한 것이 어떻게 흘러다니다가 결국 내 손에 들어왔습니다. 알아보니 동화사 물건인 것 같으니 주지스님께서 가져가셔서 잘 보관하십시오'. 그 장면을 나도 곁에서 보고 있었기에 당시 그 국보를 돌려받은 주지스님이 눈물을 글썽이던 모습을 아직도 기억하고 있다."

거금을 주고 산, 게다가 이력도 숨겨진 문화재를 원주인을 찾아 돌려준다는 것은 보통 사람 같으면 하지 못할 일이다. 호암이라고 아깝고 서운한 마음이 없었을까. 문화재에 대한 아버지의 애착과 관심을 너무나 잘 알고 있었던 이맹희 씨도 글 말미에서 그런 아버지의 심정을 이렇게 헤아리고 있다.

"지금 생각해보면 그 물건을 산 뒤 바로 돌려주지 않았던 것은 아마도 그걸 돌려줄 것인가, 아니면 미술관에 두고 오랫동안 볼 것인가를 두고 고민을 하지 않았을까 하는 외람된 생각까지 든다. (아버지가) 명품을 아끼는 마음이 워낙 대단했기 때문이다."

뭔가를 오래 수집해본 사람들은 안다. 거기에는 취향, 관심을 넘어 물건 하나하나를 손에 쥐기까지 들인 정성, 다시 말해 영혼이 배어 있다는 것을 말이다. '이건희 컬렉션'을 받아드는 우리가 놓치지 말아야 할 부분이기도 하다.

고고학계 100년 내 최대 발굴

호암이 도굴꾼들로부터 문화재를 지켰다면, 이건희 회장은 한국 고고학계의 위대한 발굴 중 하나라고 일컬어지는 '경남 창원 다호리 유적지'를 도굴꾼들로부터 지켜낸 일화가 있다.

2012년 5월 1일 자 동아일보는 문화재위원회 발족 50주년을 축하하는 고고학계 원로들의 축하 메시지를 전하는 기사에서 정양모 전 국립중앙박물관장의 다음과 같은 짧은 회고를 싣고 있다.

"다호리 유적지가 발견되기 전, 이곳에서 몰래 파낸 유물을 누군가가

경남 창원 다호리 고분군 유적지. 한국 고고학계 '100년 내 최대 사건'이라 평가받는 다호리 유적지 발굴은 이건희 회장의 지원이 마중물이 됐다.

팔려고 했을 때 이건희 삼성 회장이 조건 없이 도와줘 구매할 수 있었다. 이들을 역추적해 한국 고고학계의 가장 위대한 발견이라는 다호리 유적을 발굴할 수 있었다."

지금 사람들의 기억에는 희미한 '다호리 유적 발굴'은 1980년대 말 한국 사회를 넘어 세계 고고학계를 흥분시킨 사건이었다. 다호리 는 경남 창원시 동읍에 소재한 곳으로, 이곳 232번지 일대에는 기원 직전인 BC 1세기부터 기원 직후인 AD 1세기경 조성된 고대 무덤군

^墳이 대거 조성됐었다. 1980년대까지만 해도 '도굴꾼들 실습장'이라 불릴 정도로 피해를 극심히 보다가 1988년 1월에서야 정부 차원에서 현장 발굴 1차 조사가 시작됐다.

그런데 이 유적지 발굴에 이건희 회장이 어떤 기여를 했다는 것일까. 정양모 전 관장으로부터 직접 들은 사연은 이랬다.

"제가 국립중앙박물관 학예실장을 하던 시절이었습니다. 어떤 사람이 고미술품 두세 점을 가져왔는데 딱 보기에도 고고학적으로 매우 중요해 보였습니다. '어디서 났느냐' 물으니 '누가 도굴을 했다'는 거예요. '장소를 알려주지 않으면 당장 고발하겠다'고 했더니 10억 원에 물건을 사면 알려주겠다는 거 아닙니까. 내 눈엔 적어도 20억 원의 값어치가 있어 보였습니다."

그는 당장 관장(한병삼)에게 달려가 "어떻게든 우리가 사줘야 도굴 장소를 알 수 있을 것 같다"고 보고했다고 한다. 하지만 돈이 없었다.

"장관에게까지도 보고했지만 그런 거금을 당장 동원할 수가 없었습니다. 하기야 정부에서 그 큰돈이 어디 있겠습니까. 참으로 난감했지요. 고민 끝에 이건희 회장님을 찾아가자는 생각이 들었고 비서실을 통해 연락을 드렸더니 날짜를 잡아주셨습니다. 한 관장과 함께 찾아갔지요. 회장님은 '두 분이 함께 오신 걸 보니 중요한 일인 거 같다'며 흔쾌히 시간을 내주셨고 저희들의 설명을 죽 들으시더니 바로 소병해 비서실장을 불렀습니다. 그러면서 '두 분이 원하는 걸 해드리라'고 하시는 거 아닙니까. 더 이상 묻지도 따지지도 않고 선뜻 10억 원을 내주셨습니다."

그렇게 해서 정 전 관장이 알아낸 장소가 바로 경남 창원 다호리였다. 한국 고고학계 100년의 가장 큰 성과라고 평가받는 고대 유물 발굴은 그렇게 시작됐다.

진정한 대인이었다

정 전 관장은 유적지에 처음 갔을 때의 상황을 어제 일처럼 생생하게 기억하고 있었다.

"진흙으로 덮인 곳을 조심스레 긁어내며 들어가니 도굴꾼들이 빠뜨리고 간 것들이 많이 나왔습니다. 한 3m 더 파 내려갔을까요, 통나무로 된 목관이 나오는 겁니다. 도굴꾼들이 이미 도끼로 뚜껑의 반을 잘라 없애버렸고 안에 있던 유물은 다 수습을 해간 뒤였습니다.
목관을 들어 올렸더니 바닥에 뭐가 붙어 있었는데 대나무 상자였습니다. 중국에서 '요갱腰坑'이라고 불리는, 무덤과 함께 묻는 부장품 상자로 우리나라에서는 처음 발견된 거였습니다. 그런데 그 요갱이 보물상자였습니다. 청동기, 철기, 청동검 등 국보급 유물이 가득했으니까요. 한마디로 엄청난 거였습니다."

당시 발굴 실무팀으로 현장에 파견돼 일했던 이건무 전 국립중앙박물관장(당시 학예연구관)의 기억은 좀 더 구체적이다(2016년 3월 16일 자 동아일보).

"1988년 1월에 처음 가본 현장은 처참했다. 야트막한 구릉 곳곳에 고분을 파헤친 도굴 갱 40~50개가 줄지어 있었다. (…) 20여 일 뒤 구덩이가 제법 큰 1호분 발굴에 착수했다. '뭔가 있어 보인다'는 직감은 곧 '월척'으로 이어졌다. 도굴꾼들이 깔아놓은 볏단을 치우자 약 2m 깊이의 도굴 갱 아래로 너비 0.8m, 길이 2.4m의 통나무 목관 상판이 드러나 있었다. 도굴꾼들이 목관 내 유물을 빼내기 위해 상판 일부를 깨뜨려놓았지만 거의 원형에 가까운 상태였다. 목관을 빨리 수습하기 위해 주변 흙을 파내기 시작했다. (…) 목관에 체인을 감아 도르래로 들어 올리자 바닥에 박혀 있던 동경銅鏡 조각이 햇빛에 반짝거렸다. 누가 먼저라 할 것도 없이 일제히 아래를 내려다봤다. 대나무 바구니가 박힌 조그마한 구덩이가 있었다. 부장품을 따로 묻은 구덩이인 '요갱'이었다. 안에는 철검·꺾창·쇠도끼·낫 등 철기, 칼집·활·화살·두표·부채·붓 등의 칠기漆器, 동검·동경 같은 청동기 등이 거의 온전한 형태로 남아 있었다. 기원전 1세기 무렵 원삼국시대 변한의 목관과 칠기였다."

다호리 유적은 2000년 넘게 땅속에 묻혀 있었던 귀한 보물들이 대거 쏟아져나와 한반도에 화려한 고대 시대가 있었다는 것을 증언했다. 특히 붓과 삭도削刀(목간에 잘못 쓴 글씨를 깎아내는 지우개)는 기원전 1세기경부터 한반도에서 문자가 쓰였음을 보여주는 강력한 증거로 세계 고고학계를 흥분시켰다. 중국 한나라 때 화폐인 오수전五銖錢(가운데에 네모난 구멍이 있는 원형 동전. 한나라 무제가 다스리던 기원전 118년에 만들어져 당나라 때인 621년 폐지됐다)도 나왔다. 이는 무덤의 주인공들이 기원전 1세기부터 풍부한 철기를 매개로 중국, 왜倭와 교역을 벌여 부를 쌓은 지역 내 수장들일지 모른다는 추정을 불러일으켰다.

다시 정양모 전 관장의 말이다.

"이건희 회장이 묻지도 따지지도 않고 내놓은 10억 원이 아니었다면 발굴은 불가능했습니다. 고인이 참으로 대단하셨던 게 나중에 떠들썩하게 발굴이 이뤄졌는데도 우리한테 혹은 공개적으로 당신이 도와줘 발굴이 이뤄졌다는 말을 하신 적이 없다는 것이었습니다. 물건을 보고 싶다거나 하는 말씀도 없었습니다. 정말 대인大人이었다는 말밖에 나오지 않습니다."

독재자 돈은 안 받아도 이 회장 돈은 받는다

이번 취재 과정에서 이건희 회장이 보이지 않게 한국 미술계를 지원한 또 다른 사례들을 많이 들을 수 있었다. 한국 미술 세계화를 위해 세계 주요 미술관의 한국관 개관에 결정적인 역할을 했다는 것도 새롭게 알게 된 사실이다. 한 미술계 원로의 말이다.

"미국 뉴욕 메트로폴리탄미술관에서 한국관을 만들려고 할 때가 전두환 정권 때였습니다. 정부에서 몇십만 달러를 기부한 것으로 알고 있는데 미술관 측에서 '독재자 돈 안 받는다'며 돌려주는 바람에 개관이 늦어지고 있었지요. 소식을 들은 이 회장이 출연을 하겠다고 하니까 '삼성 돈이라면 받겠다'고 했습니다. 이미 세계 미술 시장에서 이 회장은 예술가를 후원하는 기업인으로 존경받는 컬렉터였고 '삼성'의 브랜드도 대단해져가고 있을 때였습니다.

메트로폴리탄미술관 측은 이미 받았던 정부 출연금을 합쳐서 '한국관'을 만들었습니다. 일본관, 중국관에 비하면 매우 작은 규모였지만 중요한 의미를 갖는 사건이었습니다. 일본, 중국만 해도 세계 미술의 중심부에 전시관이 많다 보니 회화사, 도자사 등 연구자들이 계속 나오는 겁니다. 대학에 전공 과정도 개설되고요. 하지만 우리는 워낙 보여줄 물건도 적고 공간 자체가 없으니까 관심은 물론 연구자도 안 나오고 대학에 과목 개설도 잘 안 되는 거거든요. 전 세계 관람객들이

이건희 회장의 출연금과 정부 지원금을 합쳐 개관한 미국 뉴욕 메트로폴리탄미술관 한국관.

모이고 인재가 모이는 미국 뉴욕 중심부에 있는 세계적인 미술관에 한국관이 생긴 것은 전 세계에 한국 문화를 알리는 물적 토대가 마련됐다는 점에서 큰 의미가 있었던 사건이었습니다."

당시 한국관 개관을 주도한 이가 김홍남 전 국립중앙박물관장이다. 그는 메트로폴리탄뿐 아니라 세계 유수 미술관에서 한국관을 연것은 거의 이 회장과 홍라희 관장의 지원 덕분이었다고 회고한다. 그의 말이다.

"삼성이 나서서 홍보한 적이 없다 보니 잘 모르는 국민들이 많습니다만, 샌프란시스코 아시안^{Asian} 아트 뮤지엄, 하와이 호놀룰루 뮤지엄, 빅토리아 뮤지엄, 프랑스 국립 기메^{Guimet} 동양 미술관에 한국관이 개관하게 된 데는 회장님 부부의 절대적인 지원이 있었습니다."

백남준, 이우환 등 한국이 낳은 거장들의 국제화에도 이건희 회장의 지원이 결정적이었다고 한다. 다시 김 전 관장 말이다.

"미국 뉴욕 구겐하임에 꽤 큰 규모의 이건희 펀드가 있었습니다. 구겐하임이나 뉴욕 현대미술관^{MOMA} 같은 세계적인 현대 미술관에 한국 작가들을 어떻게든 알리겠다는 취지였습니다. 알린다는 게 다 돈이 필요한 거 아닙니까. 백남준 전시도 그 펀드에서 했고, 이우환 선생 전시도 그 펀드에서 했습니다. 청자나 백자를 만든 무명의 도공들, 단원 김홍도나 겸재 정선 같은 걸출한 작가들이 하늘에서 뚝 떨어진 사람들이 아니지 않습니까. 회장님 부부는 결국 작가를 키워내야 진정한 문화적인 축적이 이루어진다고 몇 번이나 말씀하셨고 이를 실천하셨습니다."

'최순우 옛집'을 지킨 사연

김홍남 전 관장은 이 대목에서 흥미로운 일화를 전했다. 다름 아닌 '최순우 옛집'으로 불리는 한국의 대표적인 미술사가 혜곡^{今谷} 최순우 선생(1916~1984) 생가를 지킨 일에도 이건희 회장 부부가 관여했다는 것이었다.

이 집은 교과서에도 나오는 《무량수전 배흘림기둥에 기대서서》의 저자로 유명한 최순우 선생이 1976년부터 1984년 작고할 때까지 살던 집으로, 국가등록문화재 제268호이기도 하다. 시민들의 성금으로 매입해 보전한 '내셔널 트러스트 시민문화유산' 제1호이며 2004년에 개관했다. 하지만 이렇게 되기까지에는 이 회장 부부의 마중물이 있었다. 김 전 관장 말이다.

"일대에 재개발 붐이 일면서 최 선생 따님이 막 계약을 마친 상태라는 소식을 뒤늦게 전해 듣고 깜짝 놀라 나섰습니다. 따님이 팔려고 내놓은 걸 안 된다고 설득을 했더니 이미 계약금을 받은 상태라 위약금을 물어주어야 한다는 겁니다. 궁리 끝에 홍라희 관장님한테 전화를 걸어 '도와달라'고 했습니다. 그랬더니 '내가 맘대로는 못 하고 회장님께 의논해볼게요' 하시더군요. 바로 다음 날 전화가 왔어요. 이 회장이 단 1초도 머뭇거림 없이 '지원하라'고 하셨다는 겁니다. 그러면서 당신이 고미술품 수집을 하면서 가장 많은 도움을 받은 사람이

서울 성북동 최순우 선생 옛집

최순우 관장이다, 그분의 생가를 지키는 일이니 도와야 한다고 하셨다는 겁니다. 나중에 다른 사람들도 십시일반 동참했지만 최 선생 생가를 지킨 일은 이렇게 회장님 부부의 도움이 결정적이었습니다."

이 회장은 최 선생과 어떤 인연이 있었을까. 이는 선대 회장 시절부터 거슬러 올라간다. 정양모 전 국립중앙박물관장 말이다.

"호암은 원래 일본의 고야마 후지오 小山富士夫(1900~1975)라는 세계적인 감정가이자 고전 미술사학자와 친했는데, 어느 날 고야마 선생으로부터 '한국에도 대단한 감정가가 있다'면서 최순우 국립중앙박물관 학예실장의 존재를 알려줬습니다. 그때부터 호암은 최 선생과 인연을 맺고 가깝게 지냈지요. 1971년에 국립중앙박물관에서 '호암 수집 한국미술 특별전'을 했는데 그 전까지만 해도 호암 유물이 어떻다는 게 세상에 알려지지 않고 있다가 비로소 '아, 호암 선생이 이런 걸 모았구나' 하는 것을 알게 해준 전시였지요. 이 전시가 바로 최 선생 제안으로 시작된 것이었습니다. 최 선생은 호암에게 '훌륭한 걸 많이 모으셨는데 세상에 한번 알리는 게 좋지 않겠는가'고 제안했고, 호암이 쾌히 승낙해 열게 된 거지요. 제가 최 선생 바로 밑에서 일했으니까 너무 잘 아는 내용이지요. 이건희 회장은 아버지 호암이 고야마 선생을 만날 때 대부분 곁에 있었고, 일본에 갈 때도 동행해 훈련도 많이 받은 걸로 알고 있습니다. 당연히 최순우 선생과도 인연이 깊었고요."

도자기는 감정가 수준까지

미술사학자 안휘준 서울대 명예교수는 "좋은 컬렉션이 만들어지기 위해서는 네 가지 요건이 충족돼야 한다"고 말한다(중앙일보 2021년 4월 29일 자).

우선 문화재와 미술에 대한 지대한 관심이 있어야 하는데, 그냥 관심 정도가 아니라 말 그대로 지대한 관심이어야 한다는 것, 둘째 좋은 작품과 중요한 문화재를 알아보는 높은 안목이 있어야 한다는 것, 셋째 좋은 작품을 만났을 때 바로 결정할 수 있는 결단력이 있어야 한다는 것이다. 마지막 넷째가 재정적 능력, 즉 돈이다.

안 교수 기준에 따르면 이건희 회장은 네 가지 조건을 모두 갖춘 수집가였다. 특히 필자가 취재 과정에서 주목하게 된 건 이 회장의 미술품을 보는 안목이었다. 이것은 선대 회장 때부터 습득한 천성적인 것도 있겠지만 후천적인 치열한 공부의 산물이라고 증언하는 이들이 많다. 이종선 전 부관장은 이 회장이 개인교습까지 받았다고 책에서 밝히고 있다.

"회장은 한번 몰입하면 중간에 멈출 줄 모르는 성격이었다. 바로 그런 면이 도자기를 수집하는 데서도 빛을 발했다. 조선 초기 청화백자에 대해서도 전문가 뺨치는 지식과 감정 실력을 가졌다. 복제품을 여럿 만들어 청화 안료의 푸른색을 비교하며 받은 인상을 정리했을 정도였다. 백자를 좀 더 잘 알기 위해 수집가 홍기대 같은 이에게 백자 수업을 많이 들었다. 이 회장은 사회적 지명도에 관계없이 자신이 알고자 하는 문제에 대한 답을 듣기 위해서라면 대상을 가리지 않았다. 자주 만나는 골동품상에게서도 시중의 사정과 골동품 지식을 얻는 경우가 많았다. 골동상 K 씨도 선생 자격으로 자주 회장을 찾아왔다. 집에서 공부를 하는 날에는 밤을 새워 이야기를 나누고 질문하는 경우가 허다했다. 도자기를 알려면 도자기의 생산 전반에 대해 알아야한다. 특히 태토胎土(도자기 밑감이 되는 흙)나 유약을 감별하는 일은 감정의 알파요 오메가이다. 이 회장은 한번 빠지면 끝을 보는 성미라서 그런지 나중에는 백자 '감정'까지 해도 좋을 정도가 되었다."

이는 김재열 전 부관장 말과도 일맥상통한다.

"작품의 구입이라든지 평가라든지 이런 걸 놓고 정말 드물지만 독대해서 이야기를 나눌 기회가 있었습니다. 저는 그때마다 회장의 안목과 지식에 경탄하지 않을 수 없었습니다. 거대 그룹을 끌고 가는 기업인이 어떻게 저렇게 미술품에까지 전문가적인 안목과 지식 수준을 갖고 있을 수가 있는가? 이게 가능한 일인가 깜짝깜짝 놀랄 때가 많았습니다. 회장님은 한마디로 굉장히 학구적이었습니다. 단순하게 기호나 취미로 컬렉션을 하는 게 아니고, 작품 한 점 한 점이 어떤 학술적인 가치를 갖고 있고 미술사적으로 어떤 위치를 차지하고 있으며 왜 중요한지, 더 나아가 우리 국민들이 왜 알아야 되는지까지 생각했습니다.
또 아무리 개인적으로 끌리는 작품이라고 해도 반드시 전문가들한테 확인을 받았습니다. 진품이 확실한지를 묻는 것은 기본이요, 어떤 점이 작품의 장점이고 단점인지 분명하게 확인하고 난 다음에야 구입을 결정했습니다. 곁에서 뵌 회장님은 소위 말하는 '심미안', '감식안'

이라고 하는 것이 상당히 높은 경지에 있었습니다. 미술품을 보는 높은 안목은 감성에 대한 아주 철저한 훈련을 받고 연마를 해야만 도달할 수 있습니다. '이 물건 좋으니까 사시오'라는 말만 듣고 구매하는 식으로는 절대 도달할 수 없는 경지이지요. 서화書畵에 대해서도 상당한 식견을 가지고 계셨는데 일반적으로 서화 컬렉션을 하는 분들은 컬렉터 중에서도 수준이 높다고 알려져 있습니다. 소장자들도 특별한 계기가 없으면 잘 내놓지 않아 좋은 작품들은 유통 자체가 잘 안 되는 편인데 회장님은 좋은 서화를 구하기 위해 평소에도 공부를 열심히 하고 좋은 작품이 나오면 꼭 구입하려고 했습니다. 무엇보다 아름다운 작품을 보면 사람의 성격이 순화가 되고 정신세계가 높아지게 되어 있다면서 격이 높은 작품을 찾았습니다. 이는 곧 제품과 디자인 개발로도 연결되어 삼성의 '명품' 시리즈가 나온 배경이 된 것이라고 생각합니다."

이러다 보니 작품 한 점 한 점에 대한 애정이 무척 깊었다고 한다. 다시 김 전 부관장 말이다.

"고려시대 청동 향로인 '청동 은입사 포류수금문 향완青銅銀入絲蒲柳水禽文香垸(보물 제778호)'이란 게 있는데 이걸 리움 미술관에서 전시할 때 일입니다. 회장께서 작품을 보시더니 '내가 저걸 살 때 뒤에 작은 구멍이 있었다'고 하시는 거예요. 보통 전시를 할 때는 정면만 보여주

'청동 은입사 포류수금문 향완'은 전면 금속의 표면에 홈을 파서 가는 은선을 넣어 무늬
를 나타내는 은입사 기법으로 문양을 표현하였다.

기 때문에 저희들도 잘 몰랐습니다. 그런데 말씀을 듣고 나중에 확인해보니 정말 뒤에 보일락 말락 작은 구멍이 있는 게 아닙니까. 구입한 지 20~30년도 넘었던 작품이었는데 그걸 기억하고 계셨던 거죠. 그런 모습을 볼 때면 정말 숙연해진다는 말 외에는 다른 말이 나오지 않았습니다. 작품 하나하나를 저 정도로 사랑하고 애착을 갖고 계시니 더 조심해서 소중하게 다뤄야겠다는 생각을 안 할 수가 없게 되는 거지요."

이번에는 정양모 전 국립중앙박물관장 말이다.

"이건희 회장이 부회장이던 시기와 회장 취임 초기에 몇 번 독대한 적이 있는데 고미술 전반에 관한 질문 수준이 전문가들 이상이었습니다. 특히 도자에 관심이 많았습니다. 깨진 것도 상관하지 않았습니다. 진정한 고수는 전반적으로 그 문화재에 대한 역사적 흐름을 살피는 눈이 있는 사람입니다. 흠 없이 깨끗한 명품만 좋아한다면 고수라고 할 수 없는데 이 회장은 진정한 고수의 경지까지 간 분이라고 할 수 있습니다. 한번은 집에 초대되어 간 적이 있었는데 거실 가운데 커다란 둥근 테이블 위에 도자기들을 올려놓고는 '오늘은 하나하나 공부를 해야겠습니다'면서 한 작품 한 작품을 꼼꼼히 살피며 장단점을 물었습니다. 어떤 날은 조선 초기에 만들어진 분청 편병扁甁(납작하고 둥근 몸통에 짧은 목이 달려 있는 자라 모양의 병으로 여행을 하거나

들에 나갈 때 물이나 술을 담는 데 쓰였다-필자 주)을 놓고 '이게 왜 좋은 거냐', '청자 같은데 왜 분청이냐' 등등 집중적인 질문을 받았던 일도 있었습니다."

이 대목에서 필자가 물었다.

가격에 대해서도 궁금해하셨나요.
"작품의 가치나 진위만 얘길 했지, 값이 얼마냐 하는 건 한 번도 질문을 받은 적이 없습니다."

기업의 철학과 문화를 파는
시대가 온다

남다른 안목을 가졌던 이건희 회장이 생전에 제일 사랑했던 미술품은 무엇이었을까. 이 회장은 도자기 중에서도 백자, 그중에서도 '청화백자'를 가장 좋아했다고 가까이에서 접했던 사람들은 전한다.

청화백자는 흰 백자에 푸른색 코발트 안료로 화려한 그림을 그려 넣은 것으로, 흔히 '도자기의 꽃'이라 불린다. 14세기 중국에서 만들어졌지만 15세기 중반에 조선에 들어온 뒤 더 아름답게 만들어져 미술사적으로 매우 중요하게 평가된다. 도자기에 그린 그림들도 궁중 도화서 화원들이 직접 그려넣은 것들이라 명품 중의 명품으로 꼽힌다. 워낙 희소해서 청자보다도 귀하게 여겨진다.

명품을 알아보는 안목

이 회장은 청화백자 중에서도 국보 제219호 '청화백자 매죽문 대호^靑^{華白磁梅竹文大壺}'를 제일 아꼈다고 한다. 커다란 항아리(대호)에 푸른 물감으로 매화와 대나무를 화려하게 그려넣은 작품인데 조선시대 전형적인 형태다.

청화백자는 수가 많지 않다 보니 감정이 어려워 도자기 전공자들도 고개를 절레절레 흔들 정도다. '청화백자 매죽문 대호'도 그런 경우였는데, 재미있는 사실은 이 회장이 이 물건을 손에 넣었을 때만 해도 주변에서 '가짜일지 모른다'는 의견이 많았다는 것이다. 이종선 전 부관장 말이다(책에서 인용).

"지금은 당당하게 국보로 지정돼 대접받고 있지만 이건희 회장 수중에 들어올 당시의 사정은 그렇지 못했다. (…) 일부에서는 가짜라는 이야기가 돌기도 했다. 우리의 경우 골동품의 내력이 밝혀진 채 매물로 나오는 예는 거의 없다. 이력을 추적하다 보면 법에 저촉되는 일도 많고 세금 폭탄을 맞을까 꺼려하며 출처를 숨기기도 한다. 그러다 보면 내력은 미궁 속으로 숨어버리기 마련이다. 이 항아리 역시 출처가 밝혀지지 않은 채 세상에 알려졌다."

이 말을 곱씹어보면 전문가들 사이에서조차 진위 시비가 적지 않

백자에 푸른 물감으로 매화와 대나무를 화려하게 그려넣은 국보 제219호 '청화백자 매죽문 대호'.
남다른 감식안을 가졌던 이건희 회장은 백자 중에서도 청화백자를 좋아했다.

았던 작품을 이건희 회장은 자신의 '안목'을 믿고 구매를 결정했다는 말이 된다. 진품이 확실하다면 최고 최대 명품이 안갯속에서 모습을 드러내는 것이 되지만, 그렇지 않으면 말짱 도루묵이 되는 상황이었던 것이다. 결국 나중에 국보로 지정돼 이 회장의 판단이 옳았음이 입증됐다.

이 작품은 외국에 먼저 공개됐다. 1991년 10월 '콜럼버스 미 대륙 발견 500주년'을 기념하는 전시에 출품된 것. 당시 문화재위원회의 심의와 국무회의 의결까지 거쳐야 했을 정도였다고 하니 얼마나 대단한 작품이었는지 짐작이 간다. 우리 국민들에게 공개된 것은 이보다 무려 25년이나 뒤인 2016년 리움 미술관이 주최한 '한국 미술의 품격전'에서였다.

호암 심미안의 결실, '청자 주전자'

천하의 명품을 알아본 이건희 회장 이야기를 하다 보니 호암에게도 비슷한 사례가 있어 소개한다.

이 회장이 '백자통'이었다면 호암은 '청자통'으로 알려졌는데 생전에 호암의 최애最愛 청자는 '청자 진사 주전자'였다고 한다. 국보 133호로 지정된 이 작품에 대한 호암의 사랑은 그야말로 끔찍할 정도여서 작품을 공개할 때는 호암미술관 2층 전시실에 두께 30mm 방

탄유리 진열장에 넣어 전시하고, 평상시에는 모조 청자로 대체하도록 엄명을 내렸을 정도였다고 한다.

비슷한 청자 주전자가 미국 워싱턴 프리어미술관Freer Gallery of Art에 소장돼 있는데, 뚜껑도 없고 정교함이나 조화 면에서 격이 떨어지는 것으로 알려졌다. 임금을 네 번이나 바꾼 고려조의 절대적 권신 최충헌의 손자인 최항이 묻혔던 강화도 무덤에서 출토된 것인데, 당초 일본에 밀반출되었던 것을 사들였다고 한다. 이 걸작 역시 사들일 때는 이견이 많았는지 호암이 생전에 일본의 고미술상을 직접 찾아 다니며 작품 감정을 한 일화가 있다. 역사와 전통을 자랑하는 일본의 고미술 전문화랑 '후겐도'의 초대 사장 사카모토 고로가 1996년 니혼게이자이신문에 연재한 '나의 이력서(국문 번역서 제목은《미술 시장, 명품을 보는 눈》)' 중 '꼭 한번 다시 만나고 싶은 한국인 컬렉터'에 수록된 글을 인용한다.

"1980년이었던 것 같다. 도쿄 니혼바시에 있는 내 가게에 한 분의 노신사와 비서로 보이는 두 사람이 들어왔다. (…) 비서가 뭔가 까닭이 있는 듯 한 장의 사진을 꺼내면서 '어떤 물건인지 알겠느냐'고 물었다. 나는 깜짝 놀랐다. 그동안 유럽 각지의 여러 미술관을 돌아다니면서도 이제껏 본 적이 없는 매우 귀한 진품이자 훌륭한 작품이었다. 뚜껑이 없는 같은 종류의 것을 미국 프리어미술관에서 봤던 기억이 났다. 나는 천하의 명품이자 세계 으뜸이 되는 귀한 작품이라고 했다.

호암이 사랑했던 국보 제133호 '청자 진사 주전자'. 호암은 직접 일본을 찾아 이 작품의
진위를 묻기도 했고, 평상시 전시할 때는 모조 청자로 대체하기도 했다.

노신사는 '실은 이 사진 속 작품은 우리 쪽 물건인데 내가 알고 있는 주변 사람들은 그다지 높은 평가를 해주지 않는다'고 했다. 나는 거듭 '고려 도자기 가운데 최고급 명품'이라며 '영국 런던에 있는 세계적으로 유명한 동양도자연구소와 전문기관인 동양도자연구학회로 자료를 보내면 틀림없이 걸작으로 입증될 수 있다'면서 학회 주소까지 함께 알려드렸더니 두 분 모두 기뻐하셨다."

글에서 언급된 노신사가 바로 호암이었다. 호암은 당시 호암 컬렉션 도록에 직접 사인까지 해서 사카모토 사장에게 건네주었다고 한다. 그로부터 2, 3년 뒤 우연히 서울에 들렀던 사카모토 사장은 사전 약속도 없이 서울 태평로 삼성 본사를 찾아갔는데, 호암이 따뜻한 환대를 해준 것이 잊혀지지 않았다고 한다. 그리고 몇 년 뒤 그의 별세 소식을 듣고 무척 인타까웠다고 책에 적고 있다.

명품을 명품답게 전시하라

보이지 않는 것을 보려 했던 이건희 회장의 업業에 대한 안목은 미술품을 보는 눈에서도 다르지 않았다. 실제로 고인의 삶에서는 기업 경영이나 문화를 보는 상상력이 별개 영역이 아니었다. 고인의 글 '무형자산의 가치'에서 인용한다.

"21세기는 문화의 시대이자 지적 자산이 기업 경쟁력을 결정짓는 시대가 될 것이다. 기업은 단순히 제품만 파는 단계에서 더 나아가 자기 기업의 철학과 문화를 팔지 않으면 안 되는 시대가 오고 있다. 이미 벌써 고객들은 가격이나 기능만 보고 제품을 구입하는 게 아니라 제품이 가진 이미지, 제품을 만든 회사의 이미지를 사고자 한다. (…) 무형자산은 일단 만들어지면 쉽게 무너지지 않는 특성을 가지고 있으며, 경쟁업체가 쉽사리 모방하기도 어렵다. 이것이 무형자산의 매력이다. 나는 회사 직원들과 해외 출장을 갈 때마다 사람들이 많이 오가는 거리를 걸으면서 유명 상점들을 둘러본다. 물건을 사기 위함이 아니라 상품의 진열 상태, 시선을 끄는 독특한 조명, 점원들이 고객을 대하는 자세 등을 관찰하기 위해서다. 그 상점의 무형자산을 살펴보는 것이다. 세계 초일류 상점들은 취급하는 제품뿐 아니라 제품을 진열하고 파는 기술에서도 초일류다."

매장까지 직접 들어가 조명이나 진열 상태, 점원들의 서비스 태도까지 살폈다는 대목에서 생전의 고인의 촉觸이 얼마나 세부적인 데까지 미쳤는지가 새삼 느껴진다. 중요한 것은 그의 이런 관심과 노력이 바로 실천으로 옮겨졌다는 점이다.

필자는 앞서 이 회장이 "비전은 매크로하게, 지시는 마이크로하게 내렸다"고 했는데, 미술관 전시에까지 매우 세부적으로 지시했다는 증언을 듣고는 놀랄 때가 많았다.

김재열 전 부관장의 증언이다.

"여간해서는 미술관에 잘 오시지 않던 회장께서 어느 날 전시를 보시더니 '왜 명품을 명품답게 전시하지 않나' 하고 한마디 툭 던지고 가시는 겁니다. 마치 화두를 던지듯 말이지요. 처음엔 무슨 말씀인가 했습니다. 일반적으로 전시를 하게 되면 큰 공간에는 큰 작품을, 작은 공간에는 작은 작품을 놓습니다. 특히 도자기는 입체의 기물器物, 다시 말해 어떤 덩어리이기 때문에 이것이 갖고 있는 고유한 어떤 공간 같은 게 필요하거든요. 뚜루룩 죽 늘어놓을 순 없습니다. 명품을 살리려면 한마디로 크든 작든 간에 큰 공간이 필요하다는 게 전시의 기본입니다.

당시 리움 미술관에는 꽤 큰 단독 진열장들이 있었는데 저는 거기에 작품을 크기대로 해서 넣었습니다. 어느 날 회장께서 오시더니 보물로 지정돼 있던 작은 작품을 가리키며 '저걸 여기에 옮겨 넣어보고 작품이 얼마나 살아나는지 보라'고 하시는 거 아닙니까. 실제 말씀대로 해보니 정말 작품에서 빛이 나듯 환해지더군요. 주변에 아무것도 없이 요만한 것을 한 개 딱 놓고 조명을 비추니 완전히 다른 작품 같아 보였습니다. 순간, 이전까지 제가 갖고 있었던 어떤 고정관념, 즉 큰 물건은 큰 진열장에 넣고 작은 물건은 작은 진열장에 넣는다는 생각이 확 무너졌습니다. 전시에서 중요한 건 작품 크기가 아니고 작품의 중요성이었죠. 크기가 아닌 중요도에 따라 공간을 생각해야 한다는 것은 그야말로 획기적인 생각의 전환이었습니다. 마치 개안開眼을 한 것 같은 느낌이었습니다."

김 전 부관장은 그때부터 이 회장이 말한 '명품을 명품답게'가 일의 화두가 됐다고 한다.

"작품을 한 개나 두 개 넣을 공간에 세 개, 네 개를 넣으면 작품이 살지 않는다고 호되게 꾸지람을 들은 적도 있었습니다. 많이 보여주는 게 능사가 아니라 거기에 맞는 충분한 공간과 어울리는 조명을 통해 가치를 충분히 드러낼 수 있게 하는 게 전시의 기본이라면서 말이지요. 리움 미술관 개관 이틀 전 오셨을 때 고미술관을 둘러보시면서 단 한 마디 말씀도 없으셨는데 저는 그게 무언無言의 칭찬으로 들려 얼마나 기뻤는지 모릅니다. '수고했다, 대성공'이란 말씀으로 받아들여졌거든요. 아직도 그날의 감격을 잊을 수가 없습니다."

삼성의 기술과 만난 리움 미술관

미술관이나 박물관 전시팀들의 큰 고민거리 중 하나가 작품 설명문이다. 관람객들이 이해를 잘하도록 돕기 위해서는 설명문이 길어질 수밖에 없는데 길어지면 작품으로 가야 할 시선을 분산시키기 때문이다. 이 회장은 삼성의 기술력으로 이 문제를 해결했다. 바로 리움 미술관이 도입한 '똑똑이'라는 전자 투어 가이드였다.

이전까지만 해도 관람객들은 작품 번호가 새겨진 리모컨 같은 걸 들고 이어폰을 귀에 꽂고 번호를 누르면서 설명을 들었다. 그런데 '똑똑이'는 작품 앞에만 서면 이어폰에서 그대로 설명이 흘러나오는 장치다. 순서대로 작품을 보는 게 아니라 이리저리 왔다 갔다 하면서 볼 수 있는 것이다. 다시 김재열 전 부관장 말이다.

"회장님께서 삼성의 최고 기술력을 동원하라고 지시하신 게 그렇게 구현이 된 겁니다. '똑똑이'는 세계 최초라고 할 수 있는 사용자 중심의 첨단 기술력의 산물이었습니다. '똑똑이'를 도입한 이후 전시장에 제목과 시기만 적은 명패만 딱 붙여놓으니 멀리서도 깨끗하게 작품에만 집중할 수 있게 됐습니다. 또 세계 최초로 도입한 기술이 하나 더 있는데 다름 아닌 진열장 보안장치였습니다. 이전까지는 진열장 유리문을 열면 경보음이 울리는 시스템이었습니다. 그런데 회장님께서 '유리를 깨고 가져가면 어떻게 할 거냐, 터치만 해도 벨이 울리는 진열장을 만들어보라'고 했습니다. 삼성 보안업체 계열사인 에스원 기술자와 함께 바로 독일 프랑크푸르트로 날아갔습니다. 진열장을 납품받기로 한 '글라스바우 한Glasbau Hahn' 기술자들을 만나기 위해서였죠. 우리 요구 사항을 말하니 황당한 표정을 짓더군요. 루브르니, 메트로폴리탄 같은 세계 최고 미술관, 박물관에 들어가는 진열장을 다 납품하고 있는데 그런 요구를 받은 적은 없다는 거예요. 심지어 어떻게 한국이라는 나라가 그런 요구를 하느냐는 말까지 했습니다. 설득에 설득을 거듭한 끝에 결국 만들어내도록 했습니다. 이제 와서 보면 그런 게 뭐 그리 대단할까, 관람객들이야 전시된 미술품만 보고 고개만 끄덕이고 나오면 그만이라고 생각할 수 있겠지만 리움 미술관에는 이렇게 회장님의 관람객을 위한 배려와 삼성의 기술력이 결합한 수많은 노하우가 들어가 있습니다. 그런 걸 국민들이 조금이라도 알아주셨으면 합니다."

진열장도 세계 최고로

그의 말에서 언급된 독일 '글라스바우 한'은 170년 역사를 가진 글로벌 강소強小기업이다. 김 전 부관장 말대로 전 세계에서 내로라하는 미술관, 박물관은 거의 모두 이 회사가 만든 특수유리 진열장을 쓰고 있다.

1995년 8월 8일 자 중앙일보는 호암미술관에서 열린 '대고려국보전(6~9월)'을 소개하는 기사에서 이례적으로 '글라스바우 한'의 기술력을 이렇게 소개하고 있다.

"사립 미술관이 기획한 전시 중 가장 큰 규모를 자랑하는 이번 전시

독일의 '글라스바우 한' 진열장. 글라스바우 한은 세계 일류 미술관과 박물관에 진열장을 납품하는 글로벌 강소기업이다. 이건희 회장은 최첨단 터치 진열장에 최첨단 투어 가이드까지 미술 전시에 기술을 접목해 세계 일류의 전시가 이뤄지도록 했다.

는 찜통더위 속에서도 매일 3000여 명의 관람객이 몰리고 있다. (…) 이번 전시는 첨단 설비를 갖춘 진열장으로 미술계의 또 다른 주목을 받고 있는데 완벽한 밀폐성, 자동 온·습도 조절, 광섬유를 활용한 특수조명, 미술관용 특수 유리 등을 자랑한다. 우선 외부 공기가 일절 들어가지 않도록 고안됐다. 차단 지수는 95% 정도. 작품을 넣고 문을 잠그면 외부와 완벽하게 격리된다. 습도도 '아트소브^{Artsorb}'라는 특수 화학약품에 의해 자동적으로 조절된다. (…) 특히 나전칠기나 회화, 금속공예, 서책류 등 습기에 민감한 작품들에 적절하게 사용된다.

나전칠기의 경우 수분이 모자라면 조개껍데기가 비틀어지거나 갈라질 가능성이 높아 이 약품의 사용이 필수적으로 요구되고 있다. 그림도 습도가 높을 경우에는 색이 바래고 작품 전체가 늘어질 소지가 많다. 현재 나전과 그림은 습도 60%, 금속은 50%선에서 관리되고 있다. 진열장 조명도 관심거리다. 형광등이나 할로겐등이 사용되는 일반 전시와는 달리 광섬유 조명을 도입해 열과 자외선이 일절 나오지 않는다. 내부 온도가 일정하게 유지되는 것은 물론 열에 따른 작품 손상 우려가 전혀 없도록 제작됐다. 유리도 특이하다. 일반 유리에는 산화철이 들어가 푸른빛이 감도는 반면 이 유리는 작품 본래 색깔을 거의 완벽하게 되살린다. 특히 해맑은 고려청자 빛과 화사한 고려 불화의 색상을 재현하는 데 최상의 효과를 거두고 있다. (…) 호암미술관은 전시 총예산 14억 원 가운데 60%에 달하는 8억 5000여만 원(51세트)을 진열장 제작 비용으로 썼다."

당시 전시를 기획했던 김 전 부관장은 이 대목에서 특히 조명의 우수성을 언급했다.

"조명이 작품 전시에 얼마나 중요한지는 알 만한 사람들은 다 압니다. 예를 들어 청자가 가장 아름다울 때는 맑은 햇빛에서 볼 때입니다. 백열등이나 형광등을 쓸 경우 잘못하면 누렇게 보이니까요. 당시 전시는 '글라스바우 한'이 개발한 광섬유 조명을 국내 최초로 쓴 전시였습

니다. 국립중앙박물관장이셨던 정양모 선생이 진열장 안 청자를 보시
더니 '이게 진짜 청자색'이라고 감격하시던 일이 생각납니다."

보존시설도 최첨단으로

정 전 관장에게 당시 일을 물었더니 "생생하게 기억이 난다"면서 이
건희 회장이 이 첨단 진열장을 중앙박물관에 기증했다는 에피소드를
함께 전했다. 그의 말이다.

"어느 날 회장께서 '중앙박물관에 뭘 도와드리면 좋겠냐'고 물으셔
서 호암미술관 전시 때 보았던 진열장을 좀 도와주시면 좋겠다고 했
습니다. 그렇게 해서 '글라스바우 한' 진열장 20세트를 기증받았습니
다. 진열장이 중앙박물관에 오던 날, 전국 공·사립 박물관 큐레이터
들을 다 불러모아 조립 장면을 함께 지켜보면서 감탄했던 기억이 있
습니다. 물론 아직도 박물관에서 사용 중입니다."

한편 김홍남 전 관장도 '기술과 만난 전시'와 관련해 기억나는 게
있다면서 이렇게 말했다.

"삼성이라는 IT 기업이 뒤에 있는 미술관이라는 걸 제대로 보여주었

던 두 개의 전시가 기억에 남습니다. 조선 화원 전시와 나전칠기 고려 전시였는데 디지털 기술을 제대로 활용했습니다. 갤럭시 탭에 그림들을 넣고 이를 확대하면 모든 세부를 다 볼 수 있는 것으로, 당시만 해도 국제적으로도 그런 시도가 없었던 기술이었습니다."

김재열 전 부관장은 "호암과 리움 미술관의 작품 수집에서부터 전시, 보존에 이르기까지 회장님과 홍라희 관장님의 세심한 노력이 안 들어간 곳이 없다"면서 이렇게 말하기도 했다.

"회장께서는 '미술관은 설립이 끝이 아니라 시작이다. 특히 후손들에게 잘 남겨주기 위해서는 보존이 중요하다'며 보존과학실에 최첨단 최신 기계들을 도입했습니다. 문화재 보존 분야에서 최고 기술력을 가진 일본인들도 '어떻게 사립 미술관이 이렇게 크고 훌륭한 시설을 운영할 수가 있느냐'며 부러워했습니다. 생전에 회장님은 미술품 수집에만 관심을 가진 게 아니라 작품에 맞는 전시와 보존 환경을 조성해주기 위해 투자를 아끼지 않았습니다."

철인이자 광기를 품은
예술가

'물유각주物有各主'라는 말이 있다. 물건에는 임자가 있다는 말이다. 특히 물건이 돌고 도는 수집의 세계는 진짜 주인이 따로 있다는 말도 있다. 컬렉터 고수가 되면 원하는 물건을 반드시 얻으려는 경쟁심이 생긴다고 한다. 이건희 회장은 어땠을까. 김재열 전 부관장 말이다.

"회장님은 그런 경우는 별로 없었습니다. 하지만 이런 말씀은 하셨습니다. '물건에는 주인이 따로 있는 법이다. 그러니까 어떤 작품이 손에 들어오지 않아도 서운하게 생각하지 않는다.' 한마디로 물건에도 '때'가 있고 주인이 있다는 걸 아는 분 같았습니다."

필자는 취재 과정에서 삼성가에 고미술품을 팔았던 딜러를 수소문한 끝에 만날 수 있었다. 그와의 대화 중 기억나는 말이 있다.

"미술품의 가치는 작품을 가진 사람의 힘에 의해 달라집니다. 아무리 훌륭한 말馬이라도 경험 없는 젊은이가 갖고 있다면 가치가 없는 것과 같은 이치입니다. 회장님은 감히 말하건대, 명품을 가질 만한 자격이 있는 분이었습니다. 물건 값도 깎지 않았고 좋은 물건을 가져오면 수고비까지 챙겨주셨습니다. 눈빛과 태도에서 명품을 대하는 진정성이 느껴졌다고나 할까요. 인간적으로도 살갑게 대우해주셨습니다. 무엇보다 좋은 작품을 가져다드리면 환하게 미소 지으며 기뻐하는 표정이 역력했습니다. 솔직히 저는 애국심이나 사명감이 아니라 돈을 많이 버는 게 목표인 장사꾼입니다. 그런 저도 좋은 물건을 만나면 '회장께서 이걸 보시고 얼마나 기뻐하실까' 하는 생각에 달려가곤 했습니다."

모든 예술 작품, 특히 걸작으로 통하는 오래된 예술품에는 당연히 창작자의 예술혼이 깊이 배어 있지만 오랜 기간 작품을 보관했던 소장자들, 또 작품의 진가를 알아보고 수집했던 수집가들의 에너지와 혼까지도 담겨 있다. 다시 고미술품 딜러의 말이다.

"국보급에 해당하는 걸작을 소장하고 있는 사람들 중에는 여느 사람들과 다른 분들이 있습니다. 영혼이 깃든 물건이라고 생각하기 때문에 돈에 휘둘리는 게 아니라 물건을 소장할 만한 제대로 된 주인을 만났을 때 팔겠다는 고집이 강합니다. 이건희 회장은 그걸 알고 있었던 것 같습니다. 작품 하나하나를 살 때 소장자들에게 정말 열과 성을 다했으니까요."

대표적인 예가 현재 리움 미술관이 소장한 '고구려 금동미륵보살 반가사유상(1964년 국보 제118호로 지정)'이다.

목숨처럼 지켰던 고구려 금동 반가상

금동으로 만든 반가사유상은 모두 알다시피 석굴암과 함께 우리나라를 대표하는 문화재다. 우리가 흔히 떠올리는 국보 제83호(93.5cm)는 국립중앙박물관에 소장돼 있다. 그런데 이보다 키(17.5cm)가 훨씬 작고 전면에 녹도 많이 슬어 있는 반가사유상이 국보 제118호로 지정된 것이 있으니 바로 '고구려 금동미륵보살 반가사유상'이다. 고구려 유물이 남한에 있는 것 자체가 대단히 드물고 출토지가 확실한 데다 반가사유상 중 가장 오래된 것으로 평가받는다.

이 불상이 어떻게 이 회장과 인연이 닿았을까. 여기에는 불상을 목숨처럼 지켰던 고^故 김동현이라는 소장자의 감동적인 사연이 숨어

국보 제83호 금동미륵보살 반가사유상

있다.

김동현은 우리나라 고미술계에서 전설로 통하는 금속 유물 수집가이자 감정 전문가이다. 일제강점기 평양에서 골동상을 운영하며 우리 문화재를 지킨 그는 간송 전형필(1906~62)에 비견되곤 한다. 그는 해방이 되고 6·25전쟁이 터지는 혼란의 한가운데서 목숨 걸고 문화재를 남한으로 갖고 왔다. 그중 백미白眉가 바로 고구려 금동미륵보살 반가사유상(반가상)이다.

1977년 8월 7일 자 조선일보는 당시 서울에 살고 있던 김 씨에 대한 소개 글을 이렇게 싣고 있다.

"남산 밑 회현동 2가 125에 있는 김동현 씨(68) 집은 모든 문이 쇠창살로 되어 있어 금고金庫 같다. 혈육도 없이 부인과 조용한 노후를 보내고 있는 그는 갖은 풍상을 겪으면서도 40~50년 간직하고 있는 금속 유물들을 혈육 삼아 지내고 있다. 너무나도 유명한 고구려불高句麗佛인 금동미륵보살 반가상(국보 제118호)을 비롯해 국보 5점과 보물 4점을 갖고 있는데, 평소엔 조흥은행 금고 속에 보관하고 있다. 노령老齡에도 금속과 같은 강한 인상을 풍기는 김 옹翁은 '쥐면 놓지 않는 집념執念의 인간'으로 그 계통에서는 모르는 사람이 없다."

김 씨는 일제강점기인 1940년 평양 인근 공사장 인부로부터 우연히 금동 반가상을 입수하게 된다. 그러다 6·25가 터지자 몇 점의 문

국보 제118호 고구려 금동미륵보살 반가사유상. 이 불상은 전면에 녹이 슬고 불에 탄 흔적도 있으며 뺨을 짚었던 오른손은 없어져 녹록지 않은 사연을 지녔음을 증언하고 있다. 이 문화재를 감상할 수 있게 된 것은 금속 유물 수집가 고 김동현 씨의 목숨을 건 보존 노력 덕분이다.

화재만 갖고 부산으로 내려간다. 그가 고구려 불상을 갖고 있다는 소문이 번져 팔라는 사람들이 있었지만 판자촌에 방 하나를 얻어 부두 노동자로 살면서도 팔지 않았다고 한다. 당시 돈으로 3억 원에 사겠다는 흥정도 거절했다는 것이다.

김 씨는 생전 인터뷰(조선일보 1977년 4월 17일 자)에서 이렇게 말한다.

"해방 전 일본인들이 상상하기 어려운 거액을 걸며 불상을 팔라고 흥정을 해왔지만 꿈쩍도 하지 않았어요. 애초 문화재에 관심을 기울인 것도 귀중한 문화 유산들이 일본인들 손에 넘어가는 것을 하나라도 건지기 위해서였어요. 월남할 때도 파손되거나 훼손될 수도 있다고 생각해 서울 길까지 답사한 뒤 옮겼습니다. 살기 어려웠어도 팔 생각을 해본 일은 한 번도 없습니다. 나의 목표는 세계 어디서도 없는 것, 감히 누구도 상상하기 어려운 희귀한 것을 모으는 겁니다. 한번 기회를 놓치면 영원히 손댈 수 없는 진품들, 그것을 발견했을 때의 기쁨이란 말도 못 합니다. 반가상을 함부로 꺼내 보거나 만질 수 없어 은행 금고에 넣어두고 사진을 찍어 보고 있습니다."

그러다 나이 여든이 다 될 무렵인 1995년 이건희 회장에게 양도하기에 이른 것이다. 김 옹은 당시 경향신문과의 인터뷰를 통해 다음과 같이 심경을 밝혔다.

"남이 갖고 있지 못한, 그리고 본 사람도 없을 이 귀중한 반가상을 나 혼자만이 갖고 있다는 어떤 긍지 때문에 이때까지 세상에 내놓질 않았었다. 자식이 없는 우리 부부에게 이 불상은 오랫동안 아들 구실을 해주었다. 이것 때문에 나는 24년 동안 불안과 근심, 초조 속에 살아왔다. 줄곧 땅속에다 묻어 보관해왔다. 그 오랜 시간 땅속에 묻혔던 작품을 어느덧 세상에 내놓고 보니 마음이 착잡한 한편 후련하기도 하다. 이제부터 나는 편히 잠을 자게 되었다."

삼성이라면 믿고 빌려줬다

삼성이 글로벌 무대에서 우뚝 서면서 미술 전시도 함께 성장했다는 증언들이 있다. 정양모 전 국립중앙박물관장 말이다.

"호암갤러리가 기획한 고려불화 대전, 분청사기 명품전, 대고려전, 조선 전기 국보전, 조선 목가구 대전은 세계적인 주목을 받았던 전시였습니다. 이런 전시들은 돈만 있다고 되는 게 아닙니다. 우선, 우리 것만 갖고는 부족하니까 외국에서 빌려와야 하는데 신뢰가 없으면 작품을 빌려주기는커녕 만나주지도 않습니다. 고려불화전을 할 때 일본 사찰에서 빌려온 수월관음도도 처음엔 빌려줄 수 없다고 하다가 삼성이 한다니까 빌려준 겁니다. 속옷뿐 아니라 겉옷까지 일일이 금

2016년 리움 미술관에서 열린 분청사기 전시회.

문양으로 새긴 귀한 작품이라 일본 쪽에서는 몇 번이나 '잘 지켜달라'고 신신당부를 했습니다. 높이가 4m 50cm, 폭이 3m가 넘는 대작이어서 진열장에 넣기도 어려워 가져오느라 돈도 많이 들었지요."

김재열 전 부관장은 1982년부터 25년간 호암과 리움 미술관에 있으면서 대한민국과 삼성의 성장을 또 다른 앵글에서 지켜보았다고도 했다.

"1982년에 호암미술관이 개관해 선진 외국에서 중요한 손님들이 오시면 안내를 맡았는데, 당시만 해도 삼성이나 대한민국의 존재감을 잘 느끼지 못했던 사람들이 소장품들의 격을 보고 '어떻게 이런 작품들이 개인 박물관에 있는 거냐'며 놀라워하던 기억이 있습니다. 특히 일본의 유명 대기업 오너, 회장님들, 경제인들은 한국의 도자기나 고미술품 지식이 상당했는데, 호암미술관 소장 작품들을 보면서 우리를 대하는 눈빛과 표정이 달라졌습니다. 1990년대 이후 삼성의 브랜드 가치가 올라가고, '이건희'라는 기업인이 명품을 알아보고 수집하는 능력이 뛰어나며, 예술가들을 적극 후원하고 있다는 게 차차 알려지면서 세계적인 미술관, 박물관 관계자들이 '부럽다'는 말을 할 정도가 됐습니다."

문화계 거장들이 만난 이건희

이건희 회장의 책《생각 좀 하며 세상을 보자》에는 문화계 거장들이 짧게 쓴 '내가 만나본 이건희 회장'이란 글들이 수록돼 있다. 흥미로운 것은 이들 눈에 포착된 고인의 모습은 기업인이라기보다 예술가였다는 점이다. 대문호인《토지》의 작가 고 박경리 선생은 고인의 눈빛을 예사롭지 않게 보았다.

"깊은 곳에 가라앉아서 세상을 응시하는 듯한 눈빛이었다. 웃는 모습은 스스로워(수줍고 부끄러워하는 느낌 – 필자 주)하듯, 그러나 천진했다. (…) 이 회장은 내 눈에 매우 독특하게 비쳤다. '삼성'이라는 거대한 조직을 이끄는 사람이면 비범한 것은 당연하겠으나 활달해 보이지 않았다. 능란하고 세련돼 있지도 않았다. 그러나 섬세하고 치밀하고 스스로워하는 듯한 그 점 때문에 독특했다. 창조적 감성, 그것을 느끼게 했던 것이다."

생전에 고인과 깊은 교류를 나눈 것으로 알려진 현대미술의 거장 이우환 화백도 고인을 "사업가라기보다 어딘가 투철한 철인哲人이나 광기를 품은 예술가로 생각되었다"(〈현대문학〉 3월호)고 했다. 이런 시각들은 이번에 취재 과정에서 만난 인사들의 증언과도 일치한다.

"리움 미술관은 이 회장님 부부가 20여 년에 걸쳐 준비하고 기획한 것입니다. 이 회장님을 처음 뵌 건 일이 진행되는 중에 승지원에서였습니다. 줄곧 들으시는 편이었는데, 많이도 길게도 하시는 법 없이 한마디 한마디 불쑥불쑥 던지는 말씀에서 굉장히 어떤 내면적인 깊이를 느꼈습니다. 처음 뵌 이후부터 제 머릿속에는 '철학자 경영인'이라는 이미지가 각인되었습니다. 뭔가를 깊이 보는 분이란 느낌, 그래서 그분 앞에서는 그냥 다 벗겨지는, 영어로 '네이키드naked'해진다는 느낌이 있잖아요, 내가 다 노출되어 속일 수가 없다는 느낌. (…) 아시다시피 홍라희 (전) 관장도 이미 굉장한 예술적인 안목을 갖고 계신 분이잖아요. 시아버지 호암 회장님은 고미술품이 오면 며느리가 옆에서 지켜보길 원했다고 들었습니다. 직접 인사동에서 물건을 사보라고 하면서 현장 경험도 많이 시켰고요. 며느리에 대한 애정도 남달라 제가 감히 생각하기엔 문화적인 후계자라는 사명을 주고 싶지 않았나 하는 생각도 들어요. 이 회장님 부부는 리움 미술관 건축을 위해 전 세계 좋다는 뮤지엄들은 다 돌아봤을 겁니다. 세계적인 건축가들의 작품들도 많이 보고요. 유럽에 갔을 때 동행한 적이 있는데 얼마나 열심히 다니시는지 젊은 사람들도 그 에너지를 따라갈 수 없었습니다. 그게 지금 리움까지 온 거라고 할 수 있지요. 이 회장님이 좀 더 고미술 쪽이라면 홍 관장님은 좀 더 현대미술 쪽이라고 할 수 있는데, 굉장히 절묘한 조합이라고 생각합니다. '이건희 컬렉션'은 두 분이 같이 뜻을 모아 하지 않았으면 불가능했을 겁니다."(김홍남 전 국립중앙박물관장)

이건희 회장의 인간적인 면모를 기억하는 증언들도 있다.

"사람들이 지레 얼어서 그런 거지 차분하고 조용하고 무엇보다 남을 배려하는 분이었습니다. 권위 의식 같은 게 안 느껴졌으니까요."(정양모 전 국립중앙박물관장)

"회장님 말씀은 경상도 말로 '억수로' 사투리가 심해 저도 경상도 사람인데 못 알아듣는 때가 있었습니다. 조용조용하게 말씀하셔서 안 들릴 때도 있었고요. 그럴 때마다 항상 홍 관장님이 통역을 해주셨습

니다(웃음). 회장님은 굉장히 소탈한 분이셨습니다. 작품을 볼 때도
그냥 바닥에 털썩 주저앉아서 보셨는데 도자기를 능수능란하게 다루
셨지요. 도자기를 잡을 때에는 조심해야 합니다. 너무 긴장해도 안 되
고 약간 '릴랙스'하면서 적당히 잡아야 합니다. 잡는 부위들도 따로
있는데 회장님은 '요 부분은 괜찮은데 요쪽은 수리됐네?' 하시며 능
숙하게 돌리면서 말씀하셨지요. 말수는 적으셨어도 사람을 편안하게
해주셨습니다. 경상도 사람 특유의 무뚝뚝함은 있었지만 '수고했다'
면서 그냥 고개만 끄덕이셔도 전체적인 분위기가 따뜻하게 느껴졌던
분이었습니다. 고인이 원했던 건 '한국 미술의 재발견'이었습니다. 국
수적이거나 민족적 입장에서 우리 것이 좋다는 게 아니라 세계 명품
과 비교했을 때 객관적으로 우수하다는 걸 보여주기를 원하셨던 거
예요. 그런 것들이 미술관을 통해서 구현이 된 거죠. 그러면서 '문화
라는 건 경제적인 백업이 없으면 허사다. 한국 문화의 새로운 지평을
열기 위해 삼성을 최대한 이용하라'는 말씀도 하셨습니다."(김재열 전
부관장)

인생은 짧고 예술은 길다

예술이 갖는 가치는 무엇일까. 호암은 생전에 《호암자전》에서 이렇
게 말한 적이 있다.

"'인생은 짧고 예술은 길다'는 말이 있다. 그 예술이란 인간 정서의 고양을 최고, 최선의 것으로 순화하여 표현해내는 인간의 정신 활동이다. 오랜 세월에 바랜 서화, 도자기, 철물 등에서 옛사람들의 희로애락을 느끼고 좀 더 좋은 것, 좀 더 아름다운 것을 좇는 인간의 정열을 함께 감지한다. 거기에는 인류의 역사가 있고 영원의 낭만이 있다. 그것들은 때로 침묵의 스승이 되기도 한다. 마음이 울적할 때는 위로와 용기를, 들떠 있을 때는 자제를 던져주곤 한다."

피 말리는 결정과 선택 앞에 선 기업인들에겐 보통 사람들과는 다른 차원의 에너지가 필요하다. 호암의 예술론을 읽다 보면 작품을 통한 예술가들과의 정신적 교감을 통해 에너지를 최대로 끌어올리려 했던 마음이 느껴진다.

이건희 회장은 예술과 문화를 어떻게 생각하고 있었을까. 제품뿐 아니라 컬렉션이나 전시에서까지도 세계 최고, 초일류를 지향했던 그는 뜻밖에 '엘리트 문화'를 경계해야 한다는 생각을 갖고 있었다. 글 '문화 인프라를 키우자'에는 문화를 보는 철학이 고스란히 담겨 있어 길게 인용해본다.

"외국 생활 경험이 있는 사람들이 이구동성으로 하는 이야기 중의 하나가 문화 생활에 관한 것이다. 작은 도시라도 전통 깊은 교향악단이나 훌륭한 극장을 가지고 있다는 것은 분명 부러운 일이다. 그렇지만 내가 정작 부러워하는 것은 하드적인 인프라뿐만 아니라 문화에 대한 그들의 마음 자세나 태도다. 한마디로 그들은 자신들의 문화적 자산을 일상생활에서 잘 활용하고 있다. 외국의 도시에서는 이른 아침이면 유명한 유적지나 문화재 주변에서 조깅을 하거나 산책하는 사람들을 쉽게 볼 수 있다. 문화재가 생활의 일부가 됨으로써 정신적인 문화 인프라도 풍부해질 수 있다. 우리는 어떠한가? 문화재 하면 '보호'라는 말부터 떠오르는 것이 우리의 현실이다. 경복궁이나 덕수궁에서 조깅할 수 없음은 물론이고 어지간한 곳에는 예외 없이 튼튼한 울타리가 둘러쳐져 있다. 선진국들의 문화가 '열린 문화'라면 우리는 '닫힌 문화'다. 우리는 일단 문화라고 하면 먹고사는 일상생활과 다른 '특별한 어떤 것'으로 생각한다. 이렇게 해서는 21세기에 문화 경쟁력을 갖출 수 없다. 보통 사람들의 일상적인 생활에서 문화적인 소양이 자라나야 한다. 이를 위해서는 선진국들처럼 박물관, 전시관, 음악당 등 문화시설을 충분히 갖추어야 할 것이다. (…) 고급 문화만이 훌륭한 문화는 아니다. 사람들의 문화적 감수성은 타고나는 것도 있지만 자라면서 듣고 보며 형성되는 것도 있다. 옆집 아저씨나 아줌마가 연주하는 동네 음악회를 보며 자란 아이와 어쩌다 부모 손에 이끌려 세계적인 교향악단의 공연을 보러 가는 아이 중에 누가 더 문화적 안목이 커질지는 자명하다. 특별한 사람들이 향유하는 고급 문화만을 문화라고 생각하는 아이에겐 기껏해야 비뚤어진 문화 엘리트 의식만 생길 뿐이다. 기업들도 이러한 문화 활동에 많은 관심을 기울여야 한다. 기업의 문화 활동이라면 문화 행사에 돈이나 내는 정도로 생각할지 모르지만 기업 스스로도 사회 조직의 하나로서 문화 활동을 할 수 있다. 앞으로는 기업이 만드는 제품에도 그 기업의 문화와 이미지가 담겨야 한다. 문화적인 경쟁력은 하루아침에 생기는 것이 아니다. 그러나 일단 문화적 자산이 만들어지면 그 효과는 신제품 몇 개 개발하는 것과는 비교도 되지 않게 크다. 기업들은 거창하게 '메세나 운동' 같은 것만 찾을 게 아니라 사회 전체의 문화적 인프라를 향상시키는 데 한몫을 해야 한다. 기업 자체가 사회의 일원이고 21세기는 문화 경쟁의 시대가 될 것이기 때문이다."

"이겨야 한다는 게 아니라
살아남아야 한다는 거다"

생전의 그를 만났던 사람들은 한결같이 이 회장이 무엇을 하든 깊이 들어가는 사람이었다고 말한다. 실제로 고인은 개에 대해서뿐만 아니라 골프 박사였으며 탁구, 승마, 레슬링, 자동차, 농사 기술, 전자 제품 등에 대해서도 깊이 들어가 있었다. 앞서 소개한 오효진과의 인터뷰에서는 골프의 원리를 이렇게 설명한다.

"공이 날아가는 거리는 헤드 스피드에 비례합니다. 힘으로 때리면 많이 나간다고 생각하는데 그게 아니죠. 헤드가 얼마나 빨리 공을 지나가느냐에 달린 겁니다. 힘이 아니라 스피드죠. 헤드 스피드가 얼마냐, 또 얼마나 정확하게 치느냐가 공이 얼마나 멀리 날아가며 얼마나 페어웨이에 정확하게 떨어지느냐를 결정하죠. 우선 스피드를 내려면 머리를 절대 들지 말아야 하죠. 회전을 정확하게 하면서 궤도의 정확도를 지켜야 하죠."

그런 걸 다 배우셨습니까.

"들은 것도 있고, 책과 비디오로 배운 것도 있고, 또 제 자신이 실험해서 터득한 것도 있습니다. 힘으로도 한번 쳐보고 힘 빼고 스피드로도 한번 쳐보고…."

베스트 스코어는?

"71타까지 쳤습니다."

홀인원도 여러 번 하셨겠군요.

"그건 아직 한 번도 못 했습니다. 그것보다 확률로 더 어려운 이글은 다섯 번 했는데요."

어떤 재벌 총수는 골프 치면 회사 망하고 나라 망한다고 임직원들한테 못 치게 하던데요.

"제 생각엔 일 내놓고 하루 종일 골프만 치면 안 되겠지만 짧은 시간에 잘 치는 게 오히려 일에 도움이 되지 않나 생각합니다."

주로 누구랑 치십니까.
"손님 접대할 때를 빼고 90% 저 혼자 칩니다."

좀 이상하지 않습니까? 상대랑 말도 좀 하면서 쳐야지요.
"제 경우엔 코스를 도는 것보다 연습장에서 연습하는 게 더 재미가 있습니다. 아이언 5번 가지고 170야드 보낼 때는 확률이 어떻게 되고 150야드 보낼 때는 확률이 어떻고, 4번 가지고 할 때는 어떻고…. 이게 확률 게임 아닙니까? 칠 때 지나가는 흙의 종류, 풀이 누워 있는 방향…, 이런 거에 따라 저항이 전혀 다르게 되죠. 바람, 습도도 영향이 있고요."

아이고, 그런 거 골치 아프지 않습니까? 뭣 땜에 그런 걸 그렇게 연구하세요. 기업만 잘 경영하시면 되지….
"그걸 깊이 연구하면 기업 경영하고 연결이 되지요. 골프채에 밸런스가 있어요. 샤프트 무게와 헤드 무게의 비례를 말하는 건데, 이것에 따라 수백 가지를 만들 수 있어요."

아니 지금 삼성에서 골프채도 만드십니까.

"그건 아니지만 상품 제조에 대한 참고가 되죠."

오효진은 당시 이 회장을 만나본 느낌을 묻는 필자에게 이렇게 말했다.

"자동차면 자동차, 진돗개면 진돗개, 말馬이면 말, 영화면 영화, 한 가지 주제가 나오면 그 주제를 놓고 쏟아내던 이 회장의 해박함에 정말 혀를 내두를 정도로 깜짝 놀랐다. 그런 모습을 보며 재벌 2세라고 해서 무조건 경영을 이어받는 것이 아니구나, 다른 아들들이 경쟁에서 탈락하고 대代를 이을 수 있었던 것은 호암이 이건희 회장의 바로 그런 면을 보았기 때문이 아니었을까 생각했었다. 당시 인터뷰 기사에는 쓰지 않았지만 아버지와 골프를 칠 때도 한 홀 뒤로 쫓아가면서 필요한 것이 없는지 챙겼다는 말도 들었다. 고인의 엄청난 노력을 새삼 느낀 말이었다. 이 회장은 자신이 몰두하는 일은 다 사업과 관련이 있다고 생각하는 것 같았다. 그런 모습을 보면서 조금쯤 무서운 사람이란 생각까지 들었다."

그의 말대로 회장은 모든 걸 사업과 연관시켰다. 대표적인 게 스포츠였다.

그는 생전에 가족들과 함께 탁구를 즐기기도 했는데 한국 스포츠계의 거목으로 대한빙상경기연맹 회장을 지낸 박성인 전 삼성스포츠단 단장은 1970년대 이 회장에게 탁구 개인 교습을 한 적이 있다. 그는 "회장이 어찌나 열심이었는지 선수였던 나도 따라가기가 힘들어 나중에는 코치들을 몇 명씩 데리고 갔을 정도"라고 했다.

회장은 탁구채의 유행 변화를 보면서도 '기업 경영은 공격적이어야 한다'는 아이디어를 얻었다. '셰이크핸드형 공격탁구'라는 제목의 글이다.

"이따금 아이들과 탁구를 친다. 하루는 아들이 평소 사용하던 펜홀더형 탁구채를 셰이크핸드형으로 바꿨다. 게임을 했는데 평소 점수와는 비교도 할 수 없는 점수 차이로 지고 말았다. 게임을 끝낸 후 아들과 얘기를 하며 많은 것을 생각하게 되었다.

우리나라 사람들이 일반적으로 많이 쓰는 펜홀더형은 펜을 잡는 것처럼 잡는다고 해서 그렇게 부르고 셰이크핸드형은 잡는 방법이 꼭 악수하는 것 같다고 해서 붙은 이름이다.

보통 셰이크핸드형 탁구채는 공의 접촉면이 넓은 반면 힘이 분산되는 약점이 있어 수비형 선수에게 적합한 것으로 통하고 있다. 그런데 언제부터인가 힘이 좋은 유럽의 남자 선수들 중 공격형 선수들이 셰이크핸드형 탁구채를 사용해 스매싱의 파괴력을 높이기 시작했다.

그러더니 1980년대 후반 마침내 유럽의 신예 공격수들이 세계 최강인 중국 선수들을 누르고 정상에 올랐다. 그 후로 셰이크핸드형 러버를 수비수를 위한 러버라고 생각하는 사람은 아무도 없게 되었다.

여기서 내가 강조하고 싶은 것은 공격과 수비 구별 없이 공격 위주로 게임을 펼치는 쪽이 승리할 기회를 많이 잡을 수 있다는 것이다. 나는 아들의 얘기를 듣고 개인의 생활이나 기업 경영도 이와 마찬가지라고 생각했다. 있는 것을 지키기 위해 수비적으로 웅크리고 있으면 결코 성장할 수 없다. 결국에는 있는 것을 유지하기도 어려워진다. 우리가 본받고자 하는 초일류 기업들의 성장 과정을 보더라도 숱한 난관을 공격적으로 이겨낸다는 공통점이 있다. 어려운 때일수록 실패를 무릅쓰고 공격적으로 변신하는 기회 선점 경영이 요구된다."

그가 또 고등학교 2학년 말까지 레슬링을 열심히 했다는 것은 앞에서도 언급했다. 웰터급 선수로 전국대회에 나가 입상을 하기도 했는데 훗날 비인기 종목이던 레슬링협회 회장이 된 뒤 지원을 아끼지 않아 우리나라가 LA올림픽에서 사상 처음 금메달을 두 개나 따는 기염을 토하게 한 일등 공신이었다. 회장은 "왜 레슬링을 하게 되었느냐"는 오효진의 질문에 답하면서 당시 일화도 소개하고 있다.

"일본에 있을 때 한창 프로 레슬링이 유행했습니다. 프로하고 아마추

1982년 레슬링 선수단을 격려하는 모습.

어는 전연 다르지만 그 영향을 받았는지, 유도 할까 레슬링 할까 하다 레슬링을 하게 됐죠. 2년 가까이 했는데 연습 중에 부딪쳐서 왼쪽 눈썹 부근이 찢어진 적이 있었습니다. 그런 일은 레슬링을 하다 보면 흔한 겁니다. 그런데 어머니가 그걸 보시더니 깜짝 놀라가지고 형제, 누나 총동원해서 교장한테 찾아가 빼달라고 해서 다음 날 제가 레슬링부에서 쫓겨났습니다."

그런 인연으로 아마레슬링협회를 맡게 되셨군요.

"네. 처음 대한레슬링협회 회장이 된 게 1982년인데 근처에도 잘 갈 수 없던 선배인 장창선 전무와 함께 일을 하게 되니까 처음엔 참 거북하데요. 요즘은 좀 편해졌습니다만."

거기서도 공 좀 세우셨습니까.

"1982년에 맡았는데 그해 열린 아시안 게임에서 메달을 한 개도 못 땄습니다. 레슬링 사상 처음으로 완전 노 메달이었습니다."

역시 큰 기록을 세우셨네요!

"(웃음) 예, 전 막말로 좀 쉽게 먹고 들어갈 줄 알았는데 큰 망신을 했죠. 그래서 점검을 해봤더니 첫째 자금이 없어요. 그 당시는 여럿이 겨우 주머닛돈 긁어모아서 선수 한두 명 외국에 보낼 때인데, 소련이나 일본은 선수 하나에 코치 하나, 트레이너 하나를 보낼 정도였으니 우리 선수들이 그걸 보고 기가 탁 죽어서 같은 실력이라도 판판이 지고 나오는 거죠.

그래서 그 분위기부터 고쳐야겠다 싶어서 각 체급별로 선수를 뽑고, 또 경쟁심을 주기 위해 제2진을 만들었어요. 요샌 3진까지 만들어놓고 있습니다. 전지훈련도 다 보내고…. 그러니까 열심히들 해요. 다행히 LA올림픽 때 금메달 두 개를 따게 됐죠."

사각의 링 안에서 호시탐탐 바닥에 넘어뜨리고 목을 조르려는 상대에 맞서 싸우는 레슬링을 생각하면 언뜻 회장의 이미지와 맞는 것 같다는 느낌도 든다. 자신의 한계와 감정, 그동안 했던 연습과 혹독한 훈련의 성과를 고스란히 드러내며 상대의 예상치 못한 공격을 견딜 수 있는 힘과 끝까지 포기하지 않는 불굴의 의지를 가진 레슬러의 이미지 말이다.

생전에 '1등 정신'을 강조했던 회장이었지만 회장이 생각했던 승부 근성은 단지 남을 이겨야 한다는 차원이 아니었다. "탁구나 골프나 이런 경기를 할 때 승부 근성이 있다고 생각하느냐"는 오효진의 질문에 대한 답은 이랬다.

"취미, 재미, 장난으로 할 때는 정말 이겨도 좋고 져도 좋지요. 그러나 본업(경영)에 와서는 승부 근성 정도가 아닌 것 같아요. '이겨야 한다'가 아니고 '절대로 살아남아야 된다'니까….'

생전에 "적자를 내는 기업은 사회에 죄를 짓는 것과 같다"고 말했던 회장에게 경영은 승부가 아닌 피 말리는 생존의 전쟁터였던 것이다.

회장은 책에서 다양한 분야의 스포츠를 통해 인생관과 경영관을 피력했는데 "심판이 없는 골프에서는 자율을, 야구에서는 팀워크를,

럭비에서는 투지를 배워야 한다"고 했다. 우선 '럭비 정신'이란 글에서는 패배 자체가 문제가 아니라 패배 의식을 경계해야 한다며 이렇게 말한다.

"지금은 찾아보기 어렵지만 한때 투견鬪犬이 성행한 적이 있었다. 투견을 훈련시키는 과정을 지켜보면 매우 흥미 있는 사실을 발견할 수 있다. 투견 챔피언으로 만들려면 보통 생후 6개월에서 1년 된 어린놈을 골라서 싸움부터 시키는데 그 대상은 은퇴한 챔피언이다. 은퇴한 챔피언은 나이가 들어 힘은 약하지만 워낙 노련해서 쫓내 나는 어린 투견이 힘이 빠질 때까지 적당히 싸우다 30분 정도 지나면서부터 어린놈을 공격하기 시작한다. 그러다 은퇴한 챔피언이 이길 때쯤이면 조련사가 그놈들을 떼어놓는다.

그렇게 한 번도 패하지 않으면서 퇴역 챔피언이 갖고 있는 기술을 전수받은 투견은 대회에 나가면 대부분 챔피언이 된다. 그러다가 한 번이라도 지면 그날로 은퇴시킨다. 한번 싸움에 진 투견은 다시는 챔피언이 될 수 없기 때문이다.

다 그런 것은 아니지만 사람이나 기업에서도 이런 경우를 찾아볼 수 있다. 잘나가던 인재나 일류 기업이 한번 패배해서 이류 인생, 이류 기업이 되고 나면 다시 일류로 올라서기는 여간 어려운 일이 아니다. 그것은 패배 자체의 타격보다 패배 의식이 심중에 스며들었기 때문이다. (…) 패배 의식이 공포를 불러오고 의지와 행동을 위축시키기 때문이다.

지금 불황의 단면들이 곳곳에서 보이는데 어떤 이는 공황의 조짐까지 보인다고 한다. 그러나 경제가 어렵다는 이유만으로 공황은 오지 않는다는 것이 나의 생각이다. 우리가 진정으로 무서워해야 할 것은 패배 의식에 사로잡히는 일이다. 경제적 공황은 얼마든지 극복할 수 있지만 심리적 공황은 한번 빠지면 쉽게 벗어날 수 없다.

그런 점에서 럭비 정신은 시사하는 바가 크다. 럭비는 한번 시작하면 눈비가 와도 중지하지 않고 계속한다. 걷기조차 힘든 진흙탕에서도 온몸으로 부딪치고 뛴다. 오직 전진이라는 팀의 목표를 향해 격렬한 태클과 공격을 반복하면서 하나로 뭉친다. 그래서인지 럭비 선수들은 학교를 졸업하고 나서도 럭비팀으로 모이기만 하면 사회적인 지위에 관계없이 모두 하나가 된다고 한다. 악천후를 이겨내는 불굴의 투지, 하나로 뭉치는 단결력, 태클을 뚫고 나가는 강인한 정신력. 이것이 럭비에 담긴 정신이다. 이 시점에 우리에게 가장 필요한 것은 몸을 던져서라도 난관을 돌파하는 럭비 정신으로 현재의 정신적 패배주의를 극복하는 일이다. 이런 정신이 한 사회의 정신적 인프라로 자리 잡을 때 그 사회에는 위기를 이겨내는 저력이 생긴다."

한마디 한마디가 죽비처럼 정신을 일깨운다. 회장은 "어느 국가,

사회, 기업을 막론하고 진정한 힘은 사람에게서 나오며 그 힘은 밖에 있는 것이 아니라 마음속에 있는 것"이라고도 했다.

고인은 또 야구를 통해서는 협력 정신을 설파한다. 화려한 조명을 받는 투수만 중요한 것이 아니라, 묵묵히 자기 자리에서 일하는 포수의 가치를 재조명해야 한다면서 말이다. '캐처가 되자'는 글이다.

"야구에서 승패의 70%는 투수에 달려 있다고 한다. 하지만 항상 쭈그리고 앉아 투구 하나하나를 리드하고 투수의 감정을 조절해가며 수비진 전체를 이끌어가는 포수가 없는 야구를 상상할 수 있는가. 드러나지는 않지만 실제로 팀의 승패를 좌우하는 역할을 하는 결정적 포지션이 바로 포수다. 기업이나 사회도 마찬가지다. 빛나는 성공 뒤에는 항상 주목받지 못하는 그늘에서 자신의 역할을 묵묵히 수행하는 포수 같은 사람이 있게 마련이다.

과거 기업에서는 '일하는 데 머리만 있으면 되지 마음이 무슨 소용인가'라는 생각이 지배적이었다. 차갑고 냉정해도 일만 똑 부러지게 잘하면 인정을 받았던 것이다. 동료, 부하들 간에 악명이 높더라도 저돌적으로 밀어붙여 주어진 과제를 반드시 해내는 사람이 유능한 관리자로 평가받았다. 모든 평가가 업적과 능력에만 기준을 두고 상사에 의해 일방적으로 이루어졌기 때문에 '해바라기형 관리자'를 양산했던 것이다.

그러나 지금과 같은 정보사회, 지식사회에서는 휴먼 네트워크가 더욱 중요하다. 각자가 보유한 정보와 지식은 인간관계의 결속으로 합쳐질 때 훨씬 큰 힘을 발휘하기 때문이다. 혼자 똑똑한 사람, 차가운 사람보다는 마음이 열려 있는 사람, 함께 어울리기 좋아하는 사람이 강점을 갖게 된다.

길을 가는데 어린아이가 넘어져 있으면 아무리 급해도 뛰어가서 일으켜주는 마음, 남의 불행을 자기 일처럼 가슴 아파하고 다른 사람의 기쁨에 진심으로 박수를 보내는 마음을 가진 훈훈하고 미더운 사람이 요구되는 세상이다.

결국 인간미의 본질은 자신을 희생해서라도 상대방을 진심으로 아끼고 보살피는 마음에 있다. 요즘은 IQ(지능지수)보다 EQ(감성지수)가 중요하다고 한다. (…) 포수 같은 사람들이 회사에 많아지려면, 자기 일보다 동료 일을 먼저 도와주면서 묵묵히 일하는 사람이 올바른 평가를 받을 수 있어야 한다. 이제부터라도 포수의 가치를 새롭게 인식해야 한다. 포수처럼 그늘에 숨은 영웅이 대우받고, 그들이 보람을 느끼면서 일할 수 있는 기업, 국가가 바로 선진 기업, 선진 국가인 것이다."

경제사상가 이건희

1판 1쇄 발행 2021년 10월 20일
1판 5쇄 발행 2024년 11월 28일

지은이 허문명
발행인 임채청

펴낸곳 동아일보사 | **등록** 1968.11.9(1-75) | **주소** 서울특별시 서대문구 충정로 29 (03737)
전화 02-361-1087 | **팩스** 02-361-0979
인쇄 중앙문화인쇄사 | **교정** 배영조

저작권 ⓒ 2021 허문명
편집저작권 ⓒ 2021 동아일보사

ISBN 979-11-92101-00-2 03320